시끌벅적
소요리문답 가정예배

웨스트민스터 소요리문답으로 가정에서 아이와 함께 드리는 예배

시끌벅적
소요리문답 가정예배

6쇄 찍은날 2024년 3월 18일
지 은 이 김태희
펴 낸 이 장상태
펴 낸 곳 디다스코
　　　　　서울시 서초구 서초동 1355-3 서초월드오피스텔 1605호
전　　화 02-6415-6800
팩　　스 02- 523-0640
이 메 일 is6800@naver.com

등　　록 2007년 4월 19일
신고번호 제2007-000076호

ISBN 979-11-956561-3-4 (93230)

값은 표지에 있습니다.

시 끌 벅 적
소요리문답 가정예배

웨스트민스터 소요리문답으로 가정에서 아이와 함께 드리는 예배

저자 **김 태 희**

디다스코

정말 시끌벅적했습니다. 가정 예배를 드리는 동안 세 아이는 매일 같이 울고, 뜯고, 싸웠습니다. 가정예배 시간인지 전쟁 중인지 분간하기 힘들었습니다. 특히 당시 2살이었던 셋째 아이의 폭격은 심각했습니다. 몇 번이나 성경책에 집중포화를 가해 세 권의 성경책을 거덜 내는 전과를 이루었습니다. 하지만 포기하지 않았습니다. 언젠가는 하나님의 은혜가 이 아이들을 변화시킬 것을 믿었기 때문입니다.

쉽지 않았습니다. "나 같은 사람이 가정예배를 인도하면 아이들이 시험 들지 않을까?", "그냥 성품 좋은 교회 교역자에게 아이들의 신앙 교육을 모두 맡기는 것이 더 좋지 않을까?" 하는 생각이 떠나지 않았습니다. 아내와 부부싸움이라도 한 후에는, 가정예배를 하자고 말하는 것이 참 민망했습니다. 그래서 실제로 아내와 냉전 기간 동안 가정예배를 중단한 경우도 있었습니다.

하지만 힘겨움과 부끄러움을 무릅쓰고, 다시 시작했습니다. 가정예배야 말로 부모가 자녀에게 줄 수 있는 가장 큰 선물임을 알았기 때문입니다. 그리고 가정예배를 통해 하나님의 존재를 인격적으로 알아가는 아이들의 모습은 저에게 다시 시작할 수 있는 힘을 공급해 주었습니다. 그래서 정말 힘들었지만, 동시에 너무나 감격스러웠던 시간이었습니다.

이제 그 감격에 여러분을 초대하고자 합니다. 여러분의 가정예배도 시끄러울 것이고, 여러분의 마음에도 민망함과 부끄러움이 가득할 것입니다. 하지만 포기하지 않고 한 번 두 번 계속 하다 보면, 분명 작은 변화가 시작될 것입니다. 그리고 그것은 아이들의 인생에 있어 있을 수 없이 좋은, 그리고 가치 있는 추억으로 남을 것입니다.

부족한 남편 때문에 눈물 마를 날 없는 사랑하는 아내 김은선, 아침마다 아빠의 설교를 들어 주어 고마운 다솔, 다은, 다현. 목회의 동역자이자 이 책을 위해 귀중한 조언을 아끼지 않았던 권성훈 목사님, 정현섭 전도사님, 염덕균 목사님. 그리고 저의 영적 스승이신 이상철 목사님께 이 책을 바칩니다.

1. 부모가 그리스도인이면, 자녀는 당연히 그리스도인으로 자라는 것 아닌가요?

대부분의 성도들은 자기가 그리스도인이니 자녀도 당연히 그리스도인으로 자랄 거라 생각합니다. 하지만 이는 근거 없는 확신에 불과합니다. 몇 십 년 전 영국의 복음률은 30퍼센트였지만 지금은 3퍼센트 이하입니다. 이 통계는 부모 세대의 신앙이 자녀 세대에 전수되지 않을 확률이 상당히 높다는 사실을 보여 줍니다. 성경에서도 이와 같은 사례를 찾아볼 수 있습니다.

사무엘 선지자의 두 아들은 불신자였습니다.

"사무엘이 늙으매 그의 아들들을 이스라엘 사사로 삼으니 장자의 이름은 요엘이요 차자의 이름은 아비야라. 그들이 브엘세바에서 사사가 되니라. 그의 아들들이 자기 아버지의 행위를 따르지 아니하고 이익을 따라 뇌물을 받고 판결을 굽게 하니라." (삼상 8:1)

엘리 사사의 두 아들 역시 불신자였습니다.

"엘리의 아들들은 행실이 나빠 여호와를 알지 못하더라." (삼상 2:12)

이처럼 부모가 그리스도인이면 자녀도 당연히 그리스도인으로 자란다는 것은 성경적·역사적으로 사실이 아닙니다. 그러므로 가능한 한 빨리 가정예배를 시작하십시오. 부모가 자녀를 위해 해야 하는 가장 중요한 일은, 유명한 입시 학원에 등록해 주는 게 아니라 함께 가정예배를 드리는 것입니다.

2. 꼭 가정에서 부모가 신앙교육을 해야 하나요? 신학훈련을 받은 전문 사역자들이 더 잘할 수 있지 않나요?

누가 더 잘할 수 있는지는 중요하지 않습니다. 하나님의 말씀인 성경은 신앙교육의 책임이 부모에게 있다고 말합니다.

"오늘 내가 네게 명하는 이 말씀을 너는 마음에 새기고 네 자녀에게 부지런히 가르치며." (신 6:6-7)

그러므로 부모는 잘하든 못하든 사명감을 가지고 자녀의 신앙훈련을 감당해야 합니다. 모든 부모는 자녀의 신앙교육에 있어서 이미 전문가라 할 수 있습니다. 공적인 신학훈련은 받지 않았어도 누구보다 자녀를 깊이 사랑하며 자녀의 성향과 내면을 잘 알기 때문입니다. 그러므로 하나님이 주신 부모로서의 사명과 자질을 따라, 모든 부모는 가정에서 가정예배를 드려야 합니다.

3. 가정예배 중에 아이가 이해하기 어려운 성경 내용이나 단어가 나오면 어떻게 하나요?

"이 내용이나 단어는 설명해 줘도 이해하지 못할 것 같은데"라는 생각이 들 때가 있습니다. 그러나 걱정하지 마십시오. 가정예배는 한두 번 하고 끝나지 않습니다. 반복하고 반복하다 보면 어느 순간 저절로 이해하게 됩니다. 태어날 때부터 모든 것을 알고 태어나는 아이는 없습니다. 우리가 알고 있는 모든 것은, 이전에는 몰랐지만 어느 순간 배움을 통해 깨닫게 된 것들입니다. 어려울 것 같다고, 모를 것 같다고, 미리 겁먹고 회피하지 말고, 무던히 돌직구를 날리십시오. 이해해서 배우는 게 아니라, 배우다 보면 알게 됩니다.

그리고 모르는 내용과 단어를 계속 말하다 보면 아이가 스스로 질문하는 때가 오는데, 그때가 바로 기회입니다. 그때 그 내용과 단어의 의미를 설명해 주면 됩니다. 의문이 질문을 거쳐 부모의 대답으로 구체화될 때, 그것이 확고한 지식으로 아이의 머리에 남습니다. 그러므로 의도적으로라도 어렵지만 중요한 내용과 단어는 계속 이야기해야 합니다.

4. 가정예배는 자녀양육뿐 아니라 부부관계에도 유익합니다.

저는 목사이지 천사가 아닙니다. 그래서 부부싸움도 자주 합니다. 성도들의 가정보다 더하면 더했지 적게 하지는 않을 겁니다. 부끄럽지만 사실입니다. 부부싸움을 하고 난 이후에 가장 큰 문제는 '어떻게 화해할 것인가'입니다. 예전에는 이것이 참 쉽지 않았습니다. 그런데 가정예배를 드리면서 화해가 좀 더 쉬워지고 은혜로워졌습니다. 저는 부부싸움을 한 후에도 정해진 시간이 되면 아내에게 가정예배를 드리자고 청했습니다. 아내도 순순히 예배에 동참했습니다. 하나님은 예배 중에 하나님의 말씀을 통해 저희 부부의 마음을 녹여 주셨습니다.

가정예배 때는 시작하는 기도를 아내가, 마치는 기도를 제가 합니다. 아내는 주로 가정 안에서 일어나는 일들을 간구하고, 저는 가정 밖에서 일어나는 일들을 간구합니다. 그러다 보면 저는 아내가 가정에서 어떤 어려움을 겪는지 알게 되고, 아내는 제가 가정 밖에서 어떤 어려움을 겪는지 알게 됩니다. 가정예배 시간이 자연스럽게 서로의 어려움과 아픔을 나누는 시간이 되는 것입니다. 자녀의 신앙을 위해서도 반드시 가정예배를 드려야 하지만, 부모의 신앙을 위해서도 가정예배는 필요합니다. 어서 빨리 가정예배를 시작하십시오.

5. 부모에게 가르치는 은사가 없거나, 아이들이 무언가를 배우기엔 너무 어릴 때에 도 가정예배를 드려야 합니까?

자녀들은 하나님을 볼 수 없습니다. 눈에 보이지 않는 하나님을 어떻게 자녀들에게 가르칠 수 있을까요? 바로 가정예배를 통해서입니다. 어릴 때부터 꾸준히 가정예배를 드리면, 자녀들은 보이지 않는 하나님이 자신의 눈앞에 보이는 부모님의 삶을 다스리고 계신다는 사실을 몸으로 체감할 것입니다.

가정예배를 드리라고 권하면, 대부분의 성도들은 자신에게 가르치는 은사가 없다거나 자녀들이 너무 어리다고 말합니다. 하지만 가정예배가 꼭 지식을 전달하는 시간일 필요는 없습니다(그렇다고 지식을 전달하지 말라는 말은 절대로 아닙니다.) 가정예배는 그 자체로, 보이지 않는 하나님을 자녀들에게 보여주는 도구입니다. 그러므로 가르치는 은사가 없는 성도라도 자녀들의 신앙을 위해 가정예배를 드려야 합니다. 자녀와 함께 기도하고, 찬양하고, 성경 구절을 암송하십시오. 이렇게 하면 가르치는 은사가 없는 성도나 무언가를 배우기엔 너무 어린 자녀라 할지라도 충분히 가정예배를 드릴 수 있습니다. 그러므로 이런 이유들로 가정예배를 미루지 말고 어서 빨리 가정예배를 시작하십시오.

이 책을 사용하는 방법

1. 시간

가정예배를 드릴 때 가장 중요한 문제는 '시간'입니다. 가족이 함께할 수 있는 시간이라면 언제든지 좋지만, 가장 좋은 시간은 아침입니다. 저녁은 변수가 많아서 빼먹게 될 가능성이 많지만 아침은 그렇지 않습니다. 저희 가정은 평소보다 30분 일찍 일어나 부스스한 얼굴로 예배를 드렸습니다. 일주일에 두 번 혹은 세 번으로 횟수를 정하는 것도 좋지만, 매일 예배를 드리는 것이 가장 좋습니다. 물론 쉽진 않겠지요. 하지만 자녀들의 신앙훈련과 거룩한 습관 형성을 위해 매일 가정예배를 드릴 것을 권합니다.

2. 찬송

먼저 찬송으로 가정예배를 시작하십시오. 저희 가정은 찬송가를 함께 부르지만, 아이들이 함께 부를 수 있는 복음성가도 괜찮습니다. 대부분의 아이들은 노래를 좋아하고, 부모와 함께 노래하는 것은 더더욱 좋아합니다.

3. 암송구절

찬송을 부른 다음 암송구절을 외우십시오. 부모가 먼저 읽고 아이들이 따라 읽도록 하면 됩니다. 한 번에 다 외우지 못해도 괜찮습니다. 이 교재를 다섯 번 정도 반복한다는 생각으로 천천히 가르치면 됩니다. 자녀들이 너무 어려서 소요리문답 해설을 이해하기 힘들다면, 암송구절의 내용만 간단하게 설명해 주어도 좋습니다.

4. 설교

이 책의 내용은 제가 가정예배 때 설교한 것을 그대로 옮겨놓은 것입니다. 그래서 저의 개인적인 상황이 예시로 소개되기도 합니다. 이럴 때는 부모님께서 저마다의 가정 상황에 맞게 수정해 주시길 바랍니다. 그래서 이 책을 사용하는 가장 좋은 방법은 부모님께서 책을 먼저 읽은 후, 설교 노트에 다시 내용을 정리하여 자신의 언어로 설교하는 것입니다. 또한 설교 분문에는 함께 따라 읽도록 진하게 표시된 문장이 있는데, 이것이 각 설교의 핵심입니다. 아이들이 이 내용을 잘 이해하도록 하는 것이 중요합니다.

5. 소요리문답

소요리문답이 무엇인지에 대한 설명은 따로 하지 않겠습니다. 이 책을 구입하신 분이라면 이미 소요리문답의 중요성을 잘 알고 계실 테니까요. 설교 뒷부분에 위치한 소요리문답을 암송하는 것으로 예배를 마무리해 주십시오. 제 경험상 다섯 살 이후부터는 충분히 암송이 가능합니다. 암송하는 것 자체가 이해를 도와줍니다. 어려서부터 소요리문답을 암송한 아이들이라면 그 누구보다 신앙의 뼈대가 튼튼한 성도로 자랄 것입니다. 이런 기대를 가지고 꼭 소요리문답을 암송해 주시기 바랍니다.

6. 기도

마지막에는 본문의 내용을 담고 있는 짧은 기도문이 있습니다. 이것은 기도의 뼈대입니다. 여기에 가족의 상황을 덧붙여 기도해 주십시오. 가족 구성원 한 명 한 명을 축복하며 예배를 마친다면 하루의 시작이 더 즐거울 것입니다.

7. 이름

첫 번째 설교문에는 제 아들인 다솔이의 이름이 들어가 있지만, 가정예배를 인도하실 때는 각자 자녀의 이름을 넣어서 읽어 주십시오.

8. 각주

본문에는 저희 가정에만 해당되는 특별한 사례가 몇 차례 나옵니다. 이런 부분은 이 책을 사용하는 독자의 가정의 상황과 맞지 않을 수 있다고 생각되어, 다르게 표현하시라는 별도의 각주를 달았습니다. 예를 들어 소요리 17문 내용 중에, "OO이는 창원시의 시민이야."와 같은 표현이 있습니다. 이 부분은 각 가정의 상황에 맞게 다시 적용해서, "OO이는 서울시의 시민이야."라고 다르게 표현하면서, 말씀해 주시면 되겠습니다.

저자서문 | 4
왜 가정예배를 드려야 하나요? | 6
이 책을 사용하는 방법 | 10

소요리 1문 (1)   우리가 왜 사는지 아니? ·· 016
소요리 1문 (2)   언제 가장 행복하니? ·· 018
소요리 2문   꼭 성경을 읽어야 할까? ··· 020
소요리 3문   성경이 어떤 책인지 아니? ··· 022
소요리 4문   하나님은 어떤 분일까? ··· 024
소요리 5문   여호와 외에 또 다른 하나님이 있을까? ····························· 026
소요리 6문   하나님을 몇 분이라고 말해야 할까? ································· 028
소요리 7문 (1)   하나님의 작정이 무엇인지 아니? ···································· 030
소요리 7문 (2)   지금까지 우리 삶에 일어난 일들은 우연히 발생한 걸까? ········· 032
소요리 8문   하나님께서 영광 받으시는 방법이 뭔지 아니? ····················· 034
소요리 9문   이 모든 걸 누가 만드셨을까? ··· 036
소요리 10문   하나님이 왜 사람을 만드셨는지 아니? ······························ 038
소요리 11문   섭리가 무언지 아니? ··· 040
소요리 12문   왜 하나님은 선악과를 만드셨을까? ·································· 042
소요리 13문   죄는 언제 이 세상에 들어왔을까? ··································· 044
소요리 14문   죄가 뭔지 아니? ··· 046
소요리 15문   타락이란 뭘까? ·· 048
소요리 16문   우리도 타락했다고? ·· 050
소요리 17문   아담이 타락한 결과는 무엇일까? ···································· 052
소요리 18문   죄의 종류를 알고 있니? ·· 054
소요리 19문   원죄와 자범죄의 결과는 무엇일까? ·································· 056
소요리 20문   하나님께서 모든 사람을 심판에 내버려 두셨을까? ··············· 058
소요리 21문 (1)   우리의 구속자는 어떤 분이어야 할까? ······························ 060
소요리 21문 (2)   우리의 구속자는 어떤 분이어야 할까? ······························ 062

소요리 22문 (1) 하나님의 아들이 사람이 되셨다고? ………………………………… 064

소요리 22문 (2) 하나님의 아들은 어떻게 사람이 되셨을까? ………………… 066

소요리 23문 (1) 그리스도의 의미를 아니? ………………………………… 068

소요리 23문 (2) 예수님은 지금도 우리의 그리스도이실까? ………………… 070

소요리 24문 예수님이 유일한 선지자라는 말의 의미는 뭘까? ………… 072

소요리 25문 (1) 예수님이 유일한 제사장이라는 말의 의미는 뭘까? ……… 074

소요리 25문 (2) 예수님은 지금도 우리의 제사장이실까? ………………… 076

소요리 26문 (1) 예수님이 유일한 왕이라는 말의 의미는 뭘까? …………… 078

소요리 26문 (2) 예수님이 어떤 왕이신지 아니? ………………………… 080

소요리 27문 예수님이 우리를 위해 당하신 고난을 아니? …………… 082

소요리 28문 (1) 죽음이 두렵니? ………………………………………… 084

소요리 28문 (2) 부활이 뭔지 아니? ……………………………………… 086

소요리 28문 (3) 예수님을 다시 볼 수 있을까? ………………………… 088

소요리 29문 우리 안에서 우리의 구원을 돕는 분이 누군지 아니? ……… 090

소요리 30문 우리에게 믿음을 주시는 분은 누구일까? ………………… 092

소요리 31문 성령님이 우리를 도우시는데도, 우리가 구원에서 멀어질 수 있을까? … 094

소요리 32문 가장 좋은 선물은 뭘까? ………………………………… 096

소요리 33문 우리가 의롭게 된 것은 누구 때문일까? ………………… 098

소요리 34문 우리가 누구의 자녀인지 아니? ………………………… 100

소요리 35문 하나님께서 우리 영혼을 더러운 상태로 그냥 내버려두실까? …… 102

소요리 36문 우리가 구원받았다는 증거는 뭘까? …………………… 104

소요리 37문 우리가 죽을 때 받는 복이 뭔지 아니? ………………… 106

소요리 38문 우리가 죽은 다음에 받을 복이 뭔지 아니? ……………… 108

소요리 39문 구원받은 사람은 어떻게 살아야 할까? ………………… 110

소요리 40문 하나님께서 십계명을 주신 이유는 뭘까? ……………… 112

소요리 41문 십계명을 외워 볼까? …………………………………… 114

소요리 42문 십계명의 핵심은 뭘까? ………………………………… 116

소요리 43문 어떤 마음으로 십계명을 지켜야 할까? ………………… 118

소요리 44문 십계명을 지켜야 하는 이유는 뭘까? …………………… 120

소요리 45문 사람들이 우상을 만드는 이유는 뭘까? ………………… 122

소요리 46문 하나님을 우리 마음대로 믿어도 될까? ………………… 124

소요리 47문 우리는 제1계명을 잘 지키고 있을까? ………………… 126

소요리 48문 기독교 신앙이 정말 이기적일까? ……………………… 128

소요리 49문   하나님을 우상 섬기듯 믿고 있진 않니? ·················· 130
소요리 50문   하나님을 바르게 믿기 위해 무엇을 보아야 할까? ·············· 132
소요리 51문   그림과 조각이 하나님을 정확하게 표현할 수 있을까? ·········· 134
소요리 52문   하나님께서 제2계명을 주신 이유는 뭘까? ················ 136
소요리 53문   하나님을 생각 없이 예배하고 있진 않니? ················ 138
소요리 54문   제3계명을 잘 지키기 위해 무엇을 조심해야 할까? ············ 140
소요리 55문   왜 하나님의 이름을 생각 없이 불러선 안 될까? ············· 142
소요리 56문   하나님께서 제3계명을 주신 이유는 뭘까? ················ 144
소요리 57문   세상에서 가장 중요한 일은 뭘까? ···················· 146
소요리 58문   안식일이 어떤 날인지 아니? ······················· 148
소요리 59문   안식일이 토요일에서 주일로 바뀐 이유를 아니? ············· 150
소요리 60문 ⑴   안식일은 어떻게 보내야 할까? ····················· 152
소요리 60문 ⑵   안식일에 하지 말아야 하는 일은 뭘까? ················· 154
소요리 61문   그저 쉬기만 하면 주일을 잘 지키는 것일까? ·············· 156
소요리 62문   왜 주일 하루를 하나님께만 드려야 할까? ················ 158
소요리 63문   왜 부모를 공경해야 할까? ························· 160
소요리 64문   부모님만 공경하면 될까? ·························· 162
소요리 65문   제5계명을 지키는 것이 힘든 이유를 아니? ··············· 164
소요리 66문   제5계명을 지키면 어떤 일이 일어날까? ················· 166
소요리 67문   왜 살인해선 안 될까? ···························· 168
소요리 68문   우리는 가치 있는 존재일까? ······················· 170
소요리 69문   미워하는 것도 살인이라고? ························ 172
소요리 70문   간음이란 뭘까? ······························· 174
소요리 71문   어떻게 사는 것이 제7계명을 어기는 걸까? ··············· 176
소요리 72문   마음으로도 간음할 수 있다고? ····················· 178
소요리 73문   왜 도둑질을 하면 안 될까? ························ 180
소요리 74문   우리는 왜 돈을 벌어야 할까? ······················ 182
소요리 75문   성공보다 중요한 건 뭘까? ························· 184
소요리 76문   왜 입을 조심해야 할까? ·························· 186
소요리 77문   특히 언제 조심해서 말해야 할까? ···················· 188
소요리 78문   이웃의 명예를 지켜주고 있니? ····················· 190
소요리 79문   십계명이 궁극적으로 보여주는 건 무엇일까? ·············· 192
소요리 80문   많이 가지면 행복해질까? ·························· 194

소요리 81문   부족해서 슬픈 걸까? ·· 196

소요리 82문   십계명을 모두 지킬 수 있는 사람이 있을까? ····················· 198

소요리 83문   십계명을 모두 지킬 수 없다고 해서 마음대로 살아도 될까? ·········· 200

소요리 84문   십계명을 어기는 자에게는 어떤 일이 일어날까? ··········· 202

소요리 85문   십계명을 잘 지킬 수 있도록 하나님께서 주신 선물을 아니? ·········· 204

소요리 86문   십계명을 지키는 가장 큰 힘은 무엇일까? ··············· 206

소요리 87문   하나님은 어떤 사람에게 십계명을 지키는 힘을 주실까? ····· 208

소요리 88문   눈에 보이는 은혜의 선물이란 뭘까? ······················ 210

소요리 89문   구속의 유익을 전달하는 외적인 수단 중 첫 번째는? ········ 212

소요리 90문   성경은 어떻게 보아야 할까? ································ 214

소요리 91문   구속의 유익을 전달하는 외적인 수단 중 두 번째는? ········ 216

소요리 92문   성례의 은혜는 누구에게서 오는 것일까? ················· 218

소요리 93문   우리가 꼭 지켜야 하는 성례에는 무엇이 있을까? ········· 220

소요리 94문 (1) 왜 세례를 받아야 할까? ···································· 222

소요리 94문 (2) 세례를 통해 무엇을 배울 수 있을까? ····················· 224

소요리 95문   유아세례를 꼭 받아야 할까? ······························ 226

소요리 96문   성찬이 무엇을 보여주는지 아니? ························· 229

소요리 97문   성찬에 참여하기 위해 어떤 준비를 해야 할까? ············ 232

소요리 98문   구속의 유익을 전달하는 외적인 수단들 중 세 번째는? ······ 234

소요리 99문   기도할 때 아무 말이나 막 해도 될까? ··················· 236

소요리 100문 (1) 우리가 기도해야 하는 이유는 뭘까? ····················· 238

소요리 100문 (2) 왜 "아버지여"라고 부르며 기도해야 할까? ··············· 240

소요리 100문 (3) 왜 "우리 아버지여"라고 부르며 기도해야 할까? ·········· 242

소요리 101문   왜 하나님의 이름을 위해 기도해야 할까? ··············· 244

소요리 102문   왜 하나님의 나라를 위해 기도해야 할까? ··············· 246

소요리 103문   왜 우리의 뜻이 아니라 하나님의 뜻을 기도해야 할까? ····· 248

소요리 104문   왜 일용할 양식을 구해야 할까? ·························· 250

소요리 105문 (1) 죄를 지은 후에도 기도해야 할까? ······················· 252

소요리 105문 (2) 우리가 다른 사람을 용서할 수 있을까? ················· 254

소요리 106문   어떤 사람이 죄와 싸워 이길 수 있을까? ················· 256

소요리 107문   하나님이 정말 우리의 기도를 들어주실 수 있을까? ········· 258

우리가 왜 사는지 아니?

• 찬송가 1장을 다 함께 불러 보자.
• 고린도전서 10장 31절을 한목소리로 암송해 보자.
"그런즉 너희가 먹든지 마시든지 무엇을 하든지 다 하나님의 영광을 위하여 하라."

이 색연필은 왜 존재할까? 글을 쓰거나 그림 그리는 걸 도와주기 위해서지. 그럼 이 그릇이 존재하는 목적은 뭘까? 우리가 먹고 마시는 걸 도와주기 위해서지. 그렇다면 하늘에 떠 있는 저 태양은 왜 존재할까? 태양에서는 열과 빛이 나오는데, 만약 태양의 열이 없다면 우리는 추워서 살 수 없을 거야. 또 태양에서 나오는 빛이 없다면 꽃과 나무는 숨을 쉴 수 없어 다 말라죽게 될 거야.

이처럼 세상 모든 것은 저마다 존재하는 목적이 있단다. 그렇다면 다솔이가 이 세상에 존재하는 목적도 있겠지? 다솔이는 네가 왜 존재하는지 아니? 아직 잘 모르겠다고? 하나님의 말씀인 성경은, 다솔이가 하나님의 영광을 위해 존재한다고 말하고 있어.

영광이라는 단어의 뜻이 좀 어렵지? '영광스럽다' 라는 건 '중요하다' 는 뜻이야. 다시 말해 하나님의 영광을 위해 산다는 건, 하나님을 가장 중요하게 여기며 살아간다는 뜻이야. 그러면 하나님을 가장 중요하게 여기며 살아간다는 건 뭘까?

예를 들어 설명해 볼게. 지금 다솔이에겐 변신 로봇 장난감[1]이 가장 중요할

---

1) 아이가 좋아하는 물건을 예로 들어주세요. 예를 들어 인형이나 게임기, 애완견.

거야. 하지만 하나님께서 원하시는 건 뭘까? 하나님은 변신 로봇 장난감과 하나님 중에서 무엇을 더 중요하게 여기길 원하실까? 당연히 하나님이겠지? 또 다른 예를 들어볼게. 다솔이는 친구들을 참 좋아하고 소중하게 여기지? 하지만 친구와 하나님 중에 누구를 더 중요하게 생각해야 할까? 역시 하나님이겠지? 자, 한번 따라 읽어 보자.

"이 세상에서 가장 중요한 분은 하나님이십니다."

다솔이는 지금까지 '내가 왜 태어났는지, 내가 왜 사는지' 한 번도 생각해 보지 않았을 거야. 하지만 오늘 이후로는 이 사실을 꼭 기억했으면 해. 다솔이는 아무런 목적 없이 태어난 사람이 아니야. 다솔이는 하나님의 영광을 위해 태어났고, 또 그것을 위해 하루하루를 사는 사람이야.

그런 점에서 다솔이는 이 세상에서 가장 멋진 사람이란다. 왜인지 아니? 멋진 사람의 기준은 하나님을 얼마나 중요하게 여기느냐에 달려 있거든. 하나님을 중요하게 여기지 않는 사람은 멋지지 않은 사람이고, 하나님을 중요하게 여기는 사람은 그 누구보다 멋진 사람이야. 다솔이는 어떤 사람이 되고 싶니? 당연히 멋진 사람이 되고 싶겠지? 그렇다면 앞으로 "내가 어떻게 사는 것이 하나님을 중요하게 여기며 사는 것일까" 늘 생각해야 해.

제1문: 사람의 첫째 되는 목적은 무엇입니까?
답: 사람의 첫째 되는 목적은 하나님을 영화롭게 하고, 그분을 영원토록 즐거워하는 것입니다.

하나님 아버지, 오늘부터 소요리문답 가정예배를 시작합니다. 이 시간을 통해 저희 가정이 하나님을 가장 중요하게 여기는 가정이 되게 해주세요. 저희 자녀들이 하나님보다 다른 것을 더 중요하게 여기지 않게 해주세요.

언제 가장 행복하니?

• 찬송가 83장을 다 함께 불러 보자.
• 베드로전서 1장 8–9절을 한목소리로 암송해 보자.
"예수를 너희가 보지 못하였으나 사랑하는도다. 이제도 보지 못하나 믿고 말할 수 없는 영광스러운 즐거움으로 기뻐하니 믿음의 결국 곧 영혼의 구원을 받음이라."

어제 가정예배 때, 우리가 이 땅에 존재하는 목적이 하나님의 영광을 위해서라고 배운 것 기억나니? 그리고 하나님께 영광 돌리는 삶이란, 하나님을 가장 중요하게 여기는 삶이라는 것도? 그런데 만약 네가 기쁘고 즐거운 마음으로 하나님을 중요하게 여기지 않고 슬프고 괴로운 마음으로 한다면, 하나님 마음은 어떨까? 너를 보며 기뻐하시기보다 슬퍼하시겠지?

어제 OO이는 장난감과 하나님 중에서 하나님이 더 중요하다고 말했어. 하지만 마음속으로는 장난감을 더 중요하게 생각한다면 우리의 마음을 보시는 하나님께서 기뻐하실까, 슬퍼하실까? 또 주일날 친구들과 놀다가 교회 갈 시간이 되었을 때 마음은 친구들과 더 놀고 싶은데 몸만 억지로 교회에 간다면, 하나님이 기뻐하실까, 슬퍼하실까? 분명 슬퍼하실 거야. 한번 따라 읽어 볼까?

> 괴로운 마음으로 억지로 하나님을 중요하게 여기는 것은,
> 오히려 하나님을 슬프게 하는 일입니다.

그러므로 OO아. 하나님을 가장 중요하게 여겨야 하는 건 맞지만, 괴로운 마음으로 억지로 해서는 안 돼. 아마 지금까지 너는 가정예배를 드리면서 '이 시

간에 예배를 드리지 않고 장난감[1]을 가지고 놀면 더 좋을 텐데' 하는 생각을 종종 했을 거야. 또 주일날 교회에 가면서도 '교회에 가지 않고 친구들과 놀면 더 재밌을 텐데' 하고 생각했을 거야. 하지만 네가 이런 생각을 하는 것은 하나님을 아직 잘 모르기 때문이야. 만약 하나님이 어떤 분인지 알게 된다면 생각이 달라질 거야. 아빠가 지금부터 그 이유를 설명해 볼 테니 잘 들어봐.

지금 너는 장난감과 친구들을 가장 중요하게 생각하지? 하지만 시간이 지나면 어떻게 될까? 백 번의 밤이 지나고, 일 년이 지나고, 네가 아빠 나이가 되었을 때도, 여전히 장난감과 친구들이 가장 중요할까? 그렇지 않을 거야. 왜냐하면 장난감이나 친구들이 주는 즐거움은 완전하지 않기 때문이지. 장난감은 시간이 지나면 망가지고 싫증나기 마련이야. 지금도 너는 아기 때 갖고 놀던 장난감을 좋아하지 않잖아. 친구들도 마찬가지야. 항상 너를 즐겁게 해주진 않아. 언젠가는 친구들과 싸우기도 하고, 친구들 때문에 울기도 하는 날이 올 거야.

하지만 하나님은 절대 그렇지 않아. 하나님은 장난감처럼 고장 나거나 없어지지 않아. 영원토록 너와 함께하셔. 또 하나님은 친구들처럼 변하지 않아. 하나님은 변함없이 너를 사랑하시고, 언제나 네가 행복하기를 원하셔. 이런 하나님이라면, 네가 기쁘고 즐거운 마음으로 하나님을 중요하게 여기는 것이 당연하지 않겠니?

제1문: 사람의 첫째 되는 목적은 무엇입니까?
   답: 사람의 첫째 되는 목적은 하나님을 영화롭게 하고, 그분을 영원토록 즐거워하는 것입니다.

영광 받기 합당하신 하나님 아버지. 모든 것보다 중요하신 하나님 아버지. 높고 높으신 하나님을 억지로 중요하게 여기지 않도록 해주세요. 저희에게 하나님을 사랑하는 마음을 주셔서, 자발적이고 기쁜 마음으로 하나님을 위해 살게 해주세요.

1) 아이가 좋아하는 물건을 예로 들어주세요. 예를 들어 인형이나 게임기, 애완견.

꼭 성경을 읽어야 할까?

• 찬송가 199장을 다 함께 불러 보자.
• 디모데후서 3장 15절을 한목소리로 암송해 보자.
"성경은 능히 너로 하여금 그리스도 예수 안에 있는 믿음으로 말미암아 구원에 이르는 지혜가 있게 하느니라."

하나님을 가장 중요하게 여기며 살아야 한다고 배운 것 기억나지? 하나님을 중요하게 여기는 사람이 진짜 멋진 사람이라는 것도? 그렇다면 어떻게 사는 것이 하나님을 가장 중요하게 여기는 삶일까? 네가 어떻게 살아야 하늘에 계신 창조주 하나님께서 널 보며 기뻐하실까?

지금 OO이는 여러 생각이 떠오를 거야. 하지만 그것들로는 하나님을 기쁘시게 할 수 없어. 한번 따라 읽어 보자.

"인간이 자기 생각으로 만들어 낸 것들로는 하나님을 기쁘게 할 수 없습니다."

왜 그런지 한번 생각해 보자. 앞집에 사는 강아지가 OO이의 마음을 이해하고, 네 생각을 알 수 있을까? 그럴 수 없겠지. 강아지는 사람이 아니기 때문에 사람처럼 너를 이해할 수는 없을 거야.

그렇다면 우리가 하나님의 마음을 이해하고, 하나님의 생각을 알 수 있을까? 마찬가지로 절대 그럴 수 없어. 왜냐하면 강아지가 사람보다 부족하고 미련하듯, 우리 역시 하나님과 비교할 수 없이 부족하고 미련하기 때문이야. 그건 너뿐만 아니라 엄마아빠도 마찬가지야. 아무리 똑똑하고 훌륭한 사람이라도, 하나님의 마음과 생각을 알 순 없어.

그러면 어떻게 하나님을 기쁘게 하는 방법을 알 수 있을까? 그건 바로 성경을 통해서야. 하나님은 자신의 생각과 마음을 성경에 기록하셔서 우리에게 주셨어. 이 성성에는 하나님께서 언제 기뻐하셨는지, 언제 슬퍼하셨는지, 어떤 사람을 좋아하시고, 어떤 사람을 미워하시는지가 모두 기록되어 있어.

그래서 성경을 읽고 배울 때에 비로소 하나님에 대해 알 수 있단다. 성경을 읽어야만 하나님이 좋아하는 것과 싫어하는 것을 알 수 있고, 성경을 읽어야만 하나님이 어떤 사람을 좋아하시고 어떤 사람을 싫어하시는지도 알 수 있어.

이제 왜 꼭 성경을 읽어야 하는지 알겠지? OO이도 반드시 성경을 읽고, 성경대로 살아야 해. 바로 이것이 하나님을 중요하게 여기는 삶이고, 하나님을 즐거워하는 삶이야.

제2문: 하나님께서 우리에게 무슨 법칙을 주셔서 그분을 영화롭게 하고 즐거워하게 하셨습니까?
답: 구약과 신약성경에 기록된 하나님의 말씀은 우리에게 그분을 영화롭게 하고 즐거워하는 방법을 가르쳐 주는 유일한 법칙입니다.

하나님 아버지, 저희에게 성경을 사랑하는 마음을 주세요. 날마다 성경을 읽고 묵상하게 해주세요. 그리하여 저희 가정이 성경 말씀대로 하나님을 사랑하는 가정이 되게 해주세요.

성경이 어떤 책인지 아니?

• 찬송가 5장을 다 함께 불러 보자.
• 요한복음 20장 31절을 한목소리로 암송해 보자.
"오직 이것을 기록함은 너희로 예수께서 하나님의 아들 그리스도이심을 믿게 하려 함이요 또 너희로 믿고 그 이름을 힘입어 생명을 얻게 하려 함이니라."

첫 번째 가정예배 때 공부한 것 기억나니? 하나님을 가장 중요하게 여기며 살아야 한다고 했던 것 말이야. 그런데 우리가 왜 하나님을 가장 중요하게 여기고 살아야 하는 걸까? 아마 잘 이해가 안 될 거야. 그 이유는 네가 하나님에 대해 아는 것이 별로 없기 때문이란다. ○○이는 하나님에 대해 얼마나 알고 있니? 한번 말해 볼래? 봐! 말할 수 있는 것이 거의 없지?

하나님을 믿기 위해서는 하나님이 어떤 분인지를 먼저 알아야 해. 하나님이 어떤 분인지도 모르면서 하나님을 믿을 수는 없어. 하나님이 어떤 분인지 알게 된다면, 자연스럽게 하나님을 가장 중요하게 여기며 살게 돼. 그래서 우리는 평생 동안 하나님에 대해 듣고, 배우고, 공부하면서, 하나님이 어떤 분인지 알기를 힘써야 해. 한번 따라 읽어 볼까?

"하나님에 대한 지식 없이는 하나님에 대한 믿음도 없습니다!"

그렇다면 우리는 어떻게 하나님에 대해 알 수 있을까? 그건 바로 성경을 통해서야. 지난 시간에 공부한 것처럼, 우리는 오직 성경을 통해서만 하나님에 대해 알 수 있어. 그러면 성경이 가장 중요하게 가르치는 것은 뭘까?

성경은 이렇게나 두껍고 수많은 이야기를 담고 있지만, 이 모든 것을 두 가지로 정리하면, 하나님께서 우리에게 주신 것과 하나님께서 우리에게 원하시는 것으로 나눌 수 있어.

○○아, 어떻게 해야 하나님을 믿을 수 있다고 했지? 또 어떻게 해야 하나님을 중요하게 생각할 수 있다고 했지? 맞아. 먼저는 하나님에 대해 알아야 해. 성경을 읽고, 듣고, 공부해서, 하나님에 대해 알아야만 하나님을 믿을 수 있고 하나님을 중요하게 여길 수 있어.

그렇다면 네가 가장 힘써야 하는 것은 뭘까? 어서 빨리 한글을 배워서[1] 성경을 열심히 읽는 거야. 성경을 항상 가까이하며 읽고 또 읽는 거야. 아빠는 네가 그런 멋진 사람으로 자랄 거라고 믿어!

제3문: 성경은 주로 무엇을 가르칩니까?
  답: 성경은 주로 사람이 하나님에 관하여 믿어야 할 바와 하나님께서 사람에게 요구하시는 의무를 가르칩니다.

저희에게 성경을 주신 하나님. 미련한 저희에게 지혜를 주셔서 성경을 잘 이해하게 해주세요. 그래서 성경을 곡해하지 않게 하시고, 성경에 기록된 하나님의 뜻대로 올바르게 살게 해주세요.

---

1) 이미 한글을 알고 있다면 성경 공부를 강조해 주세요.

하나님은 어떤 분일까?

• 찬송가 3장을 다 함께 불러 보자.
• 요한복음 4장 24절을 한목소리로 암송해 보자.
"하나님은 영이시니 예배하는 자가 영과 진리로 예배할지니라."

어제 저녁에 아빠가 일을 마치고 집에 들어와서 "정말 너무 피곤하다"라고 말했던 것 기억나니? ○○이도 종종 아빠에게 "다리가 아파서 걷기 힘들어요. 업어 주세요"라고 말했었잖아.

우리는 왜 자주 힘들고 지치고 피곤한 걸까? 그건 우리에게 몸이 있어서야. 사람은 몸과 마음으로 이루어진 존재야. 그런데 몸은 많이 움직이면 피곤해지고 때론 아프기도 해. 그리고 누구든지 시간이 지나면 약해진단다.

또 우리는 몸이 있는 곳에만 존재할 수 있어. 예를 들어 아빠의 몸이 집에 있다면, 아빠는 회사나 교회가 아니라 집에 있는 거겠지? 반대로 아빠의 몸이 집이 아닌 회사나 교회에 있다면, 아빠는 몸이 있는 그곳에 존재하고 있는 거야.

그렇다면 하나님은 어떨까? 하나님도 우리처럼 피곤해하실까? 절대 그렇지 않아. 하나님은 우리처럼 몸을 가지고 계시지 않기 때문이지. 또 하나님은 몸이 없으시기 때문에 어디에나 계실 수 있어. 하나님은 지금 우리 곁에 계시지만, 동시에 저기 교회에도 계시고, 또 동시에 세상 모든 곳에 계셔. 그래서 성경은 하나님에 대해 "하나님은 영이시니"라고 말하고 있어. 한번 따라 읽어 보자.

"하나님은 영이셔서, 지치거나 피곤하시지 않고, 또 어디에나 계십니다."

아빠가 아까 말한 것처럼, 몸이라는 것은 쉽게 지치고 피곤해지고 때론 아프기도 하면서 점점 약해진단다. 그리고 한 장소에만 있을 수 있지. 하지만 하나님은 몸이 없으신 영이시기 때문에, 지치지도 않고 피곤하지도 않고 아프지도 않고 또 약해지지도 않아. 그리고 한 장소에만 계신 것이 아니라 모든 장소에 계셔.

하나님은 영이시기에, 항상 강하시고 어디에나 계시면서 모든 것을 하실 수 있지. 그리고 그 대단하신 상태에서 절대로 변하지 않아. 이 모든 것은 아빠가 생각해 낸 것이 아니라 성경에 기록되어 있는 분명한 사실이야. 우리가 믿는 하나님이 이렇게 엄청난 분이라니 정말 놀랍지 않니?

제4문: 하나님께서는 어떤 분이십니까?
답: 하나님께서는 영이신데, 그분의 존재와 지혜와 능력과 거룩과 공의와 선하심과 진실하심이 무한하시며 영원하시고 불변하십니다.

전능하신 하나님 아버지. 성경에 기록된 하나님의 크고 놀라우신 능력을 저희 자녀들이 굳게 믿게 하시고, 그 하나님을 평생 신뢰하며 살게 해주세요.

여호와 외에 또 다른 하나님이 있을까?

- 찬송가 68장을 다 함께 불러 보자.
- 신명기 6장 4절을 한목소리로 암송해 보자.
  "이스라엘아 들으라, 우리 하나님 여호와는 오직 유일한 여호와이시니."

어제 공부했던 것 기억나니? 우리가 자주 지치고 피곤해지는 이유가 뭐라고 했지? 그건 바로 몸이 있기 때문이야. 또 우리가 항상 한 장소에만 있을 수 있는 건 왜 그렇다고 했지? 역시 몸이 있기 때문이야. 우리는 몸이 있는 바로 그 장소에만 존재할 수 있어.

그렇다면 하나님은 어떨까? 하나님은 우리와 달라. 하나님은 지치지도 않고, 피곤하시지도 않고, 변하지도 않으셔. 그리고 하나님은 어디에나 계셔. 왜일까? 하나님은 몸이 없으신 영이시기 때문이야.

그렇다면 우리 하나님과 같은 분이 또 있을까? 몸이 없어도 존재하실 수 있고, 영이셔서 지치지도 피곤해하시지도 않고, 무엇이든 하실 수 있으며, 어디에나 계시는 분이 또 있을까? 하나님의 말씀인 성경은 세상에 그런 분이 우리가 믿는 여호와 하나님 한 분밖에 없다고 말해. 한번 따라 읽어 보자.

"영이신 하나님은 한 분밖에 없습니다."

하지만 사람들은 이 세상에 다양한 신들이 있다고 생각해. 어떤 사람은 도깨비나 산신령을 믿기도 하고, 어떤 사람은 용왕이나 옥황상제를 믿기도 해. 또 네가 좋아하는 그리스 로마 신화에 나오는 많은 신들이 실제로 존재한다고 믿는 사람도 있어.

하지만 하나님 외의 모든 신들은 실제로 존재하지 않아. 그 모든 것들은 사람들이 만들어 낸 것에 불과해. 사람늘이 하나님을 떠나서 자기 마음대로 이런저런 신들을 만들어 낸 거야.

그래서 성경은 우리 하나님을 유일하신 하나님이라고 말해. 영이시고, 모든 것을 하실 수 있으시고, 변함이 없으시고, 언제 어디에나 계시고, 가짜가 아니라 진짜로 존재하는 신은 우리 하나님 여호와밖에 없어.

5문: 하나님 한 분 외에 다른 신들이 있습니까?
답: 오직 한 분뿐이시며 살아계시고 참되신 하나님이십니다.

유일하신 하나님 아버지. 저희 자녀들이 전능하신 하나님은 한 분밖에 없음을 의심하지 않고 믿게 해주세요. 그리고 하나님 한 분만을 위해 살아가는 저희 가정이 되게 해주세요.

하나님을 몇 분이라고 말해야 할까?

• 찬송가 5장을 다 함께 불러 보자.
• 마태복음 28장 19절을 한목소리로 암송해 보자.
"그러므로 너희는 가서 모든 민족을 제자로 삼아 아버지와 아들과 성령의 이름으로 세례를 베풀고."

지난번 가정예배 때 영이시고, 무엇이든 할 수 있으시고, 변함이 없으시고, 어디에나 계신 하나님은 모두 몇 분이라고 했지? 이 세상에 그런 분은 우리가 믿는 여호와 하나님 한 분밖에 없다고 했던 것 기억나니?

그런데 성경을 보면, 한 분뿐인 하나님을 세 분이라고 말하기도 해. 오늘 암송한 말씀이 대표적이야. 세례라는 건 "이제 이 사람은 하나님을 믿는 사람이 확실합니다"라는 표시로서 하나님의 이름을 대신해서 교회 목사님이 주시는 거야. 그런데 성경은 세례를 줄 때 누구의 이름으로 주라고 말하고 있지? "아버지와 아들과 성령의 이름으로 세례를 베풀고"라고 말하고 있어. 하나님이 한 분이 아니라, 아버지 하나님, 아들 하나님, 성령 하나님, 이렇게 세 분이라는 거야.

분명 지난번에 배웠던 성경말씀은 영이신 하나님이 한 분이라고 말했는데, 왜 오늘 읽은 성경은 하나님이 세 분이라고 말할까? 그건 우리가 믿는 하나님이, 한 분 이시면서 동시에 세 분이시기 때문이야. 우리는 이것을 삼위일체라고 말해.

잘 이해가 안 되겠지만 잘 들어 보렴. 우리 각자에게 이름이 있는 것처럼, 우리가 믿는 하나님에게도 이름이 있어. 하나님의 이름은 '여호와' 야. 그래서 우리는 "이 세상엔 수많은 신이 있는 것이 아니라, 오직 여호와 하나님 한 분밖에 없다"고 말해.

하지만 여호와라는 이름을 가지신 하나님은 모두 세 분이야. 아까 들었던, 아버지 하나님, 아들 하나님, 성령 하나님, 이 세 분 모두가 여호와 하나님이셔. 다시 말해 하나님은 여호와밖에 없지만, 여호와는 세 분이시지. 한번 따라 읽어볼까?

"하나님은 여호와 한 분밖에 없습니다. 하지만 여호와는 모두 세 분이십니다."

그런데 세 분이신 여호와 하나님은 마치 한 분이신 것처럼 똑같이 높으셔. 아버지 하나님이 더 지혜롭거나, 아들 하나님이 더 힘이 세거나 한 것이 아니야. 세 분 모두 똑같이 강하시고, 똑같이 높으신 분이야. 이렇게 세 분은 똑같으면서도 각각 다른 분이야. 어때? 이해할 수 있겠니?

삼위일체는 우리가 모두 다 이해할 수 있는 내용이 아니야. 한 분이면서 동시에 세 분이라는 말은 너에게만 어려운 게 아니라 아빠에게도 어려운 내용이야. 그러나 우리가 다 이해할 수 있는 분이라면 하나님이라고 할 수 없겠지? 우리가 다 이해할 수 없을 만큼 크고 높은 분이기 때문에 하나님일 수 있는 거야.

제6문: 하나님의 신격에는 몇 위가 계십니까?
  답: 하나님의 신격에는 삼위가 계시며, 성부, 성자, 성령이십니다. 그리고 이 세 분은 한 하나님이시며, 본질이 같으시며, 능력과 영광에 있어서는 동등하십니다.

성부 성자 성령 삼위 하나님. 저희들이 삼위일체를 다 이해할 수 없을지라도 의심하지 않고 잘 믿게 해주세요. 저희 자녀들에게 은혜를 베푸셔서, 성경이 말하는 것이라면 설령 이해되지 않을지라도 온 마음을 다해 믿는 아이들이 되게 해주세요.

하나님의 작정이 무엇인지 아니?

- 찬송가 68장을 다 함께 불러 보자.
- 에베소서 1장 11절을 한목소리로 암송해 보자.
"모든 일을 그의 뜻의 결정대로 일하시는 이의 계획을 따라 우리가 예정을 입어 그 안에서 기업이 되었으니."

지난번에 장난감 사 달라고 아빠에게 졸랐던 거 기억나? 결국 어떻게 됐지? 아빠가 사 주지 않아서 결국 네 계획은 실패로 돌아갔지? 또 지난번에 과자가 먹고 싶다며 슈퍼 앞에서 아빠에게 떼를 썼지? 그것 역시 실패로 돌아갔어.[1]

이처럼 인간의 계획은 실패할 때가 많아. 그렇다면 하나님은 어떨까? 하나님의 계획도 실패할 때가 있을까? 오늘 성경말씀은 하나님의 계획이 반드시 이루어진다고 말하고 있어. 오늘의 암송구절을 다시 한 번 따라 읽어 볼까?

"모든 일을 자기 뜻대로 이루시는 하나님."

이 말씀처럼, 우리가 세운 계획은 실패로 끝날 때가 많지만 하나님의 계획은 반드시 이루어진단다. 결코 실패하는 경우가 없어.

그런데 OO아. 너는 언제 계획을 세우지? 그때그때 상황에 따라 계획을 세우지? 그렇다면 하나님은 언제 계획을 세우실까? 하나님도 우리처럼 그때그때 상

---

[1] 아이의 계획이 실패했던 경우를 예로 들어주세요.

황에 따라 계획을 세우실까?

아니야. 하나님은 이 세상을 만들기 전에 이미 모든 것을 계획하셨어. 오늘의 암송구절을 보면, 하나님은 계획을 따라 우리를 구원하셨다고 말하고 있어. 우리를 창조하기도 전에 우리를 구원할 계획을 세우셨던 거야.

즉, 우리는 매일매일 새로운 계획을 세우고, 계획대로 되지 않아 실패하기도 하지만, 하나님은 세상을 창조하기 전 단 한 번에 모든 것들을 계획하셨고 그 계획은 절대로 실패하지 않아. 우리 하나님은 알면 알수록 정말 놀라운 분이지?

제7문: 하나님의 작정은 무엇입니까?

답: 하나님의 작정은 하나님의 영원한 계획과 목적인데, 하나님의 작정에 따라 하나님께서는 일어날 모든 일들을 자기 영광을 위하여 미리 정하셨습니다.

계획하시고 이루시는 하나님 아버지. 저희들이 우연을 믿지 않게 해주세요. 저희 자녀들이 살아가며 어떤 일을 겪든지, 그 모든 것들이 하나님의 계획을 따라 일어난 일임을 믿게 해주세요.

지금까지 우리 삶에 일어난 일들은 우연히 발생한 걸까?

• 찬송가 67장을 다 함께 불러 보자.
• 에베소서 1장 11절을 한목소리로 암송해 보자.
"모든 일을 그의 뜻의 결정대로 일하시는 이의 계획을 따라 우리가 예정을 입어 그 안에서 기업이 되었으니."

길을 가다 생각지도 못한 곳에서 친구를 만나게 되는 경우가 있지? 약속한 것도 아닌데 갑자기 만나게 되는 그런 경우 말이야. 그때 세상 사람들은 우연이라는 말로 그 상황을 표현하곤 해.

우연이란 계획하거나 생각하지도 않은 일이 일어났을 때 쓰는 말인데, 사람들은 이 말을 자주 사용한단다. 예를 들어 길을 가다가 누군가를 만나면 우연히 마주쳤다고 말하고, 좋은 일이든 나쁜 일이든 생각하지 않았던 일이 생기면 우연히 일어났다고 말하지.

하지만 하나님을 믿는 우리는 세상에서 일어나는 모든 일이 우연히 일어났다고 생각하지 않아. 대신 우리는 하나님이 그 일을 계획하셨기 때문에 일어났다고 생각해.

어제 공부했던 내용을 떠올려 볼까? 하나님께서 계획을 세우신 때가 언제라고 했었지? 맞아. 세상을 창조하시기 전이었어. 오늘 암송구절을 보면, 하나님께서 그 때 어떤 것들을 계획하셨다고 말하고 있니? 모든 일을 그의 뜻대로 결정하셨다고 말하고 있어. 정말 중요한 내용이니까 잘 따라 읽어 보자.

"하나님은 세상을 창조하시기 전에 모든 것들을 계획하셨습니다."

그렇다면 이 세상에 우연히 일어나는 일이 있을까? 우연히 일어나는 일은 절대로 없어. 모든 일들은 하나님께서 계획하셨기 때문에 일어나는 거야. 하나님은 지혜로우셔서 세상 모든 일들을 계획하셨고, 또한 능력이 있으셔서 계획하신 모든 일들을 이루신단다. 이런 하나님이 너와 우리 가정을 늘 돌보아 주신다니, 참 감사하지?

제7문: 하나님의 작정은 무엇입니까?
답: 하나님의 작정은 하나님의 영원한 계획과 목적인데, 하나님의 작정에 따라 하나님께서는 일어날 모든 일들을 자기 영광을 위하여 미리 정하셨습니다.

태초에 모든 것을 계획하시고 때가 되면 이루시는 전능하신 하나님 아버지. 저희에게 일어나는 모든 일이 하나님의 계획을 따라 일어난 일이며, 어떤 일이든 결국 우리를 위해 하나님께서 행하시는 것임을 의심하지 않게 해주세요.

소요리8문 | 하나님께서 영광 받으시는 방법이 뭔지 아니?

• 찬송가 64장을 다 함께 불러 보자.
• 요한계시록 4장 11절을 한목소리로 암송해 보자.
"우리 주 하나님이여 영광과 존귀와 권능을 받으시는 것이 합당하오니 주께서 만물을 지으신지라. 만물이 주의 뜻대로 있었고 또 지으심을 받았나이다."

예전에 하나님의 영광에 대해 공부했던 거 기억나니? 하나님이 영광 받으신다는 말의 의미가 뭐였지? 하나님이 중요하게 여김을 받으셔야 한다는 거야. 그래서 우리 모두 하나님의 영광을 위해, 일평생 하나님만을 중요하게 여기며 살아야 한다고 말했었어.

그렇다면 하나님이 중요하게 여김을 받으려면 무엇이 있어야 할까? 먼저 하나님을 중요하게 여기며 살아갈 사람들이 있어야 하고, 그 사람들이 살아갈 공간이 있어야겠지? 그래서 하나님께서는 사람과, 사람이 살 수 있는 세상을 창조하셨어.

하지만 창조만으로는 하나님이 영광을 받으실 수가 없어. 왜냐하면 우리에게는 하나님의 영광과 상관없이 살고 싶어 하는 나쁜 마음이 있기 때문이야. 그래서 하나님은 우리 삶에 간섭하시고, 이 세상에 간섭하셔.

그로써 우리의 삶이 하나님께 영광이 되고, 이 세상도 하나님께 영광을 돌릴 수 있게 되었지. 이렇게 하나님의 영광을 위해 하나님께서 창조세계에 직접 간섭하시는 것을 하나님의 섭리라고 해. 이 내용을 정리한 문장을 따라 읽어 보자.

"하나님은 창조와 섭리를 통해 영광 받으십니다."

정리하면, 하나님은 영광 받기 합당한 분이셔서 자신의 영광을 계획하셨어. 이것을 하나님의 작정이라고 해. 그리고 그 작정을 창조와 섭리를 통해 이루시지. 이것을 소요리문답은 이렇게 요약한단다.

제8문: 하나님께서 자신의 작정을 어떻게 이루십니까?
답: 하나님께서 창조와 섭리를 통해 자신의 작정을 이루십니다.

창조하시고 섭리하시는 하나님 아버지. 이 세상이 하나님의 영광을 위해 창조되었음을 믿는 믿음을 주세요. 그리하여 우리 자녀들이 장차 어디서 어떤 일을 하든지 하나님의 영광을 위해 힘쓰게 해주세요.

이 모든 걸 누가 만드셨을까?

- 찬송가 68장을 다 함께 불러 보자.
- 창세기 1장 1절을 한목소리로 암송해 보자.
"태초에 하나님이 천지를 창조하시니라."

공룡 그림을 그리려면 뭐가 필요할까? 먼저 그림을 그릴 종이가 있어야 하고, 색칠할 수 있는 크레파스나 색연필이 있어야겠지. 또 비행기를 접으려면 뭐가 필요할까? 종이가 있어야겠지? 그런데 아무 재료도 도구도 없이 공룡 그림을 그리거나 종이비행기를 만들라고 한다면, 넌 그 일을 할 수 있겠니? 힘들 겠지?

그건 아빠도 마찬가지야. 아빠 역시 무언가를 만들고자 한다면 재료가 있어야 하고 도구가 있어야 해. 예를 들어 아빠가 이 책상을 만들려면 나무도 필요하고 나무를 연결할 망치와 못도 필요해. 재료와 도구 없이는 제아무리 대단한 사람이라 할지라도 아무것도 만들 수 없단다.

그런데 하나님께서는 재료나 도구가 없는 가운데 오직 말씀만으로 이 세상 모든 것을 만드셨어. 우리가 눈으로 보는 세상 모든 것들은, 아무것도 없는 가운데 하나님께서 오직 "있으라"라고 말씀만 하셨을 뿐인데 단번에 존재하게 된 것들 이야.

더 놀라운 것은, 그렇게 만들어진 세상이 너무나 아름답고 좋았다는 거야. 하나님이 재료와 도구 없이 오직 말씀만으로 이 세상을 만드셨는데도, 이 세상은 무엇 하나 흠잡을 데 없이 아름답고 멋진 곳이 되었어. 한번 따라 읽어 보자.

"하나님은 오직 말씀만으로 이 멋진 세상을 만드셨습니다."

　그래서 우리는 이 세상을 하나님의 작품이라고 불러. 그냥 대충 만들지 않고 지혜와 능력을 잘 사용하여 최대한 멋지게 만들었기 때문이야.

　우리가 창조에 대해 반드시 기억해야 할 가장 중요한 사실 바로 이거야. 첫째는 하나님이 아무것도 없는 가운데 오직 말씀만으로 세상을 만드셨다는 것이고, 둘째는 그 세상이 무엇 하나 부족한 것 없는 하나님의 작품이라는 사실이란다.

　제9문: 창조는 무엇입니까?
　　답: 창조는 하나님께서 6일 동안에 단지 말씀만으로 아무 것도 없는 데서 만물을 지으신 것인데, 모든 것을 매우 좋게 만드신 것입니다.

창조주 하나님, 하나님은 말씀만으로 모든 것을 만드신 전능한 분이십니다. 저희 자녀들이 전능하신 하나님께 늘 기도하면서, 하나님만 의지하며 살아가게 해주세요.

하나님이 왜 사람을 만드셨는지 아니?

- 찬송가 79장을 다 함께 불러 보자.
- 창세기 1장 27절을 한목소리로 암송해 보자.

  "하나님이 자기 형상 곧 하나님의 형상대로 사람을 창조하시되 남자와 여자를 창조하시고."

하나님이 세상을 만드신 것은, 사람이 무언가를 만드는 것과 큰 차이점이 있어. 사람은 도구와 재료가 있어야만 무언가를 만들 수 있지만, 하나님은 아무것도 없는 가운데 오직 말씀으로만 온 우주 만물을 만드신 점이야.

그렇게 만들어진 이 세상이 무엇 하나 흠잡을 데 없이 너무나 완전하고 아름다운 곳이라고 했던 것 기억나니? 이 세상은 하나님의 능력과 지혜가 반영된 작품이어서, 주의 깊게 살펴보면 우리의 감동을 자아내는 멋진 장면과 신기한 동물들을 곳곳에서 볼 수 있어. 그런데 세상 모든 것이 하나님의 작품이라 할지라도 그중에서 특별히 중요한 하나님의 작품이 있는데, 그건 바로 사람이야.

사람이 하나님의 가장 특별한 작품인 이유는 다음과 같아. 하나님은 세상을 창조하신 후에, 하나님을 대신해서 세상을 다스리고 돌볼 존재를 만드셨어. 하나님을 대신해서 꽃과 나무를 심기도 하고, 동물들에게 먹이를 주기도 하는 존재를 만드신 거야. 그게 바로 사람이란다. 즉, 사람은 하나님 대신 세상 만물을 돌보는 존재라서 특별한 거야. 한번 따라 읽어 보자.

"사람은 하나님 대신 이 세상을 돌보는 특별한 존재입니다."

그런데 하나님을 대신해서 이 세상을 돌보려면 사람에게 무엇이 필요할까? 일단 개나 고양이 같은 동물보다 훨씬 똑똑하고 착해야겠지? 그래서 하나님은 사람에게 하나님을 닮은 똑똑함과 착한 마음을 주셨어.

그리고 하나님은 사람을 아빠와 엄마처럼, 남자와 여자로 지으셨어. 그건 서로 사랑하며 살라고 그렇게 하신 거야. 남자와 여자가 아빠와 엄마처럼 결혼하여 가정을 이루어 살면서 서로 사랑하게 하시고, 그러면서 하나님의 사랑을 생각하도록 하신거지.

이 세상엔 수많은 생물이 있지만, 온 세상을 돌보도록 하나님께 특별한 책임을 부여받은 존재는 인간밖에 없어. 그리고 하나님의 사랑을 생각하며 서로 사랑을 나눌 수 있는 존재도 인간밖에 없어. 그래서 사람은 누구나 특별하고, OO 역시 매우 특별한 존재란다. 소요리문답은 사람의 창조에 대해 성경이 말하는 것을 다음과 같이 요약하고 있어.

제10문: 하나님께서는 사람을 어떻게 창조하셨습니까?
　　답: 하나님께서는 사람을 남자와 여자로 창조하시되, 하나님의 형상을 따라 지식과 의와 거룩함이 있게 하셨고, 다른 모든 피조물을 다스리게 하셨습니다.

창조주 하나님, 하나님은 저희를 하나님을 대신하여 이 세상을 돌보는 존재로 만드셨습니다. 그 뜻을 따라 저희들이 자연을 깨끗하게 돌보고, 어려운 이웃들을 잘 섬기며 살아가게 해주세요.

섭리가 무언지 아니?

- 찬송가 68장을 다 함께 불러 보자.
- 마태복음 10장 29절을 한목소리로 암송해 보자.

"참새 두 마리가 한 앗사리온에 팔리지 않느냐. 그러나 너희 아버지께서 허락하지 아니하시면 그 하나도 땅에 떨어지지 아니하리라."

이 세상을 누가 만드셨지? 하나님이시지. 그럼 온 세상에 가득한 생물들은 누가 만드셨을까? 역시 하나님이시지. 그렇다면 하나님께서는 이 세상의 모든 생물들을 말씀으로 단번에 만드시고 난 후 더 이상 관심을 갖지 않으실까? 그렇지 않아.

이 세상이 하나님의 작품이라고 했던 것 기억나지? 하나님은 당신의 작품인 이 세상을 소중하게 여기셔. 그렇기 때문에 우리가 하나님을 창조만 하시고 그 후에는 이 세상에 아무런 관심도 가지지 않는 분으로 여기는 건 옳지 않아.

오늘 본문 말씀을 다시 한 번 읽어 보자. 흔하디흔한 참새 한 마리의 죽음도 누구의 허락이 있어야 하지? 하나님의 허락이 있어야 해. 이처럼 세상 모든 일은 하나님의 다스림 아래 있어.

그렇다면 하나님의 다스림 아래 있다는 건 어떤 뜻일까? 그건 하나님께서 세상 모든 것들을 보살핀다는 뜻이야. 네가 하루하루를 무사히 보낼 수 있는 것이 엄마아빠의 보살핌 때문이듯, 세상 모든 만물도 하나님의 보살핌 때문에 살아갈 수 있단다. 한번 따라 읽어 보자.

"세상 모든 만물은 하나님의 보살핌 때문에 존재합니다."

이렇게 하나님께서 세상을 사랑하셔서 직접 간섭하시고 다스리는 것을 하나님의 섭리라고 해.

그렇다면 하나님의 섭리가 중단될 때가 있을까? 엄마아빠를 예로 들자면, 아빠는 너를 항상 돌보지는 못해. 밤이 되면 잠을 자야 하고, 다른 중요한 일이 있을 때는 너의 곁을 잠시 떠나 있기도 해. 그것처럼 혹시 하나님도 세상을 돌보시는 일을 잠시 중단하는 경우가 있지 않을까?

절대 그렇지 않아. 하나님은 피곤하지도 않고 주무시지도 않기 때문에 섭리하는 일을 단 한순간도 중단하지 않아. 또 하나님은 어디에나 계시기 때문에 세상에서 일어나는 모든 일들을 항상 지켜보시고 간섭하시지. 소요리문답은 이것을 다음과 같이 요약하고 있어.

11문: 하나님의 섭리는 무엇입니까?
답: 하나님의 섭리는 자기가 지으신 모든 피조물들과 그 모든 행동들을 지극히 거룩하고, 지혜롭고, 능력 있게 보존하시며 다스리시는 것입니다.

하나님 아버지, 하나님은 저희들을 지키고 돌보시는 섭리의 하나님이십니다. 그러므로 저희 자녀들이 걱정하거나 두려워하지 않고, 오직 하나님만을 신뢰하며 살게 해주세요.

왜 하나님은 선악과를 만드셨을까?

- 찬송가 254장을 다 함께 불러 보자.
- 창세기 2장 17절을 한목소리로 암송해 보자.
"선악을 알게 하는 나무의 열매는 먹지 말라. 네가 먹는 날에는 반드시 죽으리라 하시니라."

이 세상에 얼마나 많은 생물이 있는지 아니? 세상에는 수많은 종류의 생물이 있어. 생물이 얼마나 많은지, 우리가 살아가는 동안 볼 수 있는 것보다 볼 수 없는 게 훨씬 더 많을 정도야.

그런데 그 수많은 생물 중에서 하나님께서 가장 소중하게 여기시는 생물이 뭔지 아니? 바로 사람이야. 그걸 어떻게 알 수 있냐고? 바로 하나님께서 사람에게만 주신 약속을 통해서 알 수 있어.

하나님은 세상 모든 만물을 창조하신 다음에 오직 사람하고만 한 가지 약속을 하셨어. "선악과 열매를 먹으면 반드시 죽는다." 하나님은 오직 사람하고만 이 약속을 하심으로써 모든 생물 가운데 사람을 아주 특별하게 여기시고 사랑하신다는 사실을 나타내셨어. 한번 따라해 볼까?

"하나님의 약속은 하나님이 사람을 특별히 사랑하신다는 증거입니다."

이게 어떤 뜻인지 다시 한 번 예를 들어 설명해 볼게. 아빠가 너에게 가정예배를 잘 드리면 변신 로봇을 사주겠다고 했던 거 기억나지? 아빠가 너에게 그런 약속을 하는 이유는 뭘까?

그건 아빠가 너를 사랑하기 때문이야. 아빠에게 중요한 건 변신 로봇이 아니야. ○○가 아빠와의 약속을 지키려고 노력하는 모습이 아빠를 너무나 기쁘게 만든단다. 그래서 아빠는 너와 약속을 하고, 네가 약속을 잘 지키는지 지켜보는 거시. 이 보는 것은 아빠가 너를 사랑하기 때문이고, 절대 네가 약속을 어겼을 때 혼내는 게 목적이 아니야.

하나님도 마찬가지야. 하나님은 사람을 사랑하셔서 선악과 열매의 약속을 하셨어. 그리고 사람이 하나님과의 약속을 지키기 위해 노력하는 모습을 매우 기쁘게 보셨단다. 소요리문답은 이 약속을 다음과 같이 설명하고 있어.

12문: 하나님께서 사람을 창조하시고 특별히 섭리하신 것은 무엇입니까?

답: 하나님께서 사람을 창조하시고 특별히 섭리하신 것은, 완전히 순종하면 영생을 주시고, 선악과를 따 먹지 말라는 명령에 불순종하면 죽음의 형벌을 주겠다고 하신 것입니다.

하나님 아버지, 하나님은 세상 만물 가운데 사람을 가장 특별한 존재로 만드셨습니다. 그러므로 우리 모두는 특별한 존재입니다. 이 사실을 기억하고, 늘 하나님께 감사하는 가정이 되게 해주세요.

죄는 언제 이 세상에 들어왔을까?

- 찬송가 204장을 다 함께 불러 보자.
- 창세기 3장 6절을 한목소리로 암송해 보자.

"여자가 그 나무를 본즉 먹음직도 하고 보암직도 하고 지혜롭게 할 만큼 탐스럽기도 한 나무인지라. 여자가 그 열매를 따먹고 자기와 함께 있는 남편에게도 주매 그도 먹은지라."

하나님이 사람을 지으시고 어떤 약속을 하셨는지 기억나니? 선악과 열매를 따 먹으면 반드시 죽는다는 약속을 하셨어. 하나님이 이런 약속을 하신 것은 사람을 죽이기 위해서일까? 아니야. 오히려 하나님이 사람을 특별히 사랑하신다는 증거였어. 그것은 하나님께서 모든 생물 가운데 오직 사람하고만 이런 약속을 하신 것을 통해 알 수 있어.

수많은 사람 가운데 아빠가 너에게만 관심을 가지고 지켜본다면, 그 이유가 뭐겠니? 아빠에게 네가 가장 소중한 사람이기 때문이겠지. 마찬가지로 하나님도 수많은 생물 가운데 사람에게 특별한 관심을 가지고 계셔. 그래서 하나님은 사람과 선악과 약속을 맺으시고, 사람이 이 약속을 잘 지키는지 주의 깊게 지켜보셨어.

그리고 하나님은 사람에게 자유의지를 주셨어. 자유의지란 자유롭게 무언가를 할 수도 있고, 하지 않을 수도 있는 마음을 뜻해. 다음 문장을 따라 읽어 보자.

"하나님은 사람에게 자유롭게 선과 악을 선택할 수 있는 마음을 주셨습니다."

그렇다면 하나님이 사람에게 자유의지를 주신 이유는 뭘까? 하나님은 사람이 선악과 열매를 따 먹을 수 있음에도 불구하고 하나님을 사랑하기 때문에 선악과 열매를 따 먹지 않는 모습을 보고 싶으셨던 거야. 하나님이 사람을 사랑하는 만큼, 사람도 하나님을 사랑해 주기를 원하신 거지.

하지만 우리의 조상은 이러한 하나님의 마음을 헤아리지 못하고, 결국 선악과 열매를 따 먹고 말았어. 하나님께서 주신, 선과 악을 스스로 선택할 수 있는 자유의 마음을 하나님께 감사하고 그분을 기쁘게 하는 데 사용하지 않고, 반대로 자기 욕심을 채우는 나쁜 일에 사용한 거야. 소요리문답은 이 안타까운 사건을 이렇게 요약하고 있어.

13문: 우리 시조는 창조된 본래의 상태에 계속 머물렀습니까?
   답: 우리 시조는 자유의지를 가지고 하나님께 범죄하여 창조된 본래의 상태에서 타락하였습니다.

저희를 사랑하시는 하나님 아버지. 하나님은 저희를 너무나 사랑하셔서 저희에게 자유의지를 주셨습니다. 저희 자녀들이 이 자유의지를 통해 자신의 뜻이 아니라 하나님의 뜻을 이루어가며 살아가도록 도와주세요.

죄가 뭔지 아니?

- 찬송가 217장을 다 함께 불러 보자.
- 요한일서 3장 4절을 한목소리로 암송해 보자.
  "죄를 짓는 자마다 불법을 행하나니 죄는 불법이라."

하나님께서 첫 번째 사람과 어떤 약속을 하셨는지 기억나니? 선악과 열매를 따 먹으면 반드시 죽을 것이라는 약속을 하셨어. 그런데 사람은 하나님과의 약속을 지켰을까? 지난번에 공부한 대로 첫 번째 사람은 하나님과의 약속을 지키지 못했어. 그리고 성경은 이것을 죄라고 말해. 오늘은 바로 이 죄에 대해 공부할 거야.

죄가 무엇인지 알려면 먼저 법이 무엇인지 알아야 해. 모든 나라에는 그 나라의 법이 있어. 우리나라에도 우리나라만의 법이 있지. 예를 들어 신호등에 파란불이 들어와 있으면 사람이 횡단보도를 건너야 할까, 멈춰야 할까? 건너야겠지? 그런데 파란 불인데도 자동차가 멈추지 않고 지나가다가 사람을 치어 다치게 했으면 어떻게 될까? 벌을 받아야겠지? 이게 바로 죄야. 즉, 법을 어긴 것이 죄야.

그렇다면 성경에서 말하는 죄는 누구의 법을 어긴 것을 뜻하는 걸까? 바로 하나님이 만드신 법을 어긴 것을 뜻해. 그렇다면 하나님의 법은 뭘까? 하나님의 법이란 하나님께서 성경을 통해 우리에게 주신 말씀을 뜻해. 한번 따라 읽어 보자.

"하나님의 말씀인 성경이 하나님의 법입니다."

그런데 성경에는 하나님의 뜻이 두 가지 형태로 기록되어 있어. 첫 번째는 무언가를 "하라!"는 것이고, 두 번째는 "하지 말라!"는 거야. 그렇다면 우리는 어떻게 해야 할까? 하나님께서 하라고 하신 것은 해야 하고, 하지 말라고 하신 것은 해선 안 되겠지?

죄란 하나님의 뜻과는 반대로 행동하는 걸 말해. 하나님께서 하라고 하신 것을 하지 않거나, 하나님께서 하지 말라고 하신 것을 하는 것. 이것이 성경이 말하는 죄야.

○○이는 앞으로 어떻게 살아야 할까? 하나님께서 하라고 하신 것은 열심히 하고, 하지 말라고 하신 것은 절대로 하지 않도록 노력해야겠지? 그러려면 무엇을 열심히 읽고 공부해야 할까? 하나님의 법인 성경을 열심히 읽고 공부해야 해. 그렇게 할 수 있겠지?

14문: 죄는 무엇입니까?
　답: 죄는 하나님의 율법에 부족하게 순종하거나 그것을 어기는 것입니다.

온 세상을 다스리는 하나님 아버지. 세상은 죄를 두려워하지 않습니다. 그래서 세상은 하나님의 심판 아래 있습니다. 저희 자녀들이 이러한 세상에 물들지 않게 해주세요. 하나님의 뜻을 어기는 것을 몹시 싫어하는 사람으로 자라게 해주세요.

타락이란 뭘까?

- 찬송가 218장을 다 함께 불러 보자.
- 창세기 3장 6절을 한목소리로 암송해 보자.
"여자가 그 나무를 본즉 먹음직도 하고 보암직도 하고 지혜롭게 할 만큼 탐스럽기도
한 나무인지라. 여자가 그 열매를 따먹고 자기와 함께 있는 남편에게도 주매 그도
먹은지라."

하나님께서 처음 세상을 만들었을 때, 세상의 중심에는 두 개의 나무가 있
었어. 하나는 생명나무이고, 또 하나는 선악과나무야. 그런데 이 두 개의
나무 중 한 나무의 열매는 먹을 수 있었지만, 또 다른 나무의 열매는 먹는 게
금지되어 있었어.

먹을 수 있는 열매는 생명나무 열매였고, 사람은 이 열매를 열심히 먹어야 했
어. 왜냐하면 하나님께서 하라고 하신 것은 열심히 해야 하기 때문이야. 반대
로, 먹을 수 없는 열매는 선악과나무 열매였고, 사람은 이 열매를 절대로 먹지
말아야 했어. 왜냐하면 하나님께서 하지 말라고 하신 것은 절대 해선 안 되기
때문이야. 다음 문장을 따라 읽어 보자.

"하나님께서 하라고 하신 것은 힘써 행해야 하고,
하나님께서 하지 말라고 하신 것은 힘써 멀리 해야 합니다."

그런데 하나님께서 창조하신 첫 번째 사람 아담과 하와는 이러한 하나님의 법
을 지키지 않았어. 하나님께서 먹으라고 허락한 생명나무 열매를 먹은 게 아니
라, 하나님께서 먹지 말라고 하신 선악과나무 열매를 먹은 거야.

첫 번째 사람 아담과 하와의 이러한 불순종은 끔찍한 결과를 가지고 왔어. 바로 '타락' 이야. 타락이 뭐냐면, 원래 가지고 있던 좋은 성질에서 나쁜 성질로 변하는 거야. 예를 들어 수박을 오래두면 어떻게 되니? 원래 수박은 빨갛고 맛있는 성질을 가지고 있지만, 시간이 지나면 까맣게 썩어 못 먹게 되지? 이런 일이 사람에게 일어날 때 그것을 타락이라고 해.

원래 사람은 하나님을 닮은 존재로 만들어졌어. 그래서 사람은 가장 똑똑하고 착한 존재였지. 하지만 아담과 하와가 죄를 지은 그 순간부터 사람은 타락하여 하나님과 전혀 다른 존재가 되었어. 미련하고 나쁜 존재가 된 거지.

제15문: 우리 시조가 창조된 본래의 상태에서 타락하게 된 죄는 무엇이었습니까?

답: 우리 시조가 창조된 본래 상태에서 타락하게 된 죄는 금지된 열매를 먹은 것이었습니다.

거룩하신 하나님 아버지. 저희들이 힘써 가정예배를 드리게 하시고, 힘써 성경을 가르치고 배우게 해주세요. 그리하여 해야 할 일과 하지 말아야 할 일을 잘 구분하며 살게 해주세요.

우리도 타락했다고?

• 찬송가 250장을 다 함께 불러 보자.
• 로마서 5장 12절을 한목소리로 암송해 보자.

"그러므로 한 사람으로 말미암아 죄가 세상에 들어오고 죄로 말미암아 사망이 들어왔나니 이와 같이 모든 사람이 죄를 지었으므로 사망이 모든 사람에게 이르렀느니라."

○○아, 하나님께서 우리 집의 대표로 세운 사람이 아빠라는 것을 알고 있지? 그렇다면 아빠가 우리 집의 대표라는 건 어떤 뜻일까? 그건 아빠의 선택이 우리 가족 모두에게 영향을 미친다는 뜻이야.

이게 무슨 말인지 예를 들어 설명해 볼게. 원래 ○○이는 합천에서 태어난 합천 사람이었어.[1] 하지만 지금은 창원에 살고 있는 창원 사람이야.[2] 왜 ○○이는 합천 사람에서 창원 사람이 되었지? 우리 가정의 대표인 아빠가 합천을 떠나 창원으로 와서, 우리 집 주소를 창원으로 등록했기 때문이야. ○○이는 이 과정에서 아무것도 하지 않았지만, 아빠의 선택과 결정이 곧 ○○의 선택과 결정이 된 거란다.

그렇다면 세상 모든 사람들의 대표는 누구일까? 그 사람은 하나님께서 제일 처음 만드신 아담이야. 그래서 아빠의 행동이 우리 가족 모두에게 영향을 미치는 것처럼, 아담의 행동이 세상 모든 사람에게 영향을 미쳐. 한번 따라 읽어 보자.

---

1) 아이의 고향을 예로 들어주세요.
2) 지금 살고 있는 곳을 말해주세요.

그런데 지난 시간에 배운 내용 기억나지? 첫 번째 사람이자 모든 사람의 대표인 아담이 어떤 행동을 했니? 하나님과의 약속을 어기고 선악과 열매를 따 먹었지? 그 결과는 무엇이었니? 타락하여 하나님께서 주신 원래의 멋진 모습을 잃어버리고 말았어.

그런데 아담은 모든 사람의 대표이자, 너의 대표이기도 해. 그래서 아담의 행동의 결과가 너에게도 영향을 미치지. 다시 말해 아담이 죄를 지을 때 너도 함께 죄를 지은 것이고, 아담이 타락할 때 너도 그 안에서 함께 타락한 거야. 소요리문답은 이 슬픈 사건을 이렇게 설명하고 있어.

제16문: 모든 사람이 아담의 첫 범죄로 타락한 것입니까?
   답: 아담과 하신 약속은 아담만이 아니라 아담의 후손과도 하신 것이므로, 일반적인 출생 방법으로 태어난 사람은 모두 아담 안에서 범죄하였고, 아담과 함께 타락한 것입니다.

하나님 아버지. 아담의 범죄로 인해 우리는 하나님 앞에서 더러운 존재가 되었습니다. 하지만 이제는 예수님으로 인해 깨끗한 존재가 된 것을 믿습니다. 저희 자녀들이 이 큰 은혜를 기억하며 늘 감사하는 삶을 살게 해주세요.

아담이 타락한 결과는 무엇일까?

• 찬송가 251장을 다 함께 불러 보자.
• 로마서 5장 12절을 한목소리로 암송해 보자.
"그러므로 한 사람으로 말미암아 죄가 세상에 들어오고 죄로 말미암아 사망이 들어왔나니 이와 같이 모든 사람이 죄를 지었으므로 사망이 모든 사람에게 이르렀느니라."

○○이는 창원시의 시민이야.[1] 그런데 어떻게 창원시의 시민이 되었지? 네가 그렇게 해 달라고 한 적이 있어? 한 번도 없지만 너는 창원시의 시민이 되었어. 왜냐면 우리 가정의 대표인 아빠가 우리 가정의 주소지를 창원으로 옮겼기 때문이야.

같은 이유로 ○○이는 아담과 같은 타락한 죄인이야. 왜냐하면 모든 인간의 대표인 아담이 하나님께서 먹지 말라고 하신 선악과나무 열매를 따 먹고 타락했기 때문이지. 그래서 오늘 암송구절에서는 한 사람 아담 때문에 모든 사람이 죄를 지었고 죽게 되었다고 말하고 있어. 한번 따라 읽어 보자.

"아담으로 인해 죄가 세상에 들어오고,
사망이 모든 사람에게 이르렀습니다."

지난 번 가정예배 때 타락에 대해 배운 것 기억나니? 인간의 타락이란 과일이 썩고 부패하는 것과 같다고 했었지? 과일이 썩고 부패하면 어떻게 될까? 원래

---

1) 지금 살고 있는 곳을 말해주세요.

의 맛과 향을 잃어버려 결국 못 먹게 된단다. 마찬가지로 모든 인간은 하나님 보시기에 썩고 부패하여 못 먹게 된 과일과 같아.

우리는 썩고 부패한 과일을 어떻게 하지? 맛있게 먹을 수 있니? 맛있게 먹기는커녕 쓰레기통에 버리지? 마찬가지로 우리 모든 인간은 아담과 함께 썩고 부패하여 하나님의 미움과 버림을 받아 마땅한 존재가 되었어. 이제 인간에게는 썩은 과일에서 나쁜 냄새가 나는 것처럼 타락한 본성에서 풍겨 나오는 죄의 나쁜 냄새만 가득하게 되었어.

○○아, 오늘 공부를 하는 동안 어떤 생각이 들었어? 무섭진 않았니? 하지만 하나님은 너를 썩고 부패한 상태로 그냥 내버려두지 않으시고, 너를 위해 놀라운 일을 준비하셨어. 그건 다음번 가정예배 때 공부하게 될 거야. 그러니 너무 무서워하지 말고, 소요리문답으로 오늘 공부를 마무리하자.

제17문: 아담의 타락은 인류를 어떤 상태에 빠지게 하였습니까?
답: 아담의 타락은 인류를 죄와 비참의 상태에 빠지게 하였습니다.

하나님 아버지. 아담의 범죄는 모든 사람을 비참한 처지에 빠지게 만들었습니다. 이처럼 죄는 무서운 것입니다. 그러므로 저희들이 죄를 무서워하며, 미워하게 해주세요. 특히 저희 자녀들이 세상 친구들의 범죄하는 말과 행동을 따라 하지 않게 해주세요.

죄의 종류를 알고 있니?

• 찬송가 252장을 다 함께 불러 보자.
• 시편 51편 5절을 한목소리로 암송해 보자.
"내가 죄악 중에서 출생하였음이여, 어머니가 죄 중에서 나를 잉태하였나이다."

할머니네 뒷마당에 어떤 나무가 있는지 아니? [1] 감나무가 있지? 그러면 그 나무엔 어떤 열매가 맺힐까? 사과? 포도? 당연히 감이 열리겠지? 왜 감나무엔 항상 감만 열릴까? 그건 그 나무의 본질이 감나무이기 때문이야.

감나무는 감나무로서의 본질을 가지고 있어. 그래서 항상 감만 열리는 거야. 또 사과나무는 사과나무로서의 본질을 가지고 있기에 항상 사과만 열려. 이건 개가 새끼를 낳으면 강아지가 태어나지, 병아리가 태어나지 않는 것과 같아.

이번엔 사람의 경우를 생각해 보자. 아담 한 명의 타락이 어떤 결과를 가져왔다고 했니? 모든 인간의 부패와 타락을 가져왔다고 했지? 그래서 모든 사람은 죄인이라는 본성을 가지게 되었어. 그러면 사람의 자녀로 태어나는 아이는 착한 본성을 가지고 태어날까, 죄악 된 본성을 가지고 태어날까? 당연히 죄악 된 본성을 가지고 태어날 거야.

감나무에선 항상 감이 열리고, 사과나무에서는 항상 사과가 열리는 것처럼, 모든 사람은 태어날 때부터 아담과 같은 죄인이라는 본질을 가지고 태어나. 오늘 암송구절이 바로 그 사실을 말하고 있어. 한번 따라 읽어 보자.

---

1) 아이가 잘 아는 과일 나무를 예로 들어주세요.
2) 아이의 좋지 않은 습관을 예로 들어주세요.

"우리는 죄악 중에서 출생하였습니다."

그런데 성경은 인간의 죄를 두 가지로 말하고 있어. 하나는 원죄이고, 또 하나는 자범죄야. 원죄는 우리가 태어날 때부터 죄인의 본성을 가지고 태어나는 것을 말하고, 자범죄는 우리가 죄인으로 태어났기 때문에 살아가면서 실제로 짓게 되는 구체적인 죄들을 말해.

예를 들어 OO이는 아빠가 하라는 대로 하기 싫을 때가 있지?[20] 아토피가 심해지니까 과자를 그만 먹으라고 해도 계속 먹고 싶고, 텔레비전을 그만 보고 밥을 먹자고 해도 텔레비전을 계속 보고 싶고, 어두워지니까 그만 놀고 집으로 들어가자고 해도 계속 놀고 싶고, 동생을 좀 돌보라고 해도 돌보기가 싫지?

왜 OO는 아빠가 하라고 하는 좋은 행동을 하기 싫어할까? 그건 네가 태어날 때부터 원죄를 가진 죄인으로 태어났기 때문이야. 마찬가지로 너 역시 동생 때문에 슬프고 화날 때가 많을 거야. 왜 동생들은 너를 화나고 슬프게 할까? 그건 동생들 역시 태어날 때부터 원죄를 가진 죄인으로 태어났기 때문이야. 죄인으로 태어났기에 그 죄인의 본성을 따라 항상 자범죄를 짓는 거지. 이제 왜 동생들이 그렇게 너를 괴롭히는지 이해가 가니?

제18문: 타락한 사람에게 나타나는 죄에는 몇 종류가 있습니까?
　답: 원죄와 자범죄의 두 종류인데, 원죄는 죄의 책임과 원래 의로움의 결핍과 본성 전체의 부패이며, 자범죄는 이 원죄로부터 나오는 실제 죄들입니다.

하나님 아버지. 저희에게는 죄를 짓고 싶어 하는 강한 욕망이 있습니다. 저희에게 은혜를 베푸셔서 이 욕망과 싸워 이기게 해주세요. 특히 저희 자녀들이 죄로 가득한 세상 속에서 거룩하게 구별된 하나님의 사람으로 자라게 해주세요.

원죄와 자범죄의 결과는 무엇일까?

• 찬송가 254장을 다 함께 불러 보자.
• 마태복음 25장 41절을 한목소리로 암송해 보자.
"또 왼편에 있는 자들에게 이르시되 저주를 받은 자들아, 나를 떠나 마귀와 그 사자들을 위하여 예비된 영원한 불에 들어가라."

지난 번 가정예배 때 배운 것 기억나지? 모든 생물에게는 저마다의 본질이 있다는 내용 말이야. 그래서 감나무의 본질을 가진 감나무에는 감만 열리고, 사과나무의 본질을 가진 사과나무에는 사과만 열려.

사람에게도 사람만의 본질이 있는데, 성경은 그것을 죄인으로서의 본질이라고 말해. 그런데 사람의 본질인 죄는 두 부분으로 나눌 수 있어. 첫 번째는 원죄이고, 두 번째는 자범죄야. 원죄란 우리가 태어나면서부터 죄인으로 태어나는 것을 말하고, 자범죄란 죄인으로 태어났기에 사는 내내 죄를 짓는 것을 말한다고 했어. 한번 따라 읽어 보자.

"모든 사람은 원죄를 가지고 태어나 평생 동안 자범죄를 짓습니다."

이렇게 죄인으로 태어나 죄만 짓는 사람을 하나님은 어떻게 하실까? 하나님은 이런 사람을 미워하고 멀리하셔. 우리가 썩은 과일을 내다 버리는 것처럼, 하나님도 죄인을 싫어하셔서 결국 지옥에 내던져 영원한 벌을 받게 하시지.

그러므로 이 세상에서 가장 행복한 사람은 돈이 많아서 갖고 싶은 장난감¹⁾을 모두 가질 수 있거나, 먹고 싶은 과자를 마음껏 먹을 수 있는 그런 사람이 아니야. 돈이 많은 사람도, 큰 집에 사는 사람도, 네가 늘 부러워하는 멋진 자동차를 타는 사람도, 결국에는 지옥에서 하나님께 벌을 받을 수밖에 없거든.

정말 행복한 사람은 하나님과 가까이 지내는 사람이야. 너는 늘 다른 친구들보다 장난감이 적다고 불평하지만, 장난감의 많고 적음은 행복의 기준이 될 수 없어. 만약 하나님이 너에게 세상의 모든 장난감을 줄 테니 대신 지옥에서 영원히 벌을 받으라고 한다면, 너는 기쁘게 장난감을 가지고 놀 수 있을까? 전혀 기쁘지 않겠지?

그러므로 OO이는 세상에서 가장 행복한 사람임을 잊지 말아야 해. 갖고 싶은 장난감을 다 가질 수 없고, 먹고 싶은 과자를 다 먹을 수 없고, 날마다 워터파크에 갈 수 없어도, 너에겐 하나님이 계시기 때문이야.

제19문: 인류가 타락한 상태의 비참은 무엇입니까?

답: 인류는 타락으로 인해 하나님과의 교제를 상실하여, 하나님의 진노와 저주 아래 있게 되었으며, 그 결과 세상에서는 비참하게 살고, 죽어서는 지옥에서 영원한 지옥형벌을 받게 되었습니다.

하나님 아버지. 세상 사람들은 부자가 되고 성공하는 것을 최고의 복으로 생각합니다. 하지만 정말 최고의 복은 하나님을 믿고 사는 것입니다. 저희 자녀들이 이 복을 기억하고, 이 복에 만족하며 살게 해주세요.

---

1) 아이가 좋아하고 갖고 싶어 하는 것들을 예로 들어주세요.

하나님께서 모든 사람을 심판에 내버려 두셨을까?

- 찬송가 83장을 다 함께 불러 보자.
- 로마서 3장 23-24절을 한목소리로 암송해 보자.

"모든 사람이 죄를 범하였매 하나님의 영광에 이르지 못하더니 그리스도 예수 안에 있는 속량으로 말미암아 하나님의 은혜로 값없이 의롭다 하심을 얻은 자 되었느니라."

○○이는 수박을 정말 좋아하지? 하지만 썩어서 냄새나는 수박도 맛있게 먹을 수 있을까? 아마 먹을 수 없을 거야. 그러면 썩어서 냄새나는 수박은 어떻게 해야 할까? 분명 한 조각도 먹지 못하고 모두 버려야 할 거야.

사람은 과일로 치자면 좋은 냄새나는 맛있는 과일일까, 나쁜 냄새나는 썩은 과일일까? 지난번 가정예배 때 배운 내용 기억나니? 사람은 원죄와 자범죄를 가진, 본질상 하나님을 멀리 떠난 죄인이라는 것 말이야.

이렇게 원죄와 자범죄를 가진 본질상 죄인인 인간을 하나님이 좋아하실 수 있을까? 결코 그럴 수 없을 거야. 그러면 하나님은 그런 죄인을 어떻게 하셔야 할까? 성경을 보면 네가 썩은 수박을 못 먹고 버리듯, 하나님도 죄인을 지옥으로 보내신다고 말하고 있어.

그렇다면 너에게는 아무 소망이 없는 걸까? 이제 하나님의 심판만 기다려야 하는 걸까? 그렇지 않아. 하나님은 우리에게 아무 자격이 없음에도 불구하고, 영원히 벌을 받는 것이 아니라 하나님과 함께 영원히 행복하게 살 수 있도록, 오직 은혜로 우리를 선택해 주셨어. 한번 따라해 볼까?

"하나님은 아무 조건 없이 우리를 선택하여 주셨습니다."

혹시 하나님께서 아담과 하신 약속 기억하니? 아담이 죽지 않고 영원히 살려면 어떻게 해야 했지? 선악과 열매를 먹지 않아야 했어. 이때 아담은 선악과 열매를 먹느냐 먹지 않느냐 하는 자신의 행위에 따라, 영원히 살 수도 있고 그렇지 않을 수도 있었어. 그래서 하나님이 아담과 하신 언약을 행위 언약이라고 해.

하지만 하나님께서 우리와 맺으신 언약은 은혜 언약이라고 해. 은혜라는 것은 잘했다고 주고, 못했다고 안 주고 하는 것이 아니라, 아무것도 따지지 않고 그냥 좋은 것을 주는 것을 의미해. 그러니까 하나님이 우리에게 은혜를 베풀었다는 것은, 하나님께서 우리에게 아무것도 따지지 않고 그냥 좋은 천국을 선물로 주셨다는 의미야. 이처럼 네가 하나님 계신 천국에 가느냐 못 가느냐 하는 문제는, 아담의 경우처럼 행위가 아니라 하나님의 은혜에 달려 있어.

하나님은 너와 같은 선택 받은 자들의 구원을 한 구속자를 통해서 이루셨는데, 바로 그 구속자 때문에 네가 하나님의 은혜를 받을 수 있었던 거야. 그 구속자가 누군지 궁금하지? 그건 다음 시간에 배우게 될 거야. 그럼 소요리문답으로 오늘 공부를 마무리하자.

제20문: 하나님은 모든 사람이 죄와 비참 가운데 멸망하도록 내버려두셨습니까?

답: 하나님은 자신의 선한 뜻을 따라 영원 전부터 어떤 이들을 선택하여 영생을 주시기로 하시고, 그들과 은혜 언약을 맺으셔서 구속자를 통해 죄와 비참의 상태에서 건져내시고, 구원에 이르게 하셨습니다.

하나님 아버지, 저희들은 하나님을 모르고 마음껏 죄를 지으며 살았습니다. 하지만 지금은 하나님을 알고, 하나님 안에서 살고 있습니다. 이것이 얼마나 크고 놀라운 은혜입니까. 이와 같은 하나님의 은혜를 늘 찬양하는 저희 자녀들이 되게 해주세요.

우리의 구속자는 어떤 분이어야 할까?

- 찬송가 86장을 다 함께 불러 보자.
- 디모데전서 2장 5절을 한목소리로 암송해 보자.

"하나님은 한 분이시요 또 하나님과 사람 사이에 중보자도 한 분이시니 곧 사람이신 그리스도 예수라."

'가치 있다'는 말의 뜻을 아니? 가치가 있다는 것은 '더 중요하다'는 뜻이야. 예를 들어 장난감 자동차와 아빠가 타는 진짜 자동차 중에 어떤 자동차가 더 가치 있을까? 아빠의 자동차겠지? 장난감 자동차를 사기 위해서는 몇만 원이 필요하지만, 진짜 자동차를 사기 위해서는 몇 백만 원으로도 부족해. 이것을 '가치의 차이'라고 한단다.

또 다른 예를 들어 보자. 네가 다른 사람에게 장난감 자동차를 줄 테니 진짜 자동차를 달라고 하면, 그 사람이 줄까 주지 않을까? 주지 않겠지? 반대로 아빠가 다른 사람에게 진짜 자동차를 줄 테니 장난감 자동차를 달라고 하면, 줄까 주지 않을까? 당연히 주겠지? 바로 이게 가치가 다르다는 의미야.

그렇다면 사람이 하나님께 죄를 지었을 때, 사람을 대신하여 하나님께 벌을 받을 수 있는 존재는 어떤 사람이어야 할까? 고양이가 사람 대신 벌을 받을 수 있을까? 왜 고양이는 사람을 대신할 수 없지? 고양이는 사람보다 가치가 없기 때문이야. 그럼 호랑이, 사자, 코끼리는 어때? 이것들 역시 한낱 짐승에 불과하기에 결코 사람을 대신할 수 없어.

그렇다면 사람보다 훨씬 가치가 높으셔서 사람을 대신할 수 있는 분은 누구일까? 그런 분은 하나님뿐이란다. 하나님은 온 우주를 지으신 분이시기에 온 우주

보다 가치 있으시고, 그래서 모든 인간의 가치를 더한 것보다 훨씬 더 가치 있으시지. 한번 따라 읽어 보자.

"하나님은 모든 인간의 가치를 더한 것보다 훨씬 더 가치 있는 분이십니다."

그런데 하나님은 모두 몇 분이라고 했지? 한 분이면서 세 분이라고 했지? 그 세 분 가운데 아들 하나님이신 예수님께서 우리의 구속자가 되어 주셨어. 예수님은 하나님이시지만, 우리를 구원하기 위해 인간이 되셔서 이 세상에 오셨어.

예수님은 인간으로 이 세상에 오셨지만, 동시에 온 우주를 지으신 하나님이시기 때문에 너처럼 하나님의 택함을 받은 모든 죄인들을 대신할 수 있으셨어. 그래서 하나님의 아들이신 예수님만이 우리의 유일한 구속자가 되시는 거야. 이 기쁜 소식을 소요리문답은 이렇게 설명한단다.

제21문: 하나님이 선택하신 자들의 구속자는 누구입니까?
　답: 하나님이 선택하신 자들의 유일한 구속자는 주 예수 그리스도입니다. 그는 하나님의 영원하신 아들로서 사람이 되셨으며, 영원토록 하나님이신 동시에 사람이십니다.

은혜로우신 하나님. 하나님은 저희를 너무나 사랑하셔서 가장 소중한 아들을 저희를 위해 이 땅에 보내주셨습니다. 그러므로 저희들도 하나님을 가장 사랑하게 해주세요. 또 저희 자녀들이 하나님의 사랑을 실천하여 손해 볼 줄 알고 희생할 줄 아는 삶을 살게 해주세요.

우리의 구속자는 어떤 분이어야 할까?

- 찬송가 89장을 다 함께 불러 보자.
- 디모데전서 2장 5절을 한목소리로 암송해 보자.
"하나님은 한 분이시요 또 하나님과 사람 사이에 중보자도 한 분이시니 곧 사람이신 그리스도 예수라."

모든 사람이 원죄와 자범죄를 가지고 있어서 하나님께 심판을 받아 마땅하지만, 너는 하나님의 심판을 받지 않아. 그건 누구 때문이지? 바로 예수님 때문이야. 예수님은 너를 하나님의 심판으로부터 구속할 수 있는 유일한 분이라고 했던 것 기억나지?

예수님이 유일한 구속자가 되시는 것은 무엇 때문이라고 했지? 예수님은 온 우주를 창조한 하나님이시기에 모든 사람의 가치를 더한 것보다 훨씬 더 가치 있으신 분이야. 다시 말해 예수님은 하나님이시기에 너의 구속자가 되실 수 있는 거야.

그런데 예수님이 우리의 유일한 구속자가 되시는 것은 단지 그분이 하나님이라는 이유 때문만은 아니야. 만약 예수님이 단지 하나님이기만 하다면 예수님은 우리의 구속자가 되실 수 없어. 왜냐하면 우리의 구속자는 우리의 대표로서 반드시 인간이어야 하기 때문이지. 한번 따라해 보자.

"우리의 구속자는 반드시 인간이어야 합니다."

예를 들어 설명해 볼게. OO이는 신광 유치원 토끼반이지? 그런데 만약 사자반 형아들이 선생님 말을 듣지 않아서 누군가가 대표로 벌을 받아야 한다면, 그 대표는 토끼반이어야 할까, 사자반이어야 할까? 사자반 형아들이 나쁜 행동을 했으니까, 사자반 형아들이 벌을 받아야겠지?

하나님께 죄를 지은 존재는 누구라고 했지? 사람이라고 했지? 따라서 하나님께 벌을 받는 존재는 당연히 사람이어야 해. 그렇기 때문에 하나님이신 예수님이 우리를 구속하시려면, 예수님 역시 인간이 되셔야만 했단다.

바로 이것이 하나님이신 예수님께서 인간이 되셔서 이 땅에 오신 이유야. 그런데 하나님이면서 인간이신 분은 오직 예수님 한 분밖에 없어. 그래서 우리의 구속자는 예수님 한 분뿐인 거야. 소요리문답은 이 중요한 진리를 이렇게 요약하고 있어.

제21문: 하나님이 선택하신 자들의 구속자는 누구입니까?

답: 하나님이 선택하신 자들의 유일한 구속자는 주 예수 그리스도입니다. 그는 하나님의 영원하신 아들로서 사람이 되셨으며, 영원토록 하나님이신 동시에 사람이십니다.

하나님, 세상에는 많은 이단이 있습니다. 그들은 예수님 외에 다른 구속자가 있다고 거짓 증언을 합니다. 저희 자녀들이 이단의 가르침에 빠지지 않게 해주세요. 삼위 하나님을 바르게 믿고, 바르게 신앙생활 하게 해주세요.

하나님의 아들이 사람이 되셨다고?

- 찬송가 90장을 다 함께 불러 보자.
- 요한복음 1장 14절을 한목소리로 암송해 보자.

"말씀이 육신이 되어 우리 가운데 거하시매 우리가 그의 영광을 보니 아버지의 독생자의 영광이요 은혜와 진리가 충만하더라."

너에게 만약 바퀴벌레의 모습으로 일 년을 살라고 한다면 살 수 있겠니? 한 달은? 그것도 싫으면 하루는 어때? 싫겠지? 너뿐만 아니라 누구든지 사람의 몸을 버리고 바퀴벌레의 몸을 가지려 하지는 않을 거야.

하나님이신 예수님이 사람이 되신 것은 이보다 훨씬 더 끔찍한 일이야. 예전에 배운 내용을 다시 생각해 보자. 하나님이 지치지도 않고 피곤하지도 않은 것은 무엇이 없기 때문이라고 했지? 육신(몸)이 없기 때문이라고 했어. 그래서 하나님을 '영'이라고 부르는 거야.

그런데 하나님이신 예수님은 사람의 육신을 입으셨어. 영이신 예수님이 사람의 육신을 가지심으로써 스스로를 매우 힘들고 고통스럽게 만드신 거야. 창조주이신 예수님이 사람이 되신 것은 네가 바퀴벌레가 되는 것보다 훨씬 더 끔찍한 일이란다.

그래서 많은 사람들이 하나님이신 예수님이 진짜 사람으로 오신 것을 잘 믿지 않으려 해. 어떤 사람은 "하나님이신 예수님이 마치 사람인 것처럼 보였을 뿐이다!"라고 주장하기도 하고, 어떤 사람은 "사람의 몸을 가지셨다면 그분은 절대 하나님일 수 없다!"라고 주장하기도 해.

하지만 오늘 암송구절은 무엇이라 말하고 있니? 말씀이 육신이 되었다고 말하고 있지? 여기서 말씀은 하나님이란 뜻이야. 다시 말해 하나님이신 예수님이 진짜진짜 사람이 되셨다고 강조하고 있는 거지. 한번 따라해 보자.

"예수님은 몸과 영혼을 가진 진짜 사람으로 오셨습니다."

그렇다면 하나님이신 예수님은 왜 사람의 몸과 마음을 가지는 고통과 불편을 감수하셨을까? 그건 너와 같은 선택받은 사람들을 구속하시기 위해서야. 지난 시간에 배웠던 것처럼, 하나님이신 예수님이 사람이 되셔야만 사람을 구속할 자격이 생기기 때문이지.

그런 점에서 너는 최고의 선물을 하나님께 받은 거야. 네가 다른 친구들보다 장난감이 많지 않아도 사실은 누구보다 많은 것을 가진 거란다. 그래서 하나님은 네가 장난감이 적다고 불평하는 것이 아니라, 예수님이라는 최고의 선물을 받은 걸 기억하고 늘 감사하며 살아가길 원하셔. 그럴 수 있겠니?

제22문: 하나님의 아들이신 그리스도께서 어떻게 사람이 되셨습니까?
    답: 하나님의 아들이신 그리스도께서는 실제 몸과 이성적인 영혼을 취하심으로 사람이 되셨으며, 성령의 능력으로 처녀의 몸에서 태어나셨으나 죄는 없으십니다.

하나님 아버지. 예수님께서 우리를 사랑하셔서 인간이 되시는 큰 어려움을 겪으신 것처럼, 저희 가정도 서로를 위해 불편을 감수하고 이웃을 위해 어려움 겪는 것을 기쁘게 여기게 해주세요.

하나님의 아들은 어떻게 사람이 되셨을까?

• 찬송가 90장을 다 함께 불러 보자.
• 히브리서 4장 15절을 한목소리로 암송해 보자.
"우리에게 있는 대제사장은 우리의 연약함을 동정하지 못하실 이가 아니요 모든
일에 우리와 똑같이 시험을 받으신 이로되 죄는 없으시니라."

아담이 죄를 지어 부패한 이후로 아담의 후손은 모두 어떻게 태어난다고 했
지? 아담과 똑같이 썩고 부패한 본질을 가지고 태어난다고 했지? 그 본질
을 표현하는 두 가지 용어가 뭐였지? 원죄와 자범죄야. 모든 사람은 태어나면서
부터 원죄를 가지고 태어나고, 또 원죄를 가지고 태어났기에 자범죄를 지어. 그
리고 원죄와 자범죄로 인해 하나님께 심판을 받게 된단다.

그렇다면 예수님께는 죄가 있을까 없을까? 예수님도 사람으로 태어나셨으니
분명 원죄가 있을 것이고, 원죄가 있으니 우리가 모르는 사이에 자범죄를 짓지
않았을까?

놀랍게도 예수님은 진짜진짜 사람이시지만, 원죄도 자범죄도 없으셔. 어떻게
그럴 수 있을까? 예수님은 사람으로 태어나시긴 했지만, 엄마와 아빠의 몸을 통
해 만들어지지 않았기 때문이야.

너는 아빠 몸에 있는 정자와 엄마 몸에 있는 난자가 합쳐져서 만들어졌어. 그
래서 아빠와 엄마의 원죄를 물려받은 상태로 태어나는 거지. 하지만 예수님은
아빠의 정자와 엄마의 난자와는 아무 상관없이 태어나셨어. 예수님은 단지 육
신의 어머니인 마리아의 몸을 잠깐 빌려서 태어나셨을 뿐이야. 한번 따라 읽어
보자.

"예수님은 아빠의 정자와 엄마의 난자를 통해 태어나지 않았습니다.
그래서 예수님은 부모의 죄를 물려받지 않았습니다."

모든 아기는 엄마 뱃속에 있는 아기주머니(자궁)에서 열 달을 살고 배 밖으로 나온단다. 그래서 예수님도 사람으로 태어나시기 위해서 엄마의 자궁을 통과하셔야 했어. 하지만 예수님은 엄마의 아기주머니(자궁)에 잠시 머물렀던 것뿐이지, 엄마 때문에 태어난 것은 아니야. 그래서 예수님은 엄마에게 원죄를 물려받지 않으셨고, 원죄가 없으니 자범죄를 짓지도 않으셨어.

만약 예수님께 죄가 있었다면, 예수님은 하나님께 벌을 받아야 할 죄인일 뿐이지 너를 구원할 구속자는 될 수 없었을 거야. 그렇다면 너는 하나님의 영원한 심판을 피할 수 없었겠지? ○○아, 예수님에 대해 알아갈수록 어떤 생각이 드니? 너를 구원하기 위해 하나님이 참 많이 신경 쓰셨다는 생각이 들지? 그런 고마운 마음을 항상 간직하고 잃어버리지 않도록 노력하자.

제22문: 하나님의 아들이신 그리스도께서 어떻게 사람이 되셨습니까?
    답: 하나님의 아들이신 그리스도께서 실제 몸과 이성적인 영혼을 취하심으로 사람이 되셨으며, 성령의 능력으로 처녀의 몸에서 태어나셨으나 죄는 없으십니다.

하나님 아버지. 하나님께서 보내주신 구속자 예수님은 죄가 하나도 없으십니다. 그래서 저희들의 구원은 완전하고 확실합니다. 저희 자녀들이 구원의 확신을 든든히 가지고 살게 해주세요.

그리스도의 의미를 아니?

• 찬송가 93장을 다 함께 불러 보자.
• 마태복음 16장 16절을 한목소리로 암송해 보자.

"시몬 베드로가 대답하여 이르되 주는 그리스도시요 살아 계신 하나님의 아들이시니이다."

모든 사람이 죄를 지어 하나님과 멀어졌지만, 하나님은 사람들을 그냥 내버려두지 않으셨어. 오래전 흔히 구약시대라고 부르던 때에, 하나님은 '그리스도' 라 불리는 사람들을 세우시고 그들을 통해 죄로 비참해진 사람들을 하나님 가까이로 인도하셨어.

그리스도는 '기름부음 받은 자' 라는 뜻이야. 하나님은 구약시대에 특별한 일꾼들을 모으며 그들에게 올리브기름을 부으셨어. 그래서 올리브기름을 부어 세워진 일꾼들은 하나님께서 특별하게 세운 중요한 사람이라는 의미를 가졌어.

이렇게 특별하게 세워진 직분 세 가지가 바로 선지자, 제사장, 왕이야. 그래서 그리스도라는 말에는 이 세 가지 의미가 다 들어 있단다. 한번 따라해 보자.

"그리스도는 선지자와, 제사장과, 왕이라는 뜻입니다."

그런데 오래전 구약시대에 세워진 그리스도들은 모두 다 불완전했기에 하나님의 뜻을 온전히 이루지 못했어. 사실, 구약시대의 그리스도 중 진짜 그리스도라고 할 만한 사람은 아무도 없었지.

하지만 하나님께서는 결국 진짜 그리스도를 우리에게 보내주셨어. 그분은 하나님의 아들이신 예수님이야. 그래서 우리는 하나님의 아들만이 진짜 그리스도라는 뜻으로 예수 그리스도라고 불러. 우리는 앞으로 하나님의 아들이 어떤 식으로 그리스도의 일을 하셨는지 공부할 거야.

예수님이 그리스도의 일을 하셨다는 건 예수님이 선지자, 제사장, 왕의 일을 하셨다는 뜻이야. 예수님이 이 일들을 완전히 부족함 없이 행하셨기에, 우리는 아무 공로 없이 예수님 덕분에 구원받을 수 있었던 거지. 앞으로 이 내용을 좀 더 자세히 공부할 거야. 기대되지 않니?

제23문: 그리스도는 우리의 구속자로서 어떤 직분을 수행하십니까?
답: 그리스도는 우리의 구속자로서 낮아지고 높아지신 모든 상태에서 선지자와 제사장과 왕의 직분을 수행하십니다.

은혜가 풍성하신 하나님. 아들 예수를 저희들을 위한 그리스도로 보내주셔서 감사합니다. 앞으로 저희들이 그리스도의 의미를 잘 가르치고 잘 배울 수 있도록 도와주세요. 그리하여 예수님이 그리스도라는 것이 어떤 의미인지 바르게 알게 해주세요.

예수님은 지금도 우리의 그리스도이실까?

• 찬송가 93장을 다 함께 불러 보자.
• 마태복음 16장 16절을 한목소리로 암송해 보자.
"시몬 베드로가 대답하여 이르되 주는 그리스도시요 살아 계신 하나님의 아들이시
니이다."

그리스도가 어떤 뜻이라고 했는지 기억나니? 그리스도는 '기름부음 받은
자' 라는 뜻이야. 오래전 구약시대에는 세 종류의 그리스도가 있었는데,
바로 선지자, 제사장, 왕이야. 그런데 구약시대의 그리스도들은 모두 다 자기
역할을 온전히 수행하지 못했어. 그들은 모두 불완전한 그리스도였어.

다시 말해 하나님께서는 죄로 인해 비참해진 사람들을 도와주시려고 그리스
도라고 불리는 특별한 사람들을 세우셨지만, 그들을 통해서도 죄의 문제를 완
전히 해결할 수 없었어. 그래서 하나님께서 어떻게 하셨을까? 놀랍게도 자기 아
들이신 예수님을 우리를 위한 완전한 그리스도로 보내주셨어. 한번 따라 읽어
보자.

"하나님의 아들 예수님만이 참된 그리스도이십니다."

그런데 하나님의 아들께서는 낮아지시고 높아지신 두 상태에서 그리스도의
일을 하셔. 낮아지신 상태라는 것은 2천 년 전에 인간의 몸을 입고 오셔서 그리
스도의 일을 하신 것을 말해. 인간의 상태에서 선지자와 제사장과 왕의 일을 하
신 것이 낮아지신 모습으로 그리스도의 일을 하셨다는 뜻이야.

하지만 현재 예수님은 낮은 모습으로 계시지 않아. 하나님의 아들이신 예수님은, 우리를 위해 죽으시고 부활하신 후 하늘에서 온 우주 만물을 다스리고 계셔. 부활이란 말 처음 들어 보지? 이건 너무나 중요한 용어인데, 죽었다가 다시 살아났다는 뜻이야. 그런데 죽기 전과 같은 몸으로 살아난 것이 아니라, 다시는 죽을 수 없는 몸으로 살아나는 것을 부활이라고 해. 이건 다음에 좀 더 자세히 공부할 기회가 있을 거야.

정리하자면, 예수님은 죽으시고 부활하여 높아진 상태에서도 우리를 위해 선지자와 제사장과 왕의 일을 하고 계시단다. 조금 어렵지? 하지만 앞으로 선지자와 제사장과 왕의 직분에 대해 하나하나 공부하다 보면 좀 더 잘 이해할 수 있을 거야.

제23문: 그리스도는 우리의 구속자로서 어떤 직분을 수행하십니까?
　　답: 그리스도는 우리의 구속자로서 낮아지고 높아지신 모든 상태에서 선지자와 제사장과 왕의 직분을 수행하십니다.

하나님 아버지. 아들 예수를 참된 선지자와 제사장과 왕으로 보내 주셔서 감사합니다. 아무 공로 없는 저희들이 오직 그리스도 예수 때문에 은혜로 구원받게 하시니 감사합니다. 이 은혜를 기억하며 저희 자녀들이 이웃들에게 자비와 긍휼을 베풀며 살게 해주세요.

예수님이 유일한 선지자라는 말의 의미는 뭘까?

• 찬송가 80장을 다 함께 불러 보자.
• 요한복음 1장 18절을 한목소리로 암송해 보자.
"본래 하나님을 본 사람이 없으되 아버지 품 속에 있는 독생하신 하나님이 나타내셨느니라."

'예수 그리스도'란 어떤 뜻이라고 했지? 예수님이 선지자이고, 제사장이며, 왕이라는 뜻이야. 그리고 예수님은 낮아지시고 높아지신 두 상태에서 이 일들을 하셨다고 했어.

오늘은 예수님이 그리스도로서 하신 일 가운데 선지자의 일을 어떻게 수행하셨는지 공부하려고 해. 선지자는 하나님의 말씀을 대신 전하는 사람을 말해. 구약시대에는 수많은 선지자들이 있었어. 그들은 나름대로 열심히 하나님의 뜻을 사람들에게 전하려고 노력했지. 하지만 사람 중에 세워진 선지자들은 부족함이 있었어. 선지자가 되긴 했지만 그들 역시 사람이기에 하나님의 뜻을 다 알 순 없었단다. 예를 들어 어떤 강아지는 "앉아!" 하면 앉고, "일어서!" 하면 일어서지? 하지만 그 강아지는 겨우 몇 개의 단어만 알아들을 뿐이야. 강아지는 강아지일 뿐, 사람의 말을 모두 다 알 순 없어.

마찬가지로 선지자 역시 하나님께서 알려주신 만큼만 알 수 있을 뿐, 하나님의 뜻과 마음을 모두 다 알 수는 없었어. 선지자는 사람일 뿐 하나님이 아니었으니까.

그렇다면 어떤 존재라야 하나님의 뜻을 모두 다 알고, 정확하게 틀리지 않고 전달할 수 있을까? 똑같이 하나님이라야 하나님의 뜻을 다 알고 온전히 전달할 수 있겠지? 그래서 예수님을 유일하고 참된 선지자라고 하는 거야. 예수님은 인간이면서 동시에 하나님이시기에, 아버지 하나님의 뜻을 우리에게 온전히 전달하실 수 있었어. 한번 따라해 볼까?

"예수님은 참되고 유일한 선지자이십니다."

그런데 모든 사람이 예수님의 말씀을 하나님의 말씀으로 받아들이는 건 아니야. 사실 이 세상에는 예수님의 말씀을 창조주 하나님의 말씀으로 생각하지 않는 사람들이 더 많아. 그렇다면 아빠는 어떻게 예수님의 말씀을 하나님의 말씀으로 받아들일 수 있었을까?

그건 아빠의 마음속에는 세상 사람들과 다르게 성령 하나님이 계시기 때문이야. 예수님께서는 아빠에게 성령 하나님을 보내 주셨어. 바로 그 성령님 때문에, 아빠는 예수님의 말씀을 하나님의 말씀으로 받아들일 수 있는 거란다.

예수님은 너에게도 성령님을 보내 주셨어. 그래서 너 역시 성경을 배우면 배울수록 성부, 성자, 성령 하나님을 더 알고 더 사랑하게 되는 거야. 이 사실을 소요리문답은 다음과 같이 설명하고 있어.

제24문: 그리스도는 선지자 직분을 어떻게 수행하십니까?
답: 그리스도는 우리를 구원하려는 하나님의 뜻을 말씀과 성령으로 우리에게 나타내심으로 선지자 직분을 수행하십니다.

하나님 아버지. 예수님을 우리의 선지자로 보내 주셔서 감사합니다. 참된 선지자의 말씀이 기록된 성경을 저희 자녀들이 아끼고 사랑하게 해주세요. 성경을 영혼의 양식으로 알고 늘 가까이하며 묵상하게 해주세요.

예수님이 유일한 제사장이라는 말의 의미는 뭘까?

• 찬송가 94장을 다 함께 불러 보자.
• 로마서 6장 23절을 한목소리로 암송해 보자.
"죄의 삯은 사망이요 하나님의 은사는 그리스도 예수 우리 주 안에 있는 영생이니라."

오늘 암송구절은 죄의 결과가 무엇이라고 말하고 있니? "죄의 삯은 사망이요."라고 말하고 있어. 이 말씀은 죄를 지으면 반드시 죽는다는 의미야. 하지만 하나님께서는 죄를 지은 사람들이 죽지 않고 살 수 있도록, 오래전 구약 시대의 사람들에게 제사장이라는 그리스도를 보내 주셨어.

제사장은 제사를 진행하는 사람이야. 제사라는 건, 죄를 지은 사람을 대신해서 소나 양 같은 짐승을 죽이는 의식이야. 원래는 죄를 지은 사람이 죽어야 하는데, 하나님께서는 짐승을 대신 죽이면 죄를 지은 사람이 죽은 것으로 인정해 주셨어.

하지만 인간 제사장이 진행하는 제사는 문제가 있었어. 소나 양 같은 짐승은 사람보다 가치가 적기 때문에, 사람이 죄를 지을 때마다 계속해서 소나 양을 대신 죽여야 했단다. 다시 말하면, 소나 양이 사람 대신 죽었다고 해서 사람이 살아가며 짓는 모든 죄가 한 번에 해결되는 게 아니었어. 다음 문장을 따라 읽어 보자.

"인간 제사장이 소나 양으로 드리는 제사는 부족한 제사이기에
계속해서 반복되어야 했습니다."

하지만 참된 제사장인 예수님이 드린 제사는 달랐어. 예수님은 자기 자신을 하나님께 제물로 드렸어. 그런데 예수님은 온 우주 만물을 지으신 창조주 하나님이시기 때문에 사람보다 훨씬 더 가치가 있으셔. 사람과는 비교할 수 없을 만큼 큰 가치를 가지고 계시지. 그래서 예수님을 제물로 드린 이후에는 또다시 제물을 드릴 필요가 없어졌단다.

그 결과 구약시대에는 죄를 지을 때마다 반복해서 소나 양으로 제사를 드려야 했지만, 예수님이 오셔서 자기 자신을 제물로 드린 이후로는 다시는 제사를 드리지 않게 되었어.

○○이는 아직 어려서 실수도 많이 하고, 죄도 많이 짓지? 하지만 그 모든 죄를 제사장이신 예수님께서 십자가 위에서 다 해결하셨어. ○○이는 앞으로 살아가면서 계속해서 많은 죄를 지을 것이지만, 그 모든 죄도 제사장이신 예수님께서 다 해결하셨어. 그래서 우리는 다른 누군가를 믿는 것이 아니라 오직 예수님만을 믿는 거야.

제25문: 그리스도는 제사장 직분을 어떻게 수행하십니까?
　　답: 그리스도는 우리를 위해 단 한 번에 자기를 희생 제물로 드려 하나님의 공의를 만족시키고, 우리를 하나님과 화해시키며, 우리를 위해 계속 중보함으로서 제사장 직분을 수행하십니다.

하나님 아버지. 예수님을 우리의 제사장으로 보내 주셔서 감사합니다. 예수님의 희생 제사를 통해 우리 죄를 깨끗하게 해주셔서 감사합니다. 저희 자녀들이 이 은혜를 생각하며, 스스로를 죄로부터 구별하는 삶을 살게 해주세요.

예수님은 지금도 우리의 제사장이실까?

- 찬송가 95장을 다 함께 불러 보자.
- 히브리서 7장 24-25절을 한목소리로 암송해 보자.

"예수는 영원히 계시므로 그 제사장 직분도 갈리지 아니하느니라. 그러므로 자기를 힘입어 하나님께 나아가는 자들을 온전히 구원하실 수 있으니 이는 그가 항상 살아 계셔서 그들을 위하여 간구하심이라."

제사장은 죄를 해결하는 일을 돕는 사람을 말해. 오래전 구약시대엔 사람들이 죄를 지을 때마다 제물을 가지고 제사장을 찾아왔어. 그래서 수많은 제사장이 있어야 했지. 하지만 그들 모두는 참된 제사장이라고 할 수 없었어. 왜냐하면 제사에 사용된 짐승은 사람보다 가치가 떨어지기 때문이야. 그래서 짐승을 제물로 드린 제사는 매일매일 반복되어야 했어.

하지만 지금 우리는 짐승으로 제사를 지내지 않아. 왜일까? 온 우주 만물의 창조주이신 예수님이, 우리 죄를 해결하는 제물로 대신 죽으셨기 때문이야. 하나님이신 예수님이 우리 죄를 해결하기 위해 대신 죽으셨기에, 이제 우리에게는 해결해야 할 죄가 조금도 남아 있지 않은 거지. 어제 지은 죄와 오늘 지은 죄뿐만 아니라 우리가 살아가면서 평생 지을 모든 죄까지도, 예수님이 다 해결해 주셨어. 한번 따라해 볼까?

"제사장이신 예수님께서 우리의 모든 죄를 남김없이 해결해 주셨습니다."

그런데 놀라운 것은 지금도 예수님은 우리 죄를 위해 일하고 계시다는 거야. 오늘 암송구절을 보면, 항상 살아계신 예수님이 우리를 위해 기도하신다고 말하고 있지? 이건 우리가 죄를 짓지 않도록 하늘에 계신 예수님께서 우리를 위해 기도하고 계시다는 의미야.

○○이가 죄를 짓는다고 해서 지옥에 가는 건 아니야. 너의 죄를 예수님께서 한 번에 다 해결하셨으니까. 하지만 네가 죄를 지으면 하나님께서는 많이 슬퍼하셔. 그래서 예수님은 하늘에서도 너를 위해 매일매일 기도하시는 거야. 네가 죄와 싸우는 삶을 살아서 하나님을 기쁘게 할 수 있도록 말이야. 이처럼 예수님은 지금도 우리의 제사장이 되셔서 우리의 죄를 해결하기 위해 일하고 계신단다.

제25문: 그리스도는 제사장 직분을 어떻게 수행하십니까?

　답: 그리스도는 우리를 위해 단 한 번에 자기를 희생 제물로 드려 하나님의 공의를 만족시키고, 우리를 하나님과 화해시키며, 우리를 위해 계속 중보함으로서 제사장 직분을 수행하십니다.

하나님 아버지. 예수님이 십자가 위에서 드린 희생 제사를 통해 저희들의 죄를 하나도 남김없이 깨끗하게 해결해 주셔서 감사합니다. 이제 저희가 깨끗한 하나님의 자녀가 되었으니, 세상의 죄에 물들지 않고 거룩한 삶을 살게 해주세요.

예수님이 유일한 왕이라는 말의 의미는 뭘까?

• 찬송가 83장을 다 함께 불러 보자.
• 빌립보서 2장 9–11절을 한목소리로 암송해 보자.
"이러므로 하나님이 그를 지극히 높여 모든 이름 위에 뛰어난 이름을 주사…모든 입으로 예수 그리스도를 주라 시인하여 하나님 아버지께 영광을 돌리게 하셨느니라."

우리나라에서 가장 높은 권한을 가지고 있는 사람을 대통령이라고 해. 하지만 태어날 때부터 대통령으로 태어나는 것도 아니고, 한 번 대통령이 되었다고 해서 평생 동안 대통령을 할 수 있는 것도 아니야. 우리처럼 평범한 사람들 중 누군가가 선거를 통해 대통령으로 세워지는 것이고, 단 5년 동안만 대통령의 권한을 가질 수 있어.

그런데 옛날에는 대통령이 아니라 왕이 나라를 다스렸어. 이 사람들은 선거를 통해 세워진 것이 아니라 태어날 때부터 왕이 될 사람으로 태어났어. 그리고 한 번 왕으로 세워지면 죽을 때까지 왕으로서 나라를 다스렸지. 하지만 왕에게는 권한만 있었던 게 아니야. 왕에게는 모든 백성을 보호하고 지켜야 할 책임이 있었어.

그런데 안타깝게도 이 세상에 존재했던 대부분의 왕들은 자기 책임을 다 완수하지 못했어. 왕으로서 백성들을 보호하고 지켜야 함에도 불구하고, 오히려 자기를 위해서 백성들을 버리고 괴롭히는 경우가 많았지.

그런데 역사상 유일하게 왕의 직분을 온전히 감당한 분이 계셔. 그분은 바로 예수님이야. 오늘 암송구절을 보면, 하나님이 예수님을 지극히 높여 가장 뛰어난 이름을 주셨다고 말하고 있지? 이건 하나님이 예수님을 왕으로 높이셨다는 뜻이야. 그리고 우리의 왕으로 세워진 예수님은 자기 이익을 위해 백성을 괴롭혔던 다른 왕들과는 달리, 우리를 살리기 위해 자기 목숨을 버리셨어. 그런 점에서 예수님은 우리의 왕이시며, 왕이라고 할 만한 유일한 분이셔. 한번 따라 읽어 보자.

"예수님은 유일한 왕이시며
자기 백성을 살리기 위해 스스로를 희생하시는 참된 왕이십니다."

예수님이 우리의 왕이 되셔서 우리를 다스리기 시작하면, 우리는 자기 자신을 위해 살았던 지난 시간과 행동들을 부끄러워하게 돼. 그리고 왕이신 예수님만을 위해서 살겠다고 결심하게 되지. 다시 말해서 아빠가 예수님의 말씀을 가장 중요하게 여기며 살아갈 수 있는 이유는 예수님이 아빠의 왕이 되어 주셨기 때문이야. 그리고 예수님은 너의 왕이기도 하시기 때문에, 너도 점점 예수님을 가장 중요하게 생각하는 사람으로 자라나게 될 거야. 그것이 바로 너를 향한 아빠의 가장 큰 소원이란다.

제26문: 그리스도는 왕의 직분을 어떻게 수행하십니까?
답: 그리스도는 우리를 자신에게 복종하게 하시고, 우리를 다스리고 보호하며, 자신과 우리의 모든 원수를 제어하고 정복함으로서 왕의 직분을 수행하십니다.

하나님 아버지. 예수님을 저희들의 왕으로 보내 주셔서 감사합니다. 예수님을 통해 저희들의 몸과 마음을 지켜주시니 감사합니다. 왕이신 예수님께서 우리를 지키기 위해 목숨을 바친 것처럼, 저희들도 희생하고 손해 보는 삶을 통해 예수님의 사랑을 세상에 드러내게 해주세요.

예수님이 어떤 왕이신지 아니?

• 찬송가 86장을 다 함께 불러 보자.
• 고린도전서 15장 25-26절을 한목소리로 암송해 보자.
"그가 모든 원수를 그 발 아래에 둘 때까지 반드시 왕노릇 하시리니 맨 나중에 멸망 받을 원수는 사망이니라."

지난 시간에는 우리의 유일한 왕이 예수님이라는 사실을 공부했어. 오늘은 예수님이 우리의 왕이 되신 결과 일어나게 되는 가장 중요한 변화가 무엇인지를 공부하려고 해. 예수님은 우리의 왕이시기 때문에 우리를 돌보시고 지켜주셔. 아빠와 네가 이렇게 먹고 마시고 입으며 살 수 있는 것은, 예수님이 우리의 왕으로서 우리를 지키고 돌봐 주시기 때문이야.

그런데 예수님이 우리의 왕으로서 하시는 가장 중요한 일은, 단지 우리를 먹이고 입히는 정도의 문제가 아니야. 바로 사망의 문제를 다루시지. 오늘 암송구절을 보면, 우리의 왕이신 예수님께서 반드시 멸망시킬 원수를 누구라고 말하고 있지? '사망' 이라고 말하고 있어. 한번 따라 읽어 보자.

"우리의 가장 큰 원수는 죄와 사망입니다."

대부분의 사람들은 자신의 가장 큰 문제가 무엇인지 알지 못해. ○○이는 너의 가장 큰 문제가 뭐라고 생각하니? 다른 친구에게는 있는 장난감이 너에게는 없는 것. 먹고 싶은 아이스크림을 아빠가 못 먹게 하는 것. 이런 것들이 가장 큰 문제라고 생각하지? 하지만 정말 중요한 문제는 죄와 사망의 문제야.

원래 너는 네가 지은 죄로 인해 하나님의 영원한 심판을 받아야만 해. 너는 아빠에게 벌 받는 것도 무섭고 싫지? 그렇다면 하나님께 벌 받는 건 어떨까? 그건 상상조차 할 수 없는 무섭고 두려운 일일거야.

하지만 너는 죄로 인해 사망에 이르지 않아. 왜냐하면 너의 왕이신 예수님께서 죄와 사망이라는 원수로부터 너를 보호하시기 때문이야. 예수님은 십자가 위에서 너를 대신해 죽으심으로써 너의 죄를 없애 주셨고, 지금도 저 하늘에서 네가 죄를 멀리하고 살아가도록 네 마음속에 계시는 성령님을 통해 일하고 계셔.

네가 예수님께 왕이 되어 달라고 부탁한 적 있니? 없지? 예수님은 너에게 아무런 자격이 없음에도 불구하고 너의 왕이 되어 주셨어. 그래서 너는 참 행복한 사람이란다. 예수님이 너의 왕이 되시고, 너는 예수님의 백성이 되는 복을 받았기 때문이야.

제26문: 그리스도는 왕의 직분을 어떻게 수행하십니까?

답: 그리스도는 우리를 자신에게 복종하게 하시고, 우리를 다스리고 보호하며, 자신과 우리의 모든 원수를 제어하고 정복함으로서 왕의 직분을 수행하십니다.

하나님 아버지. 저희들의 가장 큰 대적은 죄와 사망입니다. 저희들은 도저히 죄와 사망을 이길 수 없습니다. 그러나 왕이신 예수님으로 인해 죄와 사망과의 싸움에서 이기게 되었습니다. 저희 자녀들이 이 은혜를 잊지 않게 하시고, 더 이상 죄를 사랑하지 않게 하시고, 죽음을 두려워하지 않게 해주세요.

예수님이 우리를 위해 당하신 고난을 아니?

• 찬송가 108장을 다 함께 불러 보자.
• 빌립보서 2장 8절을 한목소리로 암송해 보자.
"사람의 모양으로 나타나사 자기를 낮추시고 죽기까지 복종하셨으니 곧 십자가에 죽으심이라."

우리는 지난 가정예배 때 예수님이 그리스도라는 사실을 공부했어. 그리스도가 어떤 뜻이었는지 기억나니? 그리스도란 '기름부음 받은 자'라는 뜻이야. 구약시대에는 제사장과 선지자와 왕이 올리브기름을 붓는 의식을 통해 세워졌어. 그래서 구약시대에는 이들 모두가 그리스도였단다.

하지만 구약시대의 그리스도는 부족한 그리스도였어. 그래서 하나님은 완전하고 부족함 없는 참된 그리스도를 보내 주셨지. 그게 누구였는지 기억나니? 바로 하나님의 아들이신 예수님이야.

예수님은 우리의 그리스도로서 제사장과 선지자와 왕의 일을 하셨어. 그 결과 어떤 일이 일어났을까? 너에게는 아무 자격이 없지만 오직 예수님이 그리스도로 오셨기 때문에 구원받을 수 있게 되었어. 다음 문장을 따라 읽어 보자.

"자격 없는 우리가 구원받은 것은
예수님이 제사장과 선지자와 왕의 일을 하셨기 때문입니다."

그런데 하나님이신 예수님이 우리 곁에서 그리스도의 일을 하기 위해서는 어떤 변화를 겪으셔야 했을까? 인간이 되셔서 우리 곁으로 오셔야 했겠지? 그래서 하나님이신 예수님은 인간이 되는 고통을 겪으셔야 했어.

○○아, 왜 예수님이 인간이 되는 일이 고통스런 일일까? 예를 들어 생각해 보자. 너는 바퀴벌레를 어떻게 생각해? 징그럽고 더럽지? 그럼 파리는? 역시 별로지? 그렇다면 하나님께서 너를 바퀴벌레나 파리로 바꾸신다고 생각해 봐. 정말 끔찍한 일이지?

그런데 하나님이신 예수님이 인간이 되신 것은 네가 바퀴벌레가 되는 것보다 훨씬 더 끔찍한 일이야. 예수님은 세상 모든 것을 지으시고, 세상 어디에나 계시고, 하고 싶은 것은 무엇이든 할 수 있는 하나님이셨어. 그런데 그 하나님께서 인간이 되셔서 몸과 마음에 수많은 아픔과 고통을 겪으셨어. 너무나 끔찍한 일이었지. 하지만 하나님이신 예수님은 너를 구원하시려고 이러한 고통을 겪으셨어. 바로 이것이 너를 향한 하나님의 사랑이란다.

제27문: 그리스도는 어떻게 낮아지셨습니까?

답: 그리스도의 낮아지심은 비천한 상태로 탄생하신 것과, 율법에 복종하신 것과, 세상의 온갖 고통과 하나님의 진노와 십자가의 저주 받은 죽음을 당하신 것과, 무덤에서 잠시 동안 죽음의 권세 아래 머물러 있었던 것입니다.

하나님 아버지. 예수님이 저희를 구원하기 위해 인간의 모습으로 낮아지셨던 것처럼, 저희 자녀들도 다른 사람들을 섬기기 위해 낮아지는 삶을 살게 해주세요. 늘 겸손하게 어려운 이웃을 도우며 살게 해주세요.

죽음이 두렵니?

• 찬송가 161장을 다 함께 불러 보자.
• 고린도전서 15장 4절을 한목소리로 암송해 보자.
"장사 지낸 바 되셨다가 성경대로 사흘 만에 다시 살아나사."

사람들은 저마다 무서워하는 것이 달라. 어떤 사람들은 있지도 않은 귀신이나 도깨비를 무서워하고, 어떤 사람들은 실패나 가난을 무서워하고, 어떤 사람들은 고통과 아픔을 무서워해.

그런데 모든 사람들이 공통적으로 무서워하는 것이 있어. 그건 바로 죽음이란다. 죽음이란 사라지는 거야. 예를 들어 아빠가 죽는다는 건 아빠가 네 곁에서 사라진다는 말이야. 그러면 다시는 아빠를 볼 수 없게 되지.

지금까지는 네가 눈을 뜨면 곁에 아빠가 있었어. 너는 언제든지 아빠를 볼 수 있었고, 아빠와 놀 수 있었고, 아빠와 놀이터에도 갈 수 있었어. 하지만 아빠가 죽으면 네가 눈을 떴을 때 아빠가 곁에 없게 돼. 아무리 아빠를 기다려도 아빠는 다시는 오지 않아. 그건 아빠가 이 세상에서 완전히 사라지기 때문이야.

사람들은 이렇게 사라지는 것을 두려워해. 사랑하는 사람이 죽어서 사라지는 것을 두려워하고, 자기 자신이 죽어서 이 세상에서 사라지는 것도 두려워하지. 그래서 사람들은 죽지 않으려고 수많은 노력을 하며 살아. 하지만 아무도 죽음을 피할 순 없어. 다음 문장을 따라 읽어 보자.

인간의 힘과 노력으로는 죽음을 피할 수 없습니다.

그런데 오늘 암송구절은 어떻게 말하고 있니? 예수님께선 죽으신 지 3일 만에 다시 살아나셨어. 이건 정말로 중요한 사건이야. 왜냐하면 죽음의 문제가 해결되었다는 사실을 보여주기 때문이야. 하나님이 예수님을 다시 살리신 것처럼 너 역시 다시 살리실 것을 이 사건을 통해서 알 수 있어.

이제 너는 죽음을 두려워하지 않아도 돼. 설령 아빠가 죽게 되더라도 아빠는 다시 살아날 것이기 때문이야. 아빠 역시 너의 죽음을 두려워하지 않아. 너도 때가 되면 다시 살아날 것이기 때문이지. 그래서 하나님을 믿는 사람들은 죽음으로 인해 사라지는 것을 슬퍼하지 않아. 잠시 사라지는 것일 뿐, 때가 되면 다시 살아나서 만나게 될 것을 알기 때문이야.

제28문: 그리스도는 어떻게 높아지셨습니까?

답: 그리스도의 높아지심은 3일 만에 죽은 자들 가운데서 다시 살아나신 것과, 하늘에 오르신 것과, 하나님 아버지 우편에 앉아 계신 것과, 마지막 날에 세상을 심판하러 오시는 것입니다.

하나님 아버지. 하나님은 저희들을 자녀 삼아 주시고, 저희에게 영원한 생명을 선물로 주셨습니다. 그러므로 저희 자녀들이 부활의 소망을 품고 늘 다음 세상을 기대하며 살게 해주세요.

부활이 뭔지 아니?

• 찬송가 91장을 다 함께 불러 보자.
• 마가복음 16장 19절을 한목소리로 암송해 보자.
"주 예수께서 말씀을 마치신 후에 하늘로 올려지사 하나님 우편에 앉으시니라."

모든 사람이 죄를 지어 하나님께 벌을 받아야 하지만, 너는 벌을 받지 않아. 왜냐하면 바로 예수님 때문이야. 예수님은 네가 받아야 할 벌을 대신 받으셨어. 원래 네가 받아야 할 벌은 죽음의 벌이었어. 하나님은 죄를 지으면 죽을 것이라고 여러 번 말씀하셨어. 그렇기 때문에 예수님이 너 대신 받으신 벌이 바로 죽음의 벌이란다. 예수님은 너를 살리시려고 대신 하나님께 벌을 받아 십자가 위에서 죽으셨어.

하지만 예수님은 죽음과 함께 사라지지 않으셨어. 예수님은 죽으신 지 3일 만에 다시 살아나셨어. 그냥 살아나신 것이 아니라, 다시는 죽지 않는 새로운 몸으로 다시 살아나셨어. 이것을 부활이라고 해. 한번 따라해 볼까?

"예수님은 다시는 죽지 않는 새로운 몸으로 부활하셨습니다."

그러면 부활하신 예수님은 지금 어디에 계실까? 예수님은 하늘에 계셔. 그런데 그 하늘은 우리가 볼 수 있는 곳이 아니야. 예수님은 어딘가에 분명히 계시지만, 우리가 알 수 있거나 갈 수 있는 곳에 계신 것이 아니야. 그러므로 예수님이 하늘로 가셨다는 말은, 하늘이라는 볼 수 있는 공간으로 가셨다는 의미가 아니야.

그럼 어떤 의미일까? 바로 예수님이 원래 위치를 회복했다는 의미야. 원래 예수님은 어떤 분이었지? 온 우주를 다스리는 하나님이셨어. 그런데 우리를 살리기 위해 인간이 되어 이 땅에 오셨어. 하지만 예수님은 약하고 약한 인간의 모습으로 계속 남아 계시지 않았어. 죽으시고 부활하신 후엔 다시 원래 위치로 돌아가셨어. 아프기도 하시고 피곤하기도 하셨던 인간의 모습에서, 온 우주를 다스리셨던 창조주의 위치로 다시 돌아가신 것이지. 너를 너무나 사랑하시고 너를 위해 죽기까지 하신 예수님이 지금은 저 하늘에서 온 우주를 다스리고 계시다니, 정말 놀랍지 않니?

제28문: 그리스도는 어떻게 높아지셨습니까?
답: 그리스도의 높아지심은 3일 만에 죽은 자들 가운데서 다시 살아나신 것과, 하늘에 오르신 것과, 하나님 아버지 우편에 앉아 계신 것과, 마지막 날에 세상을 심판하러 오시는 것입니다.

하나님 아버지, 예수님께서 부활 승천 하신 것처럼 저희들도 부활할 것을 믿습니다. 저희 자녀들이 부활이라는 가장 좋은 선물을 은혜로 받은 것을 기억하게 하시고, 세상 것에 욕심내지 않으며 겸손하고 검소하게 살아가게 해주세요.

예수님을 다시 볼 수 있을까?

- 찬송가 180장을 다 함께 불러 보자.
- 마태복음 25장 31-33절을 한목소리로 암송해 보자.
"인자가 자기 영광으로 모든 천사와 함께 올 때에 자기 영광의 보좌에 앉으리니 모든 민족을 그 앞에 모으고 각각 구분하기를 목자가 양과 염소를 구분하는 것같이 하여 양은 그 오른편에 염소는 왼편에 두리라."

예전에 유치원 형아가 네 장난감을 망가뜨렸을 때 마음이 어땠니?[1] 많이 슬펐지? 무엇보다 그 형이 키도 크고 힘도 세서 그 형에게 아무 대응도 할 수 없었기에 더 힘들고 슬펐을 거야. 그런데 너만 그런 일을 겪는 게 아니야. 아빠도 비슷한 일을 많이 겪어. 유치원 형아가 너를 괴롭힌 것처럼, 아빠도 괴로움을 겪으며 산단다. 우리뿐만이 아니라 세상 모든 사람들이 그렇게 힘들고 슬픈 일들을 많이 겪으면서 살아가.

지난 시간에 공부한 내용 기억나? 지금 예수님은 하늘에서 무엇을 하고 계신다고 했지? 온 우주를 다스리고 계신다고 했지? 그런데 예수님이 온 우주를 다스리고 계신다면 이렇게 슬프고, 힘들고, 억울한 일들은 왜 일어나는 걸까? 그건 예수님께서 완전한 심판을 마지막 날로 미루고 계시기 때문이야.

지금 하늘에 계신 예수님은 계속해서 하늘에만 계신 것이 아니라 때가 되면 이 땅으로 내려오실 거야. 그리고 오늘 암송구절처럼, 예수님을 믿는 자들과 믿지 않는 자들을 나누실 거야. 너처럼 예수님을 믿었던 사람들은 천국으로 인도하시고, 끝까지 예수님을 믿지 않았던 사람들은 지옥으로 보내셔서 벌을 받게

---

1) 아이가 겪었던 억울한 일을 예로 들어주세요.

하실 거야. 한번 따라 읽어 보자.

"마지막 날에 예수님은 천국으로 갈 자와 지옥으로 갈 자를 나누실 것입니다."

천국이란 하나님과 함께하는 곳이고, 하나님 때문에 우리가 항상 행복한 곳이야. 거기에는 슬픈 일도, 아픈 일, 싸울 일도 없어. 계속해서 즐거운 일만 있는 곳이 천국이지. 하지만 지옥은 하나님이 없기 때문에 행복할 수 없고, 심지어 하나님이 내리는 벌이 있는 곳이야.

○○아. 그러면 유치원 형아가 또다시 네 장난감을 망가뜨리면 어떻게 해야 할까? 지옥으로 가라고 해야 할까? 아니. 설령 그런 마음이 들더라도 꾹 참아야 해. 그리고 마음속으로 저 형도 예수님을 믿고 천국으로 가게 해달라고 기도해야 해.

유치원 형아들이 네 장난감을 한두 개 망가뜨리는 건 그렇게 심각한 문제가 아니야. 왜일까? 너는 이미 천국을 선물로 받았기 때문이지. 하늘에 계신 예수님이 다시 오셔서 너를 천국으로 인도하실 텐데 그깟 장난감 한두 개가 무슨 문제겠어. 앞으로는 어떤 어려움을 겪더라도 마지막 날을 소망하며 이겨낼 수 있지?

제28문: 그리스도는 어떻게 높아지셨습니까?
답: 그리스도의 높아지심은 3일 만에 죽은 자들 가운데서 다시 살아나신 것과, 하늘에 오르신 것과, 하나님 아버지 우편에 앉아 계신 것과, 마지막 날에 세상을 심판하러 오시는 것입니다.

하나님 아버지. 저희들은 많은 어려움을 겪으며 살아갑니다. 그래서 억울할 때가 많습니다. 하지만 하나님께서 마지막 날에 모두 갚아 주실 것을 믿습니다. 저희 자녀들이 이 사실을 기억하고, 원수 갚는 것을 하나님께 맡기는 삶을 살게 해주세요.

우리 안에서 우리의 구원을 돕는 분이 누군지 아니?

• 찬송가 182장을 다 함께 불러 보자.
• 요한복음 3장 5절을 한목소리로 암송해 보자.
"예수께서 대답하시되 진실로 진실로 네게 이르노니 사람이 물과 성령으로 나지 아니하면 하나님의 나라에 들어갈 수 없느니라."

우리가 믿는 여호와 하나님은 모두 몇 분이라고 했지? 성부, 성자, 성령, 세 분이라고 했던 것 기억나니? 그래서 우리는 이 세 분 하나님을 삼위 하나님이라고 불러. 그리고 이 삼위 하나님이 함께 우리에게 구원의 은혜를 베푸시지. 삼위 하나님은 함께 하시는 일도 있지만, 각각 따로 하시는 일도 있어. 먼저 성부 하나님을 설명하자면, 성부 하나님께서는 너를 하나님의 자녀로 선택해 주셨어. 구원받을 자를 미리 선택하는 것은 주로 성부 하나님께서 하시는 일이야.

성자 예수님께서는 성부 하나님께서 미리 선택하신 자들을 위해 대신 죽으셨어. 그러니깐 예수님이 십자가 위에서 죽으신 것은, 모든 사람들을 위해서가 아니라 성부 하나님께서 택하신 자들을 위한 거야. 한번 따라 읽어 볼까?

> "성자 예수님은 성부 하나님께서 미리 택하신 자들을 위해
> 십자가 위에서 죽으셨습니다."

성령 하나님께서는 성자 예수님께서 십자가 위에서 이루신 것을 우리에게 적용해 주셔. 적용이란 실제 우리의 것이 된다는 뜻이야. 예를 들어 네가 아이스

크림을 먹고 싶어 해서 엄마가 돈을 주고 아이스크림을 사 주었다고 생각해 보자. 엄마가 아이스크림을 사 주었지만 그 아이스크림을 엄마가 계속 들고 있다면, 그 아이스크림은 네 것이 아니겠지?

하지만 아빠가 엄마 손에 있는 아이스크림을 네 입에 넣어 준다면, 그때부터 아이스크림은 네 것이 되는 거야. 이것이 바로 아빠가 너에게 아이스크림을 적용한 것이라 할 수 있어.

다시 말하면, 원래는 우리가 죄로 인해 죽어야 하지만 성령 하나님께서 예수님의 죽음과 부활을 우리에게 적용해 주셨기 때문에 우리는 더 이상 죽지 않는 거야. 예수님이 십자가 위에서 죽으실 때 우리도 같이 죽었고, 예수님이 다시 사셨을 때 우리도 같이 산 거지. 그 결과 우리는 하나님의 자녀로 다시 태어나서 새로운 삶을 살게 되었어.

오늘 공부한 내용이 조금 어려울 수도 있지만, 앞으로 계속해서 성령 하나님께서 하신 일을 공부하다 보면 차츰 이해할 수 있을 거야. 하나님을 알고 배우는 일은 이 세상에서 가장 중요한 일이니, 힘들고 어렵다고 포기해선 안 돼. 약속할 수 있지?

제29문: 우리는 어떻게 그리스도께서 이루신 구속에 참여합니까?

    답: 그리스도께서 이루신 구속을, 성령께서 우리에게 효과적으로 적용해 주심으로써입니다.

하나님 아버지. 저희에겐 구원에 이를 아무런 자격과 능력이 없습니다. 그래서 저희는 하나님만 바라봅니다. 저희 자녀들도 겸손히 하나님만 의지하는 그리스도인으로 자라게 해주세요.

우리에게 믿음을 주시는 분은 누구일까?

- 찬송가 184장을 다 함께 불러 보자.
- 에베소서 2장 8절을 한목소리로 암송해 보자.

"너희는 그 은혜에 의하여 믿음으로 말미암아 구원을 받았으니 이것은 너희에게서 난 것이 아니요 하나님의 선물이라."

너를 구원하기 위해 성부 하나님께서 하신 일은 무엇이었니? 너를 하나님의 자녀로 미리 선택한 것이었지? 그럼 성자 하나님께서 하신 일은? 너를 위해 대신 죽으셔서 너를 구원하신 것이었어. 마지막으로 성령 하나님께서 하신 일은 무엇이었니? 예수님께서 이루신 구원을 너에게 적용한 거야. 다시 말해, 성부 하나님은 너를 선택하시고, 성자 예수님은 너를 위해 죽으시고, 성령 하나님은 예수님이 하신 일을 너에게 적용하셨어.

그런데 성령 하나님께서는 무엇을 통해 예수님께서 이루신 구원을 너에게 적용하실까? 바로 믿음을 통해서야. 믿음이란 '바라보는 것'이라고 할 수 있어. 예를 들어, 너는 아빠의 도움이 필요하면 아빠를 바라보면서 도움을 청하지? 그것처럼 예수님을 바라보면서 예수님의 도움을 요청하는 것을 믿음이라고 해. 그리고 하나님은 이렇게 예수님을 바라보는 사람, 예수님을 믿는 사람을 구원하셔.

다시 말해서 네가 구원받는 것은 오직 예수님 때문인데, 믿음을 통해서 예수님의 구원이 너에게 적용될 수 있는 거야. 그런 점에서 믿음이란 빨대와 같다고 할 수 있어. 빨대를 통해서 음료수가 입으로 들어오는 것처럼, 믿음을 통해서 구원이 너에게 적용되는 거지. 한번 따라 읽어 볼까?

그런데 성경은 이 믿음이 성령님이 주시는 은혜의 선물이라고 말하고 있어. 성부 하나님이 너를 선택하신 것, 성자 예수님이 너를 위해 대신 죽으신 것, 심지어 네가 예수님을 믿은 것까지 모두 다 너를 향한 삼위 하나님의 선물이야.

너는 잘 몰랐겠지만, 삼위 하나님께서는 너를 위해 이렇게 많은 일들을 하셨어. 그렇다면 너는 어떻게 살아야 할까? 장난감을 많이 모으는 것, 과자를 많이 먹는 것, 이런 것들이 목표가 되어선 안 되겠지? 너를 사랑하셔서 말할 수 없이 많은 은혜를 베푸신 하나님을 기쁘시게 하는 것이 너의 목표가 되어야 할 거야. 그러려면 더 열심히 가정예배를 드리며 하나님을 알아가야겠지?

제30문: 성령은 그리스도께서 이루신 구속을 우리에게 어떻게 적용하십니까?

답: 성령이 그리스도께서 이루신 구속을 우리에게 적용하시는 것은, 우리가 효력 있는 부름을 받을 때 우리에게 믿음을 주셔서 믿음으로 우리를 그리스도와 연합시킴으로써입니다.

은혜가 풍성하신 하나님 아버지. 저희에게 믿음을 주셔서 감사합니다. 하지만 이 믿음조차도 하나님의 선물임을 잊지 않게 해주세요. 저희 자녀들이 모든 영광을 하나님께만 돌리며, 하나님만 높이는 삶을 살게 해주세요.

성령님이 우리를 도우시는데도, 우리가 구원에서 멀어질 수 있을까?

- 찬송가 185장을 다 함께 불러 보자.
- 에스겔 36장 26-27절을 한목소리로 암송해 보자.

"또 새 영을 너희 속에 두고 새 마음을 너희에게 주되 너희 육신에서 굳은 마음을 제거하고 부드러운 마음을 줄 것이며 또 내 영을 너희 속에 두어 너희로 내 율례를 행하게 하리니 너희가 내 규례를 지켜 행할지라."

지금까지 우리는 예수님을 믿는 사람만 구원을 받는다는 진리를 공부했어. 그렇다면 어떤 사람이 예수님을 믿을 수 있을까? 착한 사람? 지식이 많은 사람? 아니야. 그건 바로 성령의 사람이야.

지난 시간 공부했던 것처럼 누구나 예수님을 믿을 수 있는 건 아니야. 성령님께서 믿음을 주셔야만 예수님을 믿을 수 있어. 아빠가 예수님을 믿을 수 있는 건, 아빠가 다른 사람보다 착하고 똑똑해서가 아니야. 성령님이 아빠의 마음속에 들어와 계시기 때문이야. 다시 말해 성령님 때문에 예수님을 믿을 수 있고, 예수님 때문에 구원을 받을 수 있어. 한번 따라 읽어 보자.

"성령님 때문에 예수님을 믿고, 예수님 때문에 구원을 받습니다."

그런데 성령님이 아빠의 마음속에서 어떤 일을 하시길래 아빠가 예수님을 믿을 수 있게 된 걸까? 성령님은 아빠가 하나님 앞에서 얼마나 더럽고 혐오스러운 존재인지를 깨닫게 해주셔. 더럽고 혐오스럽다는 게 뭘까? 너는 바퀴벌레를 보면 어떤 기분이 들어? 사랑스러워서 막 만지고 싶어? 아니면 징그럽고 싫어서 피하고 싶어?

성령님이 아빠의 마음속에서 하시는 일이 바로 그거야. 성령님은 아빠가 하나님 앞에서 그와 같은 존재라는 걸 깨닫게 해주시지. 그래서 아빠가 아빠 자신을 믿거나 의지하지 않고, 신속하게 예수님을 바라보며 예수님께 도움을 청하도록 도와주셔. 이게 바로 성령님이 하시는 일이야.

대부분의 사람들은 자신이 하나님께 벌을 받아 마땅한 존재라는 걸 알지 못해. 그래서 예수님을 찾지 않아. 하지만 아빠는 성령님으로 인해 자신이 얼마나 부족하고 추한 존재인지 알게 되었어. 그래서 아빠는 "예수님 저를 도와주세요!" 하고 예수님을 찾고 바라보는 거야. 이것을 '예수님을 믿는 믿음'이라고 한단다.

우리로 하여금 자신의 더러움을 알게 하시고 예수님께 도움을 구하게 하는 성령님의 역사를 '효력 있는 부르심'이라고 해. 효력이 있다는 건 결과가 있다는 거야. 다시 말해, 성령님이 우리 안에서 일하기 시작하면 반드시 예수님을 믿는 결과가 생긴다는 거지. 성령님이 우리 안에서 일하시는데 우리가 예수님을 믿는 데 실패할 가능성은 전혀 없다는 거야. 이 용어가 조금 어려울 수도 있지만, 이런 용어들을 아는 것이 우리의 믿음을 정돈하는 데 많은 도움이 될 거야. 그러니까 힘들어도 하나하나 신중하게 외우도록 하자.

제31문: 효력 있는 부르심은 무엇입니까?
    답: 효력 있는 부르심은 하나님의 성령의 역사로, 우리의 죄와 비참을 깨닫게 하시고, 우리의 마음을 밝혀 그리스도를 알게 하시고, 우리의 의지를 새롭게 하시고, 우리를 설득하셔서 복음 안에서 우리에게 값없이 주어지는 예수 그리스도를 영접할 수 있게 하는 것입니다.

하나님 아버지. 구원이 저희들의 능력에 달려 있다면 저희들은 반드시 실패할 것입니다. 하지만 구원은 하나님의 은혜이기에 저희 같은 사람들도 구원받음을 믿습니다. 저희 자녀들이 이 크고 놀라운 은혜가 주는 감동을 잊지 않고 살게 해주세요.

가장 좋은 선물은 뭘까?

• 찬송가 250장을 다 함께 불러 보자.
• 로마서 8장 30절을 한목소리로 암송해 보자.
"또 미리 정하신 그들을 또한 부르시고 부르신 그들을 또한 의롭다 하시고 의롭다
하신 그들을 또한 영화롭게 하셨느니라."

언젠가 아빠가 길을 걷고 있을 때 한 사람이 다가와 이렇게 말했어. "예수
믿으세요! 예수 믿으면 참 좋습니다!"

그 사람은 아빠가 예수님을 믿는 사람인 줄 몰랐을 거야. 그래서 아빠를 전도
하려고 했던 거지. 그런데 그 사람은 아빠를 전도하면서 "예수 믿으면 참 좋습
니다!"라고 말했어. 도대체 예수님을 믿으면 어떤 점이 좋은 걸까?

어떤 사람은 예수님을 믿으면 문제가 해결된다고 생각해. 또 어떤 사람은 예
수님을 믿으면 부자가 된다고도 하지. 하지만 그런 생각은 성경적이지 않아. 성
경에 등장하는 믿음의 사람들은 오히려 그 믿음 때문에 많은 어려움을 겪었어.
예수님의 제자들이 대표적인 예야. 예수님의 제자들은 모두 예수님을 전하다
슬프게 죽음을 맞았어. 아래 문장을 따라 읽어 보자.

"세상이 약속하는 복과, 성경이 약속하는 복은 전혀 다릅니다."

그렇다면 성경은 예수님을 믿으면 어떤 점이 좋다고 말하고 있을까? 우선 예
수님을 믿지 않으면 어떤 일이 생기는지 생각해 보자. 예수님을 믿지 않는 사람
은 죄가 해결되지 않은 채 그대로 남아 있어. 그 결과 이 세상에서는 편하고 즐

겁게 산다 하더라도 마지막 날 하나님께 죄인이라는 판결을 받고 지옥으로 가게 돼. 그러니 죄가 해결되지 않은 사람들은 모두 불쌍한 사람들이야.

하지만 너는 예수님 때문에 죄 문제가 해결되었어. 하나님은 예수님 때문에 네 죄를 없애시고 너를 자녀 삼아 주셨어. 그리고 지금도 네 마음속에 성령님을 보내셔서 너를 죄를 미워하는 의로운 사람으로 바꾸고 계셔. 그래서 너는 마지막 날 하나님 앞에서 '영화롭다'는 판결을 받게 될 거야. '영화롭다'는 건 조금도 부족함이 없는 완전한 상태를 말해. 다시 말해 하나님 보시기에 너무나 사랑스럽고, 착하고, 아름다운 사람으로 인정을 받는 거지.

너는 장난감을 많이 가진 형아들을 부러워하지?[1] 하지만 오히려 그 형아들이 너를 부러워해야 해. 왜냐면 너는 하나님 앞에서 의롭게 되었고, 그래서 하나님의 자녀가 되었고, 또 마지막 날 하나님께 인정받을 것이기 때문이야. 이건 너처럼 하나님께 은혜 받은 사람들만이 가지고 있는 놀라운 선물이야.

제32문: 효력 있는 부르심을 받은 자들은 이 세상에서 어떤 유익을 얻습니까?

답: 효력 있는 부르심을 받은 자들은 이 세상에서 칭의와 양자됨과 성화를 얻고, 이것들과 함께, 또는 이것들로부터 나오는 여러 가지 유익을 얻습니다.

하나님 아버지. 하나님은 저희들을 의롭게 하셨고, 하나님의 자녀가 되게 하셨고, 장차 완전한 영광에 이르도록 하셨습니다. 저희 자녀들이 이 크고 놀라운 은혜를 생각하며 땅의 것에 욕심내지 않게 해주세요. 하나님 한 분으로 만족하고 감사하는 삶을 살게 해주세요.

---

1) 아이가 부러워하는 사람을 예로 들어주세요.

우리가 의롭게 된 것은 누구 때문일까?

- 찬송가 251장을 다 함께 불러 보자.
- 로마서 3장 24절을 한목소리로 암송해 보자.

"그리스도 예수 안에 있는 속량으로 말미암아 하나님의 은혜로 값없이 의롭다 하심을 얻은 자 되었느니라."

바퀴벌레를 처음 봤을 때 기억나? 그때 큰소리로 고함을 지르면서 도망갔었잖아. 사람들은 바퀴벌레 같은 존재를 혐오스러워 해. 그 존재 자체가 싫고, 더럽고, 멀리 하고 싶은 거야. 그런데 하나님 앞에서 모든 사람들이 바로 그와 같아. 저마다 예쁜 옷을 입고 멋진 차를 타고 아름답게 화장을 하지만, 하나님 앞에서는 마치 바퀴벌레만큼이나 추한 존재야.

그건 세상 모든 사람들이 하나님의 말씀과 상관없이 살기 때문이야. 하나님의 말씀을 중요하게 여기며 그 말씀대로 살려고 노력하기보다는, 저마다 자기가 하고 싶은 대로 자기 생각을 가장 중요하게 여기며 살고 있기 때문이야. 바로 이것을 죄라고 해. 그리고 이 죄 때문에 하나님은 사람들을 미워하시고 심판을 준비하고 계셔.

그렇다면 너는 하나님 앞에서 더러운 존재일까, 깨끗한 존재일까? 만약 예수님이 없다면 너 역시 세상 사람들처럼 더러운 존재일 거야. 너도 세상 사람들처럼 하나님의 말씀을 잘 지키지 못했을 테니 말이야.

하지만 하나님의 말씀대로 잘 살지 못할지라도 너는 이미 깨끗한 존재야. 예수님으로 인해 하나님이 너를 깨끗한 사람으로 여기시기 때문이지. 다시 말해 하나님은 너를 볼 때 너만 보는 것이 아니라, 너를 위해 죽으신 예수님을 함께 보신단다.

이것을 영적 연합이라고 해. 연합이란 합체하는 것과 같아. 만화를 보면 로봇들이 합체해서 더 강해지지? 그것처럼 우리가 눈으로 확인할 수는 없지만 예수님과 너는 합체되어 있어. 한번 따라 읽어 보자.

"우리는 예수님과 영적으로 연합되어 있습니다."

그런데 예수님이 너를 찾아오셔서 너와 영적으로 연합하여 주시는 것은, 네가 뭔가 대단한 일을 해서가 아니야. 그건 오직 예수님을 믿음으로써 얻게 된 선물이야. 그런데 믿음조차 성령님의 선물이기에 네가 하나님께 받은 모든 것은 전적으로 은혜라고 할 수 있어.

이렇게 하나님께서 너를 구원하기 위해 하신 일들을 하나하나 살펴보니, 하나님이 너를 정말로 사랑하시는 게 느껴지지? 그렇다면 너는 어떻게 살아야 할까? 하나님이 너를 사랑하신 것처럼, 너도 동생들을 사랑하고 친구들을 사랑하고 엄마아빠를 사랑해야겠지?

제33문: 칭의는 무엇입니까?

답: 칭의는 하나님께서 값없이 주시는 은혜인데, 우리의 모든 죄를 용서하시고, 우리를 하나님 앞에서 의로운 자로 받아 주시되 오직 그리스도의 의 때문에 그렇게 하시는 것입니다. 칭의는 오직 믿음으로만 받습니다.

은혜가 풍성하신 하나님. 영원히 심판 받아 마땅한 저희들을 예수님과 영적으로 연합되게 하셔서, 값없이 의롭게 하신 은혜에 깊이 감사드립니다. 저희 자녀들이 이 은혜를 생각하며 곁에 있는 모든 사람에게 자비를 베푸는 삶을 살게 해주세요.

우리가 누구의 자녀인지 아니?

• 찬송가 252장을 다 함께 불러 보자.
• 갈라디아서 4장 6절을 한목소리로 암송해 보자.
"너희가 아들이므로 하나님이 그 아들의 영을 우리 마음 가운데 보내사 아빠 아버
지라 부르게 하셨느니라."

왜 아빠가 너에게 맛있는 밥과 간식을 주고, 심심할 때 놀아 주고, 필요로 하
는 것들을 구해 주는지 아니? 그건 네가 아빠의 아들이기 때문이야. 우리
는 아빠와 아들이라는 관계 속에 있어. 바로 이 관계 때문에 아빠는 너를 돌보
고 지켜줘야 하는 거야.

아빠가 구해 준 장난감이나 아이스크림은 아빠라는 존재에 비하면 너에게 그
렇게 중요한 것이 아니야. 정말 중요한 것은 너에게 필요한 것들을 구해 주는
아빠의 존재이고, 또 아빠로 하여금 너에게 그렇게 할 수밖에 없게 만드는 우리
의 관계라고 할 수 있지.

그런데 우리 믿음의 사람들은 한 아버지를 모시고 있어. 그분은 바로 하늘에
계신 하나님이야. 하나님은 우리 모두의 아버지이시고, 우리 모두는 하나님의
아들이고 딸이야. 네가 하나님의 아들인 것처럼, 아빠와 엄마도 하나님의 아들
이고 딸이야.

그리고 바로 이러한 관계가 세상에서 가장 큰 축복이란다. 너에게 있는 모든
것은 하나님께서 주신 선물인데, 하나님께서 너에게 필요한 것들을 주시는 이
유는 하나님과 네가 아버지와 아들이라는 관계 속에 있기 때문이야. 이 관계 때
문에 하나님이 너를 영원토록 돌보아 주시는 거지. 한번 따라 읽어 볼까?

"세상에서 가장 큰 축복은 하나님의 자녀가 되는 것입니다."

그렇다면 어떻게 네가 하나님의 아들이 된 걸까? 원래 하나님의 아들은 누구지? 예수님이지? 원래 하나님의 아들은 예수님밖에 없어. 그런데 하나님께서 우리 마음에 예수님의 영을 보내 주셨어. 성령님은 하나님의 영인 동시에 하나님의 아들이신 예수님의 영이야. 그 결과 우리는 하나님을 아빠 아버지라 부를 수 있게 되었어.

그런데 네가 하나님의 아들이 된 것은 네가 다른 사람보다 착하고 뛰어나서가 아니야. 하나님은 너를 아무 조건 없이 아들로 선택하셨어. 하나님은 너를 아들로 선택하셨고, 예수님은 너를 위해 죽으셨고, 아들의 영이신 성령님은 네 마음에 들어오셨어. 이렇게 삼위 하나님이 역사하신 결과 네가 하나님의 자녀가 된 거야.

제34문: 양자됨은 무엇입니까?
답: 양자됨은 하나님께서 값없이 주시는 은혜인데, 하나님의 자녀 중 한 명이 되어 자녀로서의 모든 특권을 누리는 것입니다.

하늘에 계신 우리 아버지. 영원히 심판 받아 마땅한 저희들을 자녀 삼아 주신 은혜를 진심으로 감사드립니다. 저희 자녀들이 하나님을 아버지로 믿고 신뢰함으로 고난과 유혹이 많은 세상 가운데서 거룩하게 자라나게 해주세요.

하나님께서 우리 영혼을 더러운 상태로 그냥 내버려두실까?

• 찬송가 254장을 다 함께 불러 보자.
• 로마서 6장 6-7절을 한목소리로 암송해 보자.

"우리가 알거니와 우리의 옛 사람이 예수와 함께 십자가에 못 박힌 것은 죄의 몸이 죽어 다시는 우리가 죄에게 종노릇 하지 아니하려 함이니 이는 죽은 자가 죄에서 벗어나 의롭다 하심을 얻었음이라."

모든 인간은 죄로 인해 하나님 앞에서 바퀴벌레와 같은 존재이지만, 너는 하나님 앞에서 깨끗한 존재야. 그 이유를 기억하니? 예수님과의 영적 연합 때문이야. 너는 예수님과 영적으로 연합되어 있고, 그래서 하나님은 너를 볼 때 너만 보는 게 아니라 예수님을 함께 보셔. 그 결과 너는 하나님 앞에서 예수님처럼 의로운 존재가 되었어. 이것을 '칭의'라고 한단다.

그런데 네가 '칭의' 되었다고 하는 것은, 네가 실제로 완전히 의로운 사람이 되었다는 게 아니야. 너는 오늘도 죄를 지을 것이고, 내일도, 모레도, 심지어 죽을 때까지 계속 죄를 지을 거야. 그래서 실제로는 계속 하나님 앞에서 추한 존재이지만, 하나님은 예수님 때문에 너를 의롭다고 여겨 주시는 거야.

그런데 하나님은 너를 더러운 상태로 내버려두시지 않아. 성령님을 통해 지금과는 다른 깨끗한 사람으로 조금씩 변화시키셔. 이것을 '성화'라고 해. 아래 문장을 따라 읽어 보자.

"칭의란 예수님 때문에 깨끗하다 여김 받는 은혜이며,
성화란 성령님 때문에 실제로 깨끗하게 변화되는 은혜입니다."

성경은 칭의와 성화를 하나님의 은혜라고 말해. 네가 하나님 앞에서 깨끗해지는 것이 바로 은혜야. 하지만 많은 사람들은 이런 은혜를 중요하게 생각하지 않아. 그저 돈을 많이 벌고, 인기를 얻고, 성공하는 것을 은혜로 생각하지.

그러나 인간의 가장 큰 문제는 하나님 앞에서 더러운 존재라는 것, 그렇기에 하나님의 심판을 받는다는 거야. 그런 점에서 칭의와 성화를 통해 하나님 앞에서 깨끗한 존재가 되는 것은 그 무엇과도 비교할 수 없는 굉장한 은혜야.

하나님은 네가 이러한 은혜를 중요하게 여기며 살기를 원하셔. 그렇다면 장난감이 많지 않아도, 과자를 많이 먹을 수 없어도, 감사하며 즐겁게 살아야겠지?

제35문: 성화는 무엇입니까?
　　답: 성화는 하나님께서 값없이 주시는 은혜인데, 우리의 전 인격이 하나님의 형상대로 새롭게 되어, 죄를 더욱 더 미워하고, 의를 더욱 더 추구하게 되는 것입니다.

하나님 아버지. 예수님으로 인해 저희를 의롭게 하시고, 예수님 안에서 저희들을 날마다 거룩하게 변화시켜 주시니 감사합니다. 저희 자녀들이 거룩하게 자라나는 것을 삶의 첫째 목표로 삼게 해주시고, 세상에서 빛과 소금의 역할을 잘 감당하게 해주세요.

우리가 구원받았다는 증거는 뭘까?

- 찬송가 370장을 다 함께 불러 보자.
- 로마서 14장 17절을 한목소리로 암송해 보자.
"하나님의 나라는 먹는 것과 마시는 것이 아니요 오직 성령 안에 있는 의와 평강과 희락이라."

지난 시간에 공부했던 내용을 정리해 보자. 우리가 성령님의 도움을 통해 예수님을 믿게 되면 세 가지 은혜를 받는다고 했어. 그 세 가지가 무엇이었지? '칭의'와 '양자됨'과 '성화'였어. 그러면 칭의, 양자됨, 성화의 은혜를 받은 사람은 이 세상에서 어떤 삶을 살게 될까?

어떤 사람은 하나님께 은혜를 받으면 부자가 되고 병이 낫는다고 주장해. 구원받은 사람은 반드시 먹을 것과 마실 것이 풍성해진다고 믿는 거지. 하지만 성경은 그렇게 말하지 않아. 오늘의 암송구절을 보렴. 하나님 나라는 먹는 것과 마시는 것이 아니라고 분명히 말하고 있어. 한번 따라 읽어 볼까?

"구원받았다고 해서 반드시 먹을 것과 마실 것이
늘 풍성해지는 것은 아닙니다."

그러면 성경은 구원받은 사람이 어떤 삶을 산다고 말할까? 오늘의 암송구절은 구원받은 성도의 삶을 "성령 안에 있는 의와 평강과 희락"이라고 말하고 있어. 이게 무슨 말인지 예를 들어 설명해 볼게.

하나님을 믿지 않는 사람들은 먹을 것과 마실 것이 부족하면 스스로를 불행하다고 생각해. 하지만 하나님을 믿는 사람들은 자신의 먹을 것과 마실 것을 다른 사람에게 나누어 주고, 그 결과 자신의 먹을 것과 마실 것이 부족하게 되어도 자신을 불행하다고 생각하지 않아. 도리어 나누며 살아가라는 하나님의 말씀에 순종한 것을 기뻐하지. 어떻게 이런 일이 가능할까? 구원받은 사람들의 기쁨은 성령님으로부터 오기 때문이야. 네가 하나님의 말씀대로 살아갈 때, 네 마음속에 거하시는 성령님께서 너에게 기쁨을 주시는 거야. 바로 이것이 구원받은 사람과 구원받지 않은 사람의 차이야.

그렇다면 지금 너는 구원받은 사람답게 사는 것 같니, 어때? 확신 있게 말하긴 힘들지? 너는 장난감이 많고 먹을 것도 많아야 기뻐하잖아.[1] 하지만 OO아, 새로운 장난감을 사고 또 사도, 시간이 지나면 그 장난감에 시들해지고 더 새로운 장난감을 갖고 싶어져. 과자를 먹고 또 먹어도, 먹을 때만 맛있을 뿐 그 과자가 너를 진정으로 행복하게 해주진 않아. 너를 정말로 기쁘게 해주시는 분은 하나님 한 분뿐이야. 이 사실을 기억하고, 하나님을 기쁘게 함으로써 하나님께서 주시는 기쁨을 누리는 네가 되었으면 좋겠구나.

제36문: 이 세상에서 칭의, 양자됨, 성화와 함께 오거나 여기서 나오는 유익은 무엇입니까?
답: 이 세상에서 칭의, 양자됨, 성화와 함께 오거나 여기서 나오는 유익은, 하나님의 사랑에 대한 확신, 양심의 평안, 성령 안에서의 기쁨, 은혜의 증가와 그 은혜 안에서 죽는 순간까지 보호받는 것입니다.

기쁨의 근원이 되시는 하나님. 저희들이 성령 안에 있는 의와 화평과 희락을 추구하게 해주세요. 저희 자녀들이 먹을 것과 장난감과 친구들에 만족하지 않고, 하나님 안에서 기쁨을 누리게 해주세요.

---

1) 아이가 매우 좋아하는 상황을 예로 들어주세요.

우리가 죽을 때 받는 복이 뭔지 아니?

• 찬송가 161장을 다 함께 불러 보자.
• 누가복음 23장 43절을 한목소리로 암송해 보자.
"예수께서 이르시되 내가 진실로 네게 이르노니 오늘 네가 나와 함께 낙원에 있으리라 하시니라."

아빠에게는 목숨을 주어도 아깝지 않은 친구가 한 명 있었어. 우린 정말 서로를 아끼고 사랑했단다. 하지만 아빠의 친구는 병으로 먼저 이 세상을 떠났어. 그 친구의 육신을 불에 태워 바다에 뿌리던 날, 아빠는 정말 많이 울었지.[1]

그런데 OO아. 사람은 몸과 영혼으로 구성되어 있다고 배웠던 것 기억나니? 아빠 친구의 몸이 불에 타서 가루가 될 때, 그의 영혼은 어떻게 되었을까? 영혼 역시 타서 가루가 되었을까?

오늘의 암송구절은 예수님이 죽으시기 직전에 하신 말씀이야. 그 순간 예수님은 곁에 있던 사람에게 뭐라고 말씀하셨니? "오늘 네가 나와 함께 낙원에 있으리라." 이상하지 않니? 사람이 죽으면 그 몸은 땅에 묻혀 흙이 되는데, 어떻게 예수님과 함께 낙원에 있을 수 있을까? 여기서 예수님과 함께 낙원에 있는 건, 몸이 아니라 영혼을 말해. 다시 말하면, 네가 죽으면 네 몸은 땅에서 썩어 흙이 되지만, 네 영혼은 예수님과 함께 낙원으로 가는 거지. 한번 따라 읽어 보자.

"성도의 영혼은 죽음과 함께 예수님이 계신 낙원으로 갑니다."

---

1) 누군가의 죽음으로 몹시 슬펐던 경우를 예로 들어주세요.

그런데 지금까지 너는 성도가 죽으면 어디로 간다고 배워 왔지? 천국으로 간다고 배웠지? 그런데 예수님은 왜 낙원으로 간다고 하신 걸까? 왜냐하면 천국은 부활 이후에 가는 곳이기 때문이야. 모든 성도는 예수님이 이 세상에 다시 오시는 날, 몸과 영혼이 함께 부활하게 돼. 그 전까지는 성도의 영혼만 예수님 곁에 있을 수 있어. 그러므로 낙원이란 예수님이 재림하시고 성도의 몸이 부활하기 전까지 잠시 쉬는 영혼의 안식처라고 할 수 있어. 좀 더 자세한 얘기는 부활을 공부할 때 하도록 하자.

결론적으로, 너는 죽음을 무서워할 필요가 전혀 없어. 성도의 죽음이란 두렵고 무서운 미지의 세계로 가는 것이 아니라, 너를 너무나 사랑하셔서 대신 죽기까지 하신 예수님을 만나러 가는 여행과 같기 때문이야. 그래서 구원받은 너에겐 죽음조차도 하나님의 은혜를 누리는 통로가 되는 거지. 하나님의 은혜는 생각하면 할수록 놀라운 것 같아. 그렇지 않니?

제37문: 신자가 죽을 때 그리스도에게 받는 유익은 무엇입니까?
답: 신자가 죽을 때 영혼은 완전히 거룩하게 되어 즉시 영광 중에 들어가며, 몸은 계속 그리스도와 연합되어 부활 때까지 무덤에서 쉬는 것입니다.

하나님 아버지. 세상 모든 사람들은 죽음을 두려워하며 살아갑니다. 하지만 저희들은 죽음이 두렵지 않습니다. 죽음이란 예수님을 만나러 가는 여행과 같음을 알기 때문입니다. 저희 자녀들도 이와 같은 소망을 품고 담대하게 세상을 살게 해주세요.

우리가 죽은 다음에 받을 복이 뭔지 아니?

• 찬송가 171장을 다 함께 불러 보자.
• 고린도전서 15장 42절을 한목소리로 암송해 보자.
"죽은 자의 부활도 그와 같으니 썩을 것으로 심고 썩지 아니할 것으로 다시 살아나며."

죽음을 맞은 성도의 몸과 마음은 각각 다른 곳에 있어. 영혼은 예수님이 계신 낙원에 있고, 육신은 재가 되거나 흙이 되어 이 땅 어딘가에 남아 있지. 하지만 영원토록 그렇게 따로 있는 건 아니야.

성경은 예수님이 이 세상에 다시 오실 것인데, 그때가 되면 죽었던 성도들이 다시 살아난다고 말하고 있어. 각각 다른 곳에 있었던 성도의 몸과 영혼이 예수님의 다시 오심과 함께 재결합하는 거지. 이렇게 성도의 몸과 영혼이 다시 살아나는 것을 부활이라고 해. 한번 따라 읽어 보자.

"성도는 예수님이 다시 오실 때 죽음을 이기고 부활하게 됩니다."

그런데 성경은 부활의 몸이 지금과는 전혀 다른 몸이라고 말하고 있어. 오늘의 암송구절을 보면, 부활 이전의 몸은 썩는 몸이지만 부활의 몸은 썩지 않는 몸이라고 말하고 있지? 여기서 썩는다는 것은 지금 우리 몸이 가지고 있는 모든 연약함과 부족함을 말해.

예를 들어 너는 자주 아프고, 때로는 다치기도 하잖아. 하지만 부활의 몸은 아프지도 않고 다치지도 않아. 또 오랜 시간이 지나면 너도 할아버지가 되겠지?

그러면 지금처럼 잘 뛰어다닐 수도 없을 테고. 하지만 부활의 몸은 늙거나 죽는 몸이 아니라 영원토록 젊고 건강한 몸이란다.

뿐만 아니라 우리의 영혼도 완전히 새롭게 될 거야. 그래서 지금은 죄를 짓지 않으려고 해도 날마다 죄를 짓지만, 부활 이후에는 죄를 지으려야 지을 수 없는 완전히 깨끗한 영혼의 소유자가 된단다.

이 모든 것이 죽음과 부활을 통해 일어나는 일이야. 그래서 우리에게 죽음이란 무서운 일이 아니라, 완전한 행복과 기쁨으로 이어지는 통로와 같아. 너는 은혜로 예수님을 믿어, 살아서도 복을 받고, 죽을 때도 복을 받고, 죽은 다음에도 복을 받는 거야. 예수님 때문에 네 인생 전체가 복 있는 인생이 된 거지. 하나님의 사랑은 이토록 크고 놀라워.

제38문: 신자가 부활할 때 그리스도에게 받는 유익은 무엇입니까?
　　답: 신자는 부활 때에 영광 중에 일어나서, 심판 날에 공개적으로 무죄를 인정받으며, 하나님을 크게 즐거워하면서 영원토록 무한한 행복을 누리게 됩니다.

하나님 아버지. 원래 저희에게 죽음은 두려운 것이었습니다. 하지만 이제는 죽음을 두려워하지 않습니다. 죽음은 영원한 기쁨과 생명으로 들어가는 통로이기 때문입니다. 저희 자녀들도 이러한 부활의 소망을 가지고 다음 세상을 사모하며 살아가게 해주세요.

소요리 39문 | 구원받은 사람은 어떻게 살아야 할까?

- 찬송가 287장을 다 함께 불러 보자.
- 미가서 6장 8절을 한목소리로 암송해 보자.

"사람아 주께서 선한 것이 무엇임을 네게 보이셨나니 여호와께서 네게 구하시는 것은 오직 정의를 행하며 인자를 사랑하며 겸손하게 네 하나님과 함께 행하는 것이 아니냐."

○○이는 예수님을 믿고 있으므로 구원받은 사람이야. 그런데 네가 다른 사람보다 특별하기 때문에 구원받은 걸까, 아니면 구원받았기 때문에 다른 사람과는 다른 특별한 삶을 살아야 하는 걸까?

우리가 지금까지 공부해 왔듯이 너의 구원은 오직 하나님의 선물이야. 성부하나님이 너를 자녀로 선택하셨고, 성자 예수님이 너를 위해 십자가에서 죽으셨고, 성령 하나님이 네가 예수님을 믿을 수 있도록 네 마음속에 들어와 주셨어. 그러니까 너의 구원은 네가 다른 사람보다 착하거나 특별해서가 아니란다.

하지만 구원받은 사람은 구원받지 않은 사람들과 같은 삶을 살아선 안 돼. 오늘의 암송구절이 말하고 있듯이, 하나님께서 어떻게 살아야 하는지를 우리에게 보여주셨기 때문이야. 한번 따라해 볼까?

"주께서 선하게 사는 것이 무엇인지를 우리에게 보여주셨습니다."

하나님은 우리가 세상 사람들과는 다르게 살기를 원하셔. 그래서 우리가 어떻게 살아야 하는지를 구체적으로 말씀해 주셨고, 그것들은 율법이란 이름으로 성경에 기록되어 있어. 우리는 이것을 도덕법이라고 말해.

도덕법 가운데 가장 핵심이 되는 열 가지 규칙을 십계명이라고 하는데, 이 십계명은 그리스도인의 헌법이라고 할 수 있어. 헌법이란 가장 중요한 법이라는 뜻이야. 그러니까 너는 언제나 이 십계명을 기준으로 살아야 해. 다음 시간부터는 십계명에 대해 공부할 거야.

십계명을 배우기에 앞서 반드시 알아야 하는 것은, 십계명을 힘들고 어려운 규칙으로만 생각해선 안 된다는 거야. 원래는 모든 사람이 십계명대로 살아야 하지만, 죄를 짓고 타락한 이후론 아무도 십계명을 지킬 수 없게 되었어.

하지만 우리는 구원받았기 때문에 십계명을 지킬 수 있게 되었단다. 십계명을 지키고 사는 것 자체가 매우 은혜로운 일이 된 거지. 다시 말해 십계명을 지키는 삶이란, 우리가 구원받은 사람임을 매일 매일 확인하는 매우 기쁘고 즐거운 과정이야.

제39문: 하나님께서 사람에게 요구하시는 의무는 무엇입니까?
　　답: 하나님께서 사람에게 요구하시는 의무는 하나님께서 계시하신 뜻
　　　　에 순종하는 것입니다.

하나님 아버지. 하나님께서 오직 은혜로 저희를 구원해 주신 것을 믿습니다. 그 은혜를 기억하며 세상 사람들과 다른 삶을 살게 해주세요. 저희 자녀들이 십계명을 중요하게 생각하며, 십계명을 따라 거룩한 삶을 살게 해주세요.

하나님께서 십계명을 주신 이유는 뭘까?

- 찬송가 288장을 다 함께 불러 보자.
- 미가서 6장 8절을 한목소리로 암송해 보자.

"사람아 주께서 선한 것이 무엇임을 네게 보이셨나니 여호와께서 네게 구하시는 것은 오직 정의를 행하며 인자를 사랑하며 겸손하게 네 하나님과 함께 행하는 것이 아니냐."

하나님은 구원받은 네가 세상 사람들과 다르게 살기를 원하셔. 그래서 네가 어떻게 살아야 하는지를 성경에 기록해 주셨어. 우리는 이것을 도덕법이라고 하는데, 수많은 도덕법을 열 가지의 규칙으로 요약한 것을 십계명이라고 해.

어떤 사람들은 십계명에 대해 잘못된 생각을 가지고 있어. 가장 잘못된 생각은 십계명을 잘 지켜야 구원을 받는다는 생각이야. 하지만 하나님은 먼저 우리를 구원하신 다음에 십계명을 주셨어. 십계명이 우리의 구원을 결정하는 도구가 절대로 아니라는 거지. 그렇다면 하나님께서 우리에게 십계명을 주신 이유가 뭘까?

첫째, 십계명은 우리가 죄인인 것을 알게 해. 십계명이 없으면 사람들은 자신이 하나님의 말씀을 어기는지를 알 수 없을 거야. 십계명이 있기에 "내가 하나님의 말씀대로 살지 않는 죄인이구나!" 하고 깨닫는 거지.

둘째, 십계명은 우리를 예수님께로 안내해. 십계명은 우리가 죄인인 것을 깨닫게 한다고 했지? 자신이 죄인임을 깨달은 사람은 자기 힘으로 자신을 구원할 수 없음을 알게 되고, 그 결과 예수님을 바라보게 돼.

셋째, 십계명은 하나님께 감사하는 도구야. 하나님은 우리가 십계명대로 살기를 원하셔. 우리는 십계명을 지킴으로써 하나님을 기쁘게 할 수 있어. 한번 따라해 볼까.

> "십계명은 우리가 죄인인 것을 알게 합니다!
> 십계명은 우리를 예수님께로 안내합니다!
> 십계명은 우리가 하나님께 감사하는 도구입니다!"

십계명대로 살아가다 보면, 스스로 십계명을 지키기에는 너무나 모자라고 부족한 사람이라는 걸 알게 될 거야. 그 순간 자기 자신에게 실망할 수도 있고. 하지만 바로 그 순간이 예수님의 은혜를 가장 풍성하게 체험할 수 있는 시간이란다. 우리가 이렇게 부족함에도 불구하고 예수님 때문에 구원받았다는 사실을 바로 그 순간 깊이 깨닫기 때문이야. 앞으로 배우게 될 십계명을 집중해서 잘 공부해 보자.

제40문: 하나님께서 순종의 법칙으로 제일 처음 계시하신 것은 무엇입니까?
답: 하나님께서 순종의 법칙으로 제일 처음 계시하신 것은 도덕법입니다.

십계명을 주신 하나님. 저희 자녀들이 십계명을 통해 자기 죄를 알게 하시고, 예수님을 바라보게 하시고, 하나님께 감사하는 삶을 살게 해주세요.

십계명을 외워 볼까?

• 찬송가 289장을 다 함께 불러 보자.
• 미가서 6장 8절을 한목소리로 암송해 보자.
"사람아 주께서 선한 것이 무엇임을 네게 보이셨나니 여호와께서 네게 구하시는 것은 오직 정의를 행하며 인자를 사랑하며 겸손하게 네 하나님과 함께 행하는 것이 아니냐."

너를 구원하신 하나님께서는 네가 세상 사람들과 다르게 살기를 원하셔. 그래서 하나님은 너에게 선한 것이 무엇인지를 보여주셨어. 그것을 율법이라고 하고 도덕법이라고도 하는데, 그중에 특별히 중요한 것이 십계명이야.

어떤 사람들은 십계명을 잘 지켜야 구원을 받는다고 말하지만, 꼭 십계명을 지켜야만 구원을 받는 건 아니야. 하나님은 예수님 때문에 오직 은혜로 우리를 구원하셨어. 그 은혜에 대한 감사로 십계명을 지키게 되는 거지.

그래서 구원받지 못한 사람들은 절대로 십계명을 온전히 지킬 수 없어. 그렇기에 우리가 십계명을 지키며 살아간다는 건, 우리가 구원받은 사람이라는 증거야. 그런 점에서 십계명은 지키기 어렵고 힘든 규칙이라기보다 은혜의 수단이란다. 오늘은 십계명을 하나씩 외워 보도록 하자.

"제일은, 나 외에 다른 신을 네게 두지 말라.
제이는, 형상을 만들지 말라.
제삼은, 여호와의 이름을 망령되이 부르지 말라.
제사는, 안식일을 기억하여 거룩하게 지키라.
제오는, 네 부모를 공경하라.

제육은, 살인하지 말라.

제칠은, 간음하지 말라.

제팔은, 도둑질하지 말라.

제구는, 네 이웃에 대하여 거짓 증거하지 말라.

제십은, 네 이웃의 소유를 탐내지 말라."

구원받은 사람은 반드시 십계명대로 살아야 해. 앞으로는 이 열 가지 계명을 꼭 암송하고 늘 생각하며 살아야 한단다. 그렇게 할 수 있지?

제41문: 도덕법은 어디에 요약되어 있습니까?

답: 도덕법은 십계명에 요약되어 있습니다.

하나님 아버지. 저희에게는 하나님의 말씀이 아니라 우리의 타락한 본성을 따라 살고 싶어 하는 악한 마음이 있습니다. 저희 자녀들에게 은혜를 베푸셔서, 세상에 물들지 않고 십계명의 기준을 따라 살 수 있도록 도와주세요.

십계명의 핵심은 뭘까?

• 찬송가 290장을 다 함께 불러 보자.
• 마태복음 22장 37-40절을 한목소리로 암송해 보자.
"예수께서 이르시되 네 마음을 다하고 목숨을 다하고 뜻을 다하여 주 너의 하나님
을 사랑하라 하셨으니 이것이 크고 첫째 되는 계명이요 둘째도 그와 같으니 네 이
웃을 네 자신 같이 사랑하라 하셨으니 이 두 계명이 온 율법과 선지자의 강령이니
라."

너는 구원받았기 때문에 세상 사람들과 다르게 살아야 해. 그렇다면 무엇을
기준으로 다르게 살아야 할까? 그건 바로 하나님의 말씀인 성경이야. 성
경 중에서도 우리가 어떻게 살아야 할지를 말하고 있는 도덕법을 기준으로 살
아야 해.

수많은 도덕법은 결국 열 가지로 요약할 수 있는데, 그걸 십계명이라고 해. 그
리고 이 열 가지 계명도 두 가지로 요약이 가능한데, 예수님은 그 두 가지를 하
나님을 사랑하는 것과 이웃을 사랑하는 것이라고 하셨어. 한 번 따라해 볼까.

"십계명의 핵심은 하나님과 이웃을 사랑하는 것입니다."

아마 네가 주일학교에서 가장 많이 듣는 말이 '사랑'일 거야. 사랑한다는 말의
뜻이 뭔지 아니? 사랑한다는 건 가장 좋은 것을 주는 거야. 상대방에게 꼭 필요
한 것을 주는 것, 바로 그게 사랑이야. 그런데 우리는 상대방에게 가장 좋은 것,
상대방이 가장 필요로 하는 것이 무엇인지 잘 몰라. 그래서 하나님은 가장 좋은
것이 무엇인지를 십계명을 통해 알려주셨어.

우리는 하나님을 사랑해야 해. 그런데 어떻게 하는 것이 하나님을 사랑하는

걸까? 십계명 가운데 처음 네 가지를 행하는 것이 하나님을 사랑하는 거야. 또 우리는 이웃을 사랑해야 해. 그런데 어떻게 하는 것이 이웃을 사랑하는 걸까? 십계명 가운데 뒤에 있는 여섯 가지를 행하는 것이 이웃을 사랑하는 거야. 다시 말해, 십계명이란 하나님과 이웃을 사랑하여 그들에게 좋은 것을 주는 구체적인 방법이라고 할 수 있어.

이제 왜 우리가 십계명을 공부해야 하는지 이해가 되지? 십계명을 모르면서, 하나님을 사랑하고 이웃을 사랑하는 삶을 살 순 없어. 사랑이란, 내가 생각하기에 좋은 것이 아니라 하나님 보시기에 좋은 것을 주는 것이기 때문이야.

제42문: 십계명의 핵심은 무엇입니까?

답: 십계명의 핵심은 "네 마음을 다하고 목숨을 다하고 힘을 다하고 뜻을 다하여 주 너의 하나님을 사랑하고, 네 이웃을 네 자신과 같이 사랑하라"입니다.

하나님 아버지. 저희들이 하나님을 사랑하며 이웃을 사랑할 수 있도록 도와주세요. 저희 자녀들이 사랑 없는 세상에서 십계명을 힘써 지킴으로써 참된 사랑을 나타내게 해주세요.

어떤 마음으로 십계명을 지켜야 할까?

• 찬송가 292장을 다 함께 불러 보자.
• 출애굽기 20장 2절을 한목소리로 암송해 보자.
"나는 너를 애굽 땅, 종 되었던 집에서 인도하여 낸 네 하나님 여호와니라."

너는 하나님의 백성이지? 그리고 또 누가 하나님의 백성일까? 참된 교회의 성도라면 모두 하나님의 백성이야. 미국에 있는 교회도 하나님의 백성이고, 일본에 있는 교회도 하나님의 백성이야. 어떤 나라에 살든지 교회에 속해 있다면 누구나 하나님의 백성이지.

그런데 예수님이 사람의 모습으로 이 땅에 오시기 전, 우리가 구약시대라고 부르던 때에는 오직 이스라엘 민족만이 하나님의 백성이었어. 만약 다른 나라 사람이 하나님의 백성이 되고 싶다면, 그는 반드시 이스라엘 사람이 되어야 했어.

그런데 이스라엘은 애굽이라는 나라의 식민지였고, 애굽에서 종처럼 살면서 수많은 고통을 겪어야 했어. 하지만 하나님은 이스라엘을 그냥 내버려두지 않으셨어. 모세라는 사람을 통해서 이스라엘을 도우셨거든. 결국 이스라엘은 애굽을 떠나게 돼.

그때 이스라엘 민족의 마음이 어땠을까? 애굽의 종살이에서 구원해 주신 하나님께 감사하는 마음으로 가득했을 거야. 그래서 하나님이 명령하시는 것은 무엇이든 기쁜 마음으로 순종하고 싶었을 거야.

바로 이게 중요해. 하나님은 이스라엘을 구원해 주신 다음에 십계명을 주셨어. 이스라엘이 하나님을 기뻐하고 하나님께 감사하고 있을 때, 십계명을 주신 거지. 우리 역시 마찬가지야. 하나님은 우리에게 은혜와 구원을 먼저 베풀어 주시고, 그다음에 십계명을 지키라고 하셔.

그래서 십계명을 지키는 것은 어렵지 않아. 하나님께서 우리를 사랑하시고 우리를 구원해 주셨음을 기억한다면, 억지로가 아니라 기쁜 마음으로 십계명을 지킬 수 있어. 한 번 따라해 볼까.

"우리가 받은 사랑과 구원을 생각하며
기쁜 마음으로 십계명을 지켜야 합니다."

바로 이러한 이유 때문에 십계명에는 머리말이 있어. 이 머리말에는 우리가 십계명을 지켜야 하는 이유가 나와 있어. 하나님께서 우리를 구원해 주셨으므로 기쁜 마음으로 십계명을 지켜야 한다는 거지.

제43문: 십계명의 머리말은 무엇입니까?
답: 십계명의 머리말은 "나는 너를 애굽 땅 종 되었던 집에서 인도하여 낸 네 하나님 여호와니라"입니다.

하나님 아버지. 저희들이 십계명을 억지로 지키지 않게 해주세요. 늘 우리 안에 은혜의 감격이 넘쳐서 기쁘고 즐거운 마음으로 십계명을 지키게 해주세요. 저희 자녀들이 십계명을 무거운 짐으로 여기지 않게 하시고, 감사와 찬양의 도구로 여기게 해주세요.

십계명을 지켜야 하는 이유는 뭘까?

- 찬송가 301장을 다 함께 불러 보자.
- 출애굽기 20장 2절을 한목소리로 암송해 보자.
  "나는 너를 애굽 땅, 종 되었던 집에서 인도하여 낸 네 하나님 여호와니라."

구약시대엔 누가 하나님의 백성이었지? 이스라엘 민족이지? 하지만 처음부터 이스라엘이 하나님의 백성이었던 건 아니야. 원래 이스라엘은 애굽이라는 나라에서 종살이 하고 있었어. 그래서 이스라엘은 애굽의 왕 바로의 백성이었어.

그런데 애굽의 왕 바로는 이스라엘을 몹시 괴롭혔어. 바로는 자신을 위해 거대한 건물들을 짓기 원했는데, 이스라엘은 그 거대한 건물들을 지으며 고통스럽게 하루하루를 살아야 했어. 하지만 어쩔 수 없었지. 바로는 이스라엘의 왕이었고, 이스라엘은 바로의 백성이었기 때문이야.

하지만 하나님은 이스라엘을 애굽의 바로에게서 구원해 주셨어. 하나님은 애굽에 열 가지 재앙을 내리셨고, 애굽의 왕 바로는 이스라엘을 떠나보낼 수밖에 없었어. 그때부터 이스라엘은 애굽의 왕 바로의 백성이 아니라, 여호와 하나님의 백성이 된 거야.

그러므로 하나님이 이스라엘에게 십계명을 주신 것은, "이제부터 너희들의 주인은 바로가 아니라 나 여호와 하나님이야"라는 사실을 나타낸 것이라 할 수 있어. 한 번 따라해 볼까.

하지만 하나님을 주인으로 모시고 사는 것은 애굽의 왕 바로를 주인으로 모시고 살던 것과는 전혀 달라. 애굽의 왕 바로는 자기를 위해 이스라엘을 이용했지만, 여호와 하나님은 우리를 위해 십계명을 주셨어. 바로의 말은 들으면 들을수록 괴롭고 힘들지만, 여호와 하나님의 말씀은 들으면 들을수록 우리를 행복하게 해.

십계명을 지키는 것은 하나님과 이웃을 사랑하며 사는 거야. 우리가 십계명을 통해 하나님을 사랑하면, 하나님과 우리 사이에 기쁜 일들이 생겨. 또 우리가 십계명을 통해 이웃을 사랑하면, 이웃과 우리 사이에 행복한 일들이 생기지. 그래서 십계명은 하나님과 나, 그리고 우리의 이웃을 포함한 모두가 행복하게 사는 기초가 되는 법이라고 할 수 있어.

제44문: 십계명의 머리말이 우리에게 가르쳐 주는 것은 무엇입니까?

답: 십계명의 머리말이 우리에게 가르쳐 주는 것은 하나님은 우리의 주인이시고 우리의 하나님이시며 구속자이시기에, 우리는 반드시 하나님의 모든 계명을 지켜야 한다는 것입니다.

우리의 주인이신 하나님. 저희들이 돈과 성공과 명예를 주인삼지 않도록 도와주세요. 저희 자녀들이 오직 하나님만 주인으로 여기며 하나님만을 위해 살게 해주시고, 특히 십계명을 지킴으로써 하나님의 주인 되심을 인정하게 해주세요.

사람들이 우상을 만드는 이유는 뭘까?

• 찬송가 421장을 다 함께 불러 보자.
• 출애굽기 20장 3절을 한목소리로 암송해 보자.
"너는 나 외에는 다른 신들을 네게 두지 말라."

예전에 읽었던 《그리스도 로마 신화》라는 만화책 기억나니?[1] 그 책에는 몇 명의 신이 등장하지? 아주 많은 신이 등장하지? 또 요즘 읽고 있는 《이야기 전래동화》를 떠올려 보렴. 거기에도 정말 많은 신이 등장해. 바다에는 용왕이 있고, 산에는 산신령이 있고, 하늘에는 옥황상제가 있지.

그렇다면 이렇게 수많은 신들이 정말 있는 걸까? 성경은 "태초에 하나님이 천지를 창조하시니라"라는 말씀으로 시작해. 다시 말해서, 가장 처음에는 하나님밖에 없었다는 뜻이지. 하나님이 창조를 시작하시면서 세상 모든 것들이 존재하게 된 거야.

그렇다면 왜 사람들은 하나님 외에 다른 신이 있다고 믿는 걸까? 그것은 사람이 죄를 지었기 때문이야. 죄에 물들어 더러워진 사람은 하나님을 찾을 수 없어. 아빠가 쓴 안경이 더러워지면 앞이 잘 보이겠니? 마찬가지로, 모든 사람은 죄로 인해 마음이 더러워졌고, 마음이 더럽기에 하나님을 볼 수 없게 되었어.

하지만 사람은 악하고 약하기에, 자기보다 강하고 무엇이든 할 수 있는 신적인 존재를 찾게 되어 있어. 힘들고 어려울 때마다 자기를 도와줄 수 있는 신적

---

1) 다수의 신들이 등장하는 책을 예로 들어주세요.

인 존재를 떠올리게 되는 거지. 그래서 바다에 사는 사람들은 바다에서 자기들을 지켜줄 수 있는 용왕이라는 거짓 신을 만들고, 산에 사는 사람들은 산에서 자기들을 지켜줄 수 있는 산신령이라는 거짓 신을 만들었어. 한 번 따라해 볼까.

"하나님 외의 모든 신은 사람이 자기 필요에 따라 만들어 낸 신입니다."

세상 모든 사람들이 하나님 아닌 다른 신을 믿는 것은, 하나님을 볼 수 있는 깨끗한 마음이 없어서야. 죄로 인해 마음이 더러워져서 하나님을 볼 수 없는 거지. 그런데 어떻게 너는 하나님을 믿을 수 있는 걸까? 바로 성령님 때문이야. 성부 하나님께선 너의 더러운 마음을 깨끗하게 하려고 성령 하나님을 보내 주셨어. 그 결과 네 마음은 깨끗해졌고, 하나님을 볼 수 있게 되었단다.

이처럼 하나님 한 분만을 신으로 믿고 살아갈 수 있는 것은 크나큰 축복이요 은혜야. 그래서 우리는 기쁘고 감사한 마음으로 하나님 한 분만을 참된 신으로 여기고, 믿고, 따르고, 의지하며 살아야 해. 그럴 수 있지? 그럼 제1계명을 크게 외쳐 볼까?

제45문: 제1계명은 무엇입니까?
답: 제1계명은 "너는 나 외에는 다른 신들을 네게 두지 말라"입니다.

하나님, 이 세상엔 신이 너무나 많습니다. 하지만 저희들은 오직 하나님만이 참된 신이심을 믿습니다. 저희 자녀들이 세상이 만들어 낸 거짓 신들에 미혹되지 않게 해주시고, 하나님 한 분만을 따르며 살아가게 해주세요.

하나님을 우리 마음대로 믿어도 될까?

• 찬송가 423장을 다 함께 불러 보자.
• 시편 29편 2절을 한목소리로 암송해 보자.
"여호와께 그의 이름에 합당한 영광을 돌리며 거룩한 옷을 입고 여호와께 예배할 지어다."

세상 사람들은 이 세상에 신이 아주 많다고 생각해. 중국에는 중국의 신이 있고, 일본에는 일본의 신이 있으며, 하늘에는 하늘 신, 바다에는 바다 신, 산에는 산신이 있다고 생각하지.

하지만 성경은 어떻게 말하고 있지? 중국 신, 일본 신, 하늘 신, 바다 신, 이런 식으로 수많은 신들이 있는 것이 아니라, 우리가 믿는 여호와 하나님, 단 한 분의 신만이 존재한다고 말하고 있어.

만약 세상 사람들의 생각처럼 이 세상에 신들이 많다면 어떤 일이 일어날까? 중국에서는 중국 신을 따르고, 일본에서는 일본 신을 따라야 할 거야. 바다에서는 바다 신을 따르고, 산에서는 산신을 따라야겠지.

즉, 계속해서 바뀌는 상황과 환경에 따라서 여러 신들의 말씀을 따라 살아야 할 거야. 하나의 기준이 아니라 여러 가지 기준을 가지고 살아야 한다는 거지.

하지만 너에겐 몇 분의 신이 있지? 하나님 한 분밖에 다른 신이 없지? 그러므로 네가 따라야 할 말씀은 누구의 말씀뿐일까? 하나님 한 분의 말씀뿐이야. 바로 이것이 하나님을 믿는 사람과 하나님을 믿지 않는 사람의 가장 큰 차이야. 한 번 따라해 볼까.

"우리는 어떤 상황에서든 하나님의 말씀만을 따르고 지켜야 합니다."

세상 사람들은 상황과 환경에 따라 다르게 선택하고 행동해. 대부분 자기에게 좋은 대로 선택하고 행동하지. 하지만 너는 그렇게 살아서는 안 돼. 왜냐면 너에겐 신이 하나님 한 분밖에 없기 때문이야. 그래서 어떤 상황과 환경에 있든지, 하나님의 말씀만을 따라서 살아야 해.

이럴 때는 이렇게, 저럴 때는 저렇게 살아서는 안 돼. 모든 상황에서 하나님의 말씀을 지켜야 해. 바로 그것이 제1계명을 지키는 것이고, 하나님을 하나님답게 믿는 거야. 소요리문답은 제1계명을 지키는 삶을 다음과 같이 설명하고 있어.

제46문: 제1계명이 요구하는 것은 무엇입니까?
    답: 제1계명이 요구하는 것은 하나님만이 유일하고 참된 하나님이시요 우리의 하나님인 것을 알고 인정하는 것과, 그에 합당하게 하나님을 경배하고 영화롭게 하는 것입니다.

하나님 아버지. 저희들이 저희에게 유리한 대로 생각하고 행동하지 않게 해주세요. 언제나 하나님의 말씀대로 살게 해주세요. 저희 자녀들이 하나님의 말씀을 가장 중요한 원칙으로 삼게 해주시고, 설령 손해를 본다 하더라도 말씀의 원칙을 어기지 않게 해주세요.

우리는 제1계명을 잘 지키고 있을까?

- 찬송가 425장을 다 함께 불러 보자.
- 로마서 1장 21절을 한목소리로 암송해 보자.

  "하나님을 알되 하나님을 영화롭게도 아니하며 감사하지도 아니하고 오히려 그 생각이 허망하여지며 미련한 마음이 어두워졌나니."

네가 세상에서 가장 좋아하는 게 뭐야? 변신 로봇 자동차?[1] 그러면 이 변신 로봇 자동차와 하나님 가운데 뭐가 더 중요해? 역시 변신 로봇 자동차라고? ○○아, 바로 그런 태도가 제1계명을 범하는 거야.

많은 사람들이 이렇게 생각해. "나는 다른 계명은 자주 어기지만, 첫 번째 계명만은 절대 어기지 않아. 왜냐하면 나는 절에 다니거나 이슬람 사원에 다니는 것이 아니라 교회에 다니니까. 그러니까 다른 건 몰라도 제1계명만큼은 확실하게 지키고 있지."

하지만 이건 너무나 잘못된 생각이야. 하나님 외에 다른 신이 없어야 한다는 제1계명은, 하나님보다 더 중요하게 생각하거나 좋아하는 것이 없어야 한다는 의미도 포함하기 때문이야. 하나님보다 변신 로봇 자동차를 더 중요하게 생각하는 너 역시 지금 제1계명을 어기고 있는 거란다.

다른 예를 들어 보자. 너는 아빠가 절에 가는 것을 본 적이 있니? 한 번도 없지? 아빠는 매 주일마다 교회에 가. 그렇다고 아빠가 제1계명을 한 번도 어긴 적이 없는 건 아니야. 아빠는 자주 하나님보다 돈을 더 중요하게 생각해. 그때 아빠는 돈을 하나님처럼 생각함으로써 제1계명을 범한 거야. 한 번 따라해 볼까.

---

1) 아이가 제일 아끼는 물건을 예로 들어주세요.

사람은 본능적으로 눈에 보이지 않는 것보다 눈에 보이는 것을 더 중요하게 생각해. 하나님은 눈에 보이지 않지만 장난감은 눈에 보이지? 그래서 너를 포함한 대부분의 친구들이 하나님보다 장난감을 더 좋아하는 거야.

어른들도 마찬가지야. 눈에 보이지 않는 하나님보다 눈에 보이는 돈을 더 중요하게 생각해. 그래서 하나님이 우리와 항상 함께 계심에도 불구하고, 돈이 없거나 부족하면 마치 모든 것을 잃은 것처럼 슬퍼하고 두려워한단다. 이 모든 행동과 마음가짐이 바로 제1계명을 어기는 거야.

너는 아직 어리기 때문에 하나님보다 장난감이 더 중요하게 생각할 수도 있을 거야. 하지만 그런 마음을 고쳐먹는 것이 신앙생활이란다. 신앙이란 더 많은 장난감을 가지는 것이 아니야. 참된 신앙생활은 하나님 외에 중요한 것이 아무것도 없어지는 것을 말해. 하나님만 있으면 충분히 행복한 마음 상태. 바로 그것이 아빠와 네가 함께 추구해야 할 삶의 모습이야. 아빠는 네가 그런 사람으로 자라기를 늘 기도한단다.

제47문: 제1계명이 금하는 것은 무엇입니까?
답: 제1계명이 금하는 것은 참되신 하나님을 하나님으로 그리고 우리의 하나님으로 인정하지 않거나 경배하지 않고 영화롭게 하지 않는 것이며, 오직 하나님께만 합당한 경배와 영광을 다른 것에게 돌리는 것입니다.

하나님 아버지. 저희들이 다른 무엇을 하나님보다 더 중요하게 여기거나 디 좋아하지 않게 해주세요. 저희 자녀들이 하나님을 가장 중요하게 생각하게 하시고, 하나님을 위해서라면 무엇이든 버리고 포기할 수 있는 사람으로 자라게 해주세요.

기독교 신앙이 정말 이기적일까?

- 찬송가 428장을 다 함께 불러 보자.
- 출애굽기 20장 3절을 한목소리로 암송해 보자.
"너는 나 외에는 다른 신들을 네게 두지 말라."

네가 알고 있는 신들을 한번 말해 볼래? 제우스, 포세이돈, 옥황상제, 용왕, 도깨비…. 하지만 그것들은 사람이 자기 필요에 따라 만들어 낸 것이지, 진짜 신이 아니야. 참되고 유일한 신은 누구라고? 성부, 성자, 성령, 삼위 하나님뿐이시지. 우리는 오직 이 하나님만을 진짜 하나님이라고 믿어.

하지만 세상 사람들은 우리를 "생각이 좁다"고 비판해. 하나님이 한 분밖에 없다고 믿다니 참 어리석다는 거야. 또 어떤 사람들은 우리가 "이기적"이라고 비판해. 이기적이란 건, 자기만 알고 다른 사람을 생각하지 않는다는 뜻이야. 그런데 왜 우리를 이기적이라고 비판할까? 우리의 하나님만 진짜 하나님이고, 다른 사람들이 믿는 신은 가짜라고 하는 우리의 태도를 이기적인 태도로 생각하는 거야.

그러나 우리의 생각이 좁거나 이기적인 것이 아니야. 만약 정말 수많은 신이 존재한다면 당연히 우리는 다른 사람들의 신도 인정하고 존중할 거야. 하지만 다른 신은 존재하지 않아. 하나님 외에는 다른 신이 없어. 그러므로 우리는 생각이 좁거나 이기적인 게 아니라, 유일하게 참 하나님을 향해 바른 태도를 가진 거야. 한 번 따라해 볼까.

또 한 가지, 우리는 하나님이 '다른 신'을 두는 행위를 가장 싫어하신다는 사실을 기억해야 해. 절에 가서 부처라는 다른 신을 섬기는 것뿐만 아니라, 하나님 아닌 것을 하나님처럼 생각하는 태도 역시 마찬가지야. 예를 들어, 하나님보다 돈을 더 중요하게 생각하는 것은 하나님이 정말 싫어하시는 모습이란다.

그런 점에서 네가 아빠를 하나님처럼 생각하는 것도 잘못된 거야. 네 눈에는 아빠가 대단해 보이지? 네가 가지고 있는 모든 것들이 아빠가 준 것처럼 보이니까 말이야. 하지만 실은 그렇지 않아. 하나님이 아빠를 통해서 너에게 주신 것일 뿐이야. 아빠는 하나님을 대신하는 심부름꾼이란다. 그러니까 너는 아빠가 아니라 하나님만 바라보아야 하고, 하나님께 감사해야 해.

제48문: 제1계명에서 "나 외에는"이라는 말씀이 특별히 가르치는 것은 무엇입니까?

답: 제1계명에서 "나 외에는"이라는 말씀이 가르치는 것은, 모든 것을 보시는 하나님께서 우리가 다른 신을 섬기는 죄를 보시고 매우 싫어하신다는 것입니다.

하나님 아버지. 저희들이 오직 하나님만 믿고 따르게 해주세요. 세상 사람들에게 이기적인 사람이라고 손가락질 받는 것을 두려워 않게 해주세요. 저희 자녀들이 모든 것을 잃을지라도 하나님을 잃지 않는 신실한 사람으로 자라게 해주세요.

하나님을 우상 섬기듯 믿고 있진 않니?

• 찬송가 429장을 다 함께 불러 보자.
• 출애굽기 20장 4절을 한목소리로 암송해 보자.
"너를 위하여 새긴 우상을 만들지 말고...어떤 형상도 만들지 말며."

이 세상에 신은 누구밖에 없지? 우리를 구원하여 주신 성부, 성자, 성령, 삼위 하나님 밖에 없지? 우리가 믿는 하나님은 참되시고 유일하신 하나님이야.

그렇다면 우리는 참되시고 유일하신 하나님을 어떻게 대해야 할까? 제2계명을 보면 알 수 있어. "너를 위해 우상을 만들지 말라."

이 말씀은 다른 신을 섬기지 말라는 제1계명과는 다른 말씀이야. 여기서 "너를 위해 우상을 만들지 말라"는 것은 하나님을 우상 섬기듯 믿지 말라는 거야. 한 번 따라해 볼까.

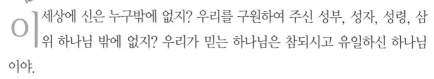

"제2계명은 하나님을 우상 섬기듯 믿지 말라는 것입니다."

그렇다면 우상 섬기듯 하나님을 믿는다는 건 뭘까? 예전에 사람들이 왜 우상을 만드는지 배웠던 것 기억나니? 자기를 위해서야. 사람들은 자기 필요와 자기 즐거움을 위해 우상을 만들어. 그러니까 하나님을 우상 섬기듯 믿지 말라는 건, 자신을 위해 하나님을 이용하지 말라는 의미야.

오늘날 많은 사람들이 자기를 위해 하나님을 믿고 있어. 내가 원하는 것을 모두 이루어 주시는 하나님, 나를 즐겁게 해주는 하나님을 섬기며 신앙생활을 하는 거지. 교회에 가서 기도할 때에도 하나님의 영광을 위해 기도하는 것이 아니라, 자기 자신의 행복과 성공만을 위해 기도해. 바로 이것이 제2계명을 어기는 태도야.

　참된 신앙생활은 나를 위한 하나님이 아니라, 하나님을 위한 내가 되는 거야. 하나님이 나에게 어떤 이익이 될지를 생각하는 게 아니라, 내가 하나님을 위해 어떻게 해야 할지를 늘 생각하는 것이 참된 신앙이고, 바로 그것이 제2계명이 우리에게 요구하는 거야. 핵심은, 나를 위해 하나님을 이용하는 태도를 가져서는 안 된다는 거야.

　이제부터 너는 어떤 생각을 하며 살아야 할까? '어떻게 해야 내가 기쁠까'를 생각해야 할까? 그게 아니라, '어떻게 해야 하나님이 기뻐하실까'를 늘 생각하며 살아야겠지? 그런 의미에서 제2계명을 다시 한 번 암송해 보자.

　제49문: 제2계명은 무엇입니까?
　　답: 제2계명은 "너를 위하여 새긴 우상을 만들지 말고 또 위로 하늘에 있는 것이나 아래로 땅에 있는 것이나 땅 아래 물속에 있는 것의 어떤 형상도 만들지 말며 그것들에게 절하지 말며 그것들을 섬기지 말라. 나 네 하나님 여호와는 질투하는 하나님인즉 나를 미워하는 자의 죄를 갚되 아버지로부터 아들에게로 삼사 대까지 이르게 하거니와 나를 사랑하고 내 계명을 지키는 자에게는 천 대까지 은혜를 베푸느니라"입니다.

하나님 아버지. 하나님은 저희들이 존재하는 이유이며 삶의 목표이십니다. 저희 자녀들이 하나님을 자기 이익의 도구로 삼지 않게 하시고, 하나님을 위해 내가 무엇을 할 수 있을지를 늘 생각하며 살게 해주세요.

소요리 50문 | 하나님을 바르게 믿기 위해 무엇을 보아야 할까?

- 찬송가 430장을 다 함께 불러 보자.
- 신명기 32장 46절을 한목소리로 암송해 보자.
"그들에게 이르되 내가 오늘 너희에게 증언한 모든 말을 너희의 마음에 두고 너희의 자녀에게 명령하여 이 율법의 모든 말씀을 지켜 행하게 하라."

제1계명은 참된 신이 누구인지를 보여주는 계명이야. 세상 사람들은 이 세상에 여러 종류의 신이 있다고 주장하지만, 이 세상에는 하나님이 딱 한 분이라는 것. 참되고 유일하신 하나님은 성부, 성자, 성령, 삼위 하나님밖에 없다는 것이 바로 제1계명의 내용이지.

이어서 제2계명은 참되고 유일하신 하나님을 어떻게 대해야 하는지를 말하고 있어. 제2계명의 핵심은, 하나님을 나를 위한 분으로 생각해선 안 된다는 거야. "어떻게 하면 내가 하나님을 기쁘게 할 수 있을까?"를 늘 생각해야지, "어떻게 하면 하나님이 나에게 이익이 될까?"를 생각해선 안 된다는 거지.

바로 이것이 제2계명에 포함되어 있는 "너를 위해 우상을 만들지 말라"는 말씀의 의미야. 한 번 따라해 볼까.

"제2계명은 하나님을 나의 이익을 위한 분으로 믿어서는 안 된다는 것입니다."

그렇다면 나를 위한 하나님이 아니라, 하나님을 위한 우리가 되기 위해서는 어떻게 살아야 할까? 어떻게 사는 것이 하나님을 위해 사는 걸까?

---

1) 또는 초등학교

그 방법은 성경 외의 다른 곳에서는 결코 찾을 수 없어. ○○이는 유치원[1]에서 어른을 공경하라고 배웠지? 그러면 유치원에서 배운 대로 어른을 공경하듯 하나님을 공경하면 하나님이 기뻐하실까?

네가 생각하기엔 그렇게 해도 될 것 같겠지만, 절대 그렇지 않아. 왜냐하면 여호와 하나님은 어른과는 비교할 수 없을 정도로 높은 분이시기 때문이야. 아무리 나이가 많은 어른이라 하더라도 그도 결국은 인간일 뿐, 하나님과 비교할 수 있는 건 아니니까.

그렇다면 하나님을 위해 사는 방법을 어디에서 발견할 수 있을까? 바로 성경에서야. 하나님은 우리가 어떻게 믿어야 하고, 어떻게 살아야 할지를 성경에 기록해서 우리에게 주셨어. 그래서 우리는 우리 생각대로 하나님을 위하는 것이 아니라, 성경에 나와 있는 대로 하나님을 위하는 삶을 살아야 해. 이것을 소요리문답은 이렇게 요약하고 있어.

제50문: 제2계명이 요구하는 것은 무엇입니까?
　답: 제2계명이 요구하는 것은 하나님의 말씀이 정하고 있는 대로 모든 종교적 경배와 규례를 받아들이고, 준수하며, 철저하고 엄격하게 보존하는 것입니다.

하나님 아버지. 저희들이 하나님을 바르게 믿을 수 있도록 도와주세요. 저희 자녀들이 자기 생각과 감정대로 하나님을 믿지 않게 해주시고, 오직 성경의 기준과 원리를 따라 하나님을 섬기게 해주세요.

그림과 조각이 하나님을 정확하게 표현할 수 있을까?

• 찬송가 433장을 다 함께 불러 보자.
• 출애굽기 32장 8절을 한목소리로 암송해 보자.

"그들이 내가 그들에게 명령한 길을 속히 떠나 자기를 위하여 송아지를 부어 만들고 그것을 예배하며 그것에게 제물을 드리며 말하기를 이스라엘아 이는 너희를 애굽 땅에서 인도하여 낸 너희 신이라 하였도다."

○○이는 개미를 그릴 수 있니? 그러면 사자는? 사자는 조금 힘들겠지? 그렇다면 하나님은 그릴 수 있겠어? 그건 정말 더 어렵겠지?

사실 그건 어려운 정도가 아니라 불가능한 일이야. 너만 어려운 것이 아니라, 이 세상에서 가장 그림을 잘 그리는 사람이라도 하나님을 그릴 수는 없어. 왜냐면 아무도 하나님을 볼 수 없고, 하나님을 모두 다 알 수 없기 때문이야.

예전에 하나님이 영이시라고 배웠던 것 기억나니? 하나님은 육신이 없으신 영이셔서 우주 어디에나 계셔. 하나님은 지금 우리 곁에도 계시고, 저 멀리 하늘 끝, 바다 끝에도 계셔. 하나님은 어디에나 계시고, 모든 곳에 가득하셔. 물이 바다를 채우듯 하나님이 온 우주를 채우고 계신 거야.

그런 하나님을 그림으로 나타낸다는 건 불가능해. 어떤 모양으로 만드는 것 자체가 불가능하지. 그래서 "나는 결코 하나님을 다 알 수 없어"라는 사실을 잊지 말아야 해. 다만 우리는 성경이 말하는 만큼만 하나님을 알 수 있을 뿐이야. 이렇듯 하나님에 대해 극히 일부만 알 수 있을 뿐인 우리가, 하나님을 그림이나 모양으로 나타내려 하는 것은 하나님을 슬프게 하는 행동이란다. 한 번 따라해 볼까.

중세를 교회의 암흑기라고 말해. 교회가 많이 타락했다는 뜻이야. 그런데 그렇게 된 가장 큰 이유가 성경을 멀리 했기 때문이야. 중세 교회는 성경이 아니라 그림이나 조각으로 하나님을 가르치는 경우가 많았어. 하지만 그림이나 조각으로 하나님을 배우는 것은 정확하지 않아. 그 어떤 그림이나 조각도 온 우주를 가득 채우고 계신 하나님을 정확하게 표현할 수 없기 때문이야. 또 성경의 많고 많은 이야기를 모두 다 그림으로 표현하는 것도 불가능하기에, 성경의 아주 일부만을 그림으로 배울 수 있었을 뿐이야.

하지만 지금 우리에겐 성경이 있어서 하나님이 어떤 분인지 정확하게 알 수 있어. 어떻게 살고, 어떻게 예배를 드리는 것이 하나님이 원하시고 기뻐하시는 것인지 정확하게 알 수 있지. 그러므로 성경이 네 손에 있다는 것을 늘 감사하게 생각해야 해.

제51문: 제2계명에서 금하는 것은 무엇입니까?
답: 제2계명에서 금하는 것은 형상을 가지고 하나님을 경배하거나, 하나님의 말씀이 정하지 않은 다른 방법으로 경배하는 것입니다.

하나님 아버지. 저희들이 그림이나 조각 또는 노래로 하나님을 알아가는 것이 아니라, 말씀을 통해 온전하고 바르게 하나님을 알아가게 해주세요. 그리하여 저희 자녀들이 하나님을 바르게 경배하게 해주세요.

하나님께서 제2계명을 주신 이유는 뭘까?

• 찬송가 435장을 다 함께 불러 보자.
• 시편 45편 11절을 한목소리로 암송해 보자.
"그리하면 왕이 네 아름다움을 사모하실지라. 그는 네 주인이시니 너는 그를 경배할지어다."

너는 '주인'이란 말을 아니? 주인이란 자기 마음대로 할 수 있는 자격이 있는 사람을 말해. 예를 들어 이 볼펜의 주인이 아빠라면, 아빠는 이 볼펜을 아빠 마음대로 쓸 수 있어.

그런데 반대로 이 볼펜이 주인행세를 하려 하면 어떻게 될까? 있을 수 없는 일이겠지만, 만약 볼펜이 자기 마음대로 글을 쓰려고 한다면 아빠는 이 볼펜을 더 이상 쓸 수 없겠지?

그렇다면 너와 하나님 가운데 누가 주인일까? 네가 하나님 뜻대로 해야 할까, 하나님이 네 뜻대로 해야 할까? 당연히 네가 하나님 뜻대로 살아야 하겠지? 왜냐하면 하나님은 너의 주인이실 뿐 아니라 세상 모든 만물의 주인이시기 때문이야. 한 번 따라해 볼까.

"하나님은 세상 모든 것의 주인이시므로
우리는 오직 하나님 뜻대로만 살아야 합니다."

제2계명은 바로 이 사실을 강조하고 있어. 제2계명의 핵심은 우리를 위해 우상 섬기듯 하나님을 믿어서는 안 된다는 거야. 우리를 위한 하나님이 아니라,

하나님을 위한 우리가 되어야 한다는 거지. 다시 말해서 주인 행세를 하려 하지 말고, 하나님이 우리의 주인이심을 늘 기억하고 살아야 한다는 거야.

네가 가진 모든 것이 원래 누구의 것인지 아니? 하나님의 것이야. 그래서 너는 모든 것을 네 주인이신 하나님의 뜻대로 사용해야 해. 아빠 역시 마찬가지야. 아빠가 가지고 있는 모든 것들의 주인은 하나님이시고, 그래서 아빠는 하나님 뜻대로 모든 것을 사용해야 해. 바로 이것이 제2계명이 우리에게 강조하는 바란다.

우리가 주일에 하나님을 예배하는 것 역시 마찬가지야. 주일에 교회에 모이는 것, 주일에 찬양을 하고, 기도를 하고, 설교를 듣는 것은, 하나님이 우리 모두의 주인이시기 때문이야. 우리는 예배를 드릴 때마다 그 사실을 확인할 수 있어야 해.

제52문: 제2계명을 주신 이유는 무엇입니까?
답: 제2계명을 주신 이유는 하나님께서 우리의 주권자이시며 우리의 주인이셔서, 그에 합당한 예배를 받기 원하시기 때문입니다.

하나님 아버지. 하나님은 모든 것의 주인이십니다. 저희 자녀들이 하나님을 주인으로 높이게 하시고, 그리하여 하나님께서 기쁘게 받으시는 예배를 드리는 자들이 되게 해주세요.

하나님을 생각 없이 예배하고 있진 않니?

- 찬송가 438장을 다 함께 불러 보자.
- 출애굽기 20장 7절을 한목소리로 암송해 보자.

"너는 네 하나님 여호와의 이름을 망령되게 부르지 말라. 여호와는 그의 이름을 망령되게 부르는 자를 죄 없다 하지 아니하리라."

아마 네가 교회에서 가장 많이 듣는 말이 예배라는 말일 거야. '예배'라는 말의 뜻은 뭘까? 예배란 어떤 대상에게 우리의 마음과 시간을 드리는 것을 말해.

그렇다면 너는 누구를 예배하고 있을까? 아빠가 보기에는 장난감과 텔레비전을 예배하는 것 같기도 한데? ○○이는 장난감과 텔레비전을 너무 좋아해서 늘 거기에 시간을 보내려고 하는 것 같거든.

아빠가 갑자기 예배에 대해 말하는 이유는, 십계명의 모든 계명이 예배와 관련되어 있기 때문이야. 첫 번째 계명은 예배의 대상을 말해. 우리가 예배해야 할 분은 하나님 한 분밖에 없다는 거야. 두 번째 계명은 예배의 방법을 말해. 예배할 때 하나님을 어떤 형상으로 만들어서 예배해선 안 되고, 성경에 기록되어 있는 대로만 하나님을 믿고 예배해야 한다는 거야.

그리고 오늘 공부할 세 번째 계명은 예배의 태도를 말해. 세 번째 계명은 "하나님을 망령되게 부르지 말라"인데, 이것은 "하나님을 생각 없이 부르지 말라"라는 뜻이야. 한 번 따라해 볼까.

"세 번째 계명은 하나님을 생각 없이 부르지 말라는 것입니다."

하나님을 생각 없이 부르지 말라는 건, 어떤 생각을 가지고서 하나님을 불러야 한다는 말이야. 그렇다면 우리가 가져야 할 생각은 어떤 생각일까? 첫 번째는 하나님의 크심을 생각해야 해. 우리의 하나님은 오직 말씀으로만 온 세상을 만드셨어. 저 하늘의 해와 달과 별도 하나님이 "있으라" 한마디만 하셨을 뿐인데 생겨난 것들이야. 그렇다면 하나님을 생각할 때, 우리와는 너무나 다른 크신 분이라는 존경심을 가져야 마땅해.

두 번째는 하나님의 사랑을 생각해야 해. 너는 사실 하나님께 사랑받을 만한 아무런 자격이 없어. 너는 하나님을 찾지 않았고, 하나님의 말씀을 열심히 공부하지 않았고, 그 말씀을 모두 지키지도 않았어. 그럼에도 하나님은 너를 자녀로 선택하셨고 은혜로 구원해 주셨어. 그러니 하나님을 생각할 때 그 크신 사랑을 생각하는 것이 당연하겠지?

제3계명은 우리가 이러한 마음을 가지고 살아야 한다는 걸 말해 줘. 교회에서든, 집에서든, 유치원에서든, 늘 이러한 마음을 가지고 하나님을 높이고 하나님께 감사하며 살라는 거야. 그럼 우리 함께 제3계명을 암송해 볼까?

제53문: 제3계명은 무엇입니까?

　답: 제3계명은 "너는 네 하나님 여호와의 이름을 망령되게 부르지 말라. 여호와는 그의 이름을 망령되게 부르는 자를 죄 없다 하지 아니하리라"입니다.

크고 높으신 하나님. 하나님은 우리 삶의 목적이며 유일한 예배의 대상이십니다. 저희 자녀들이 하나님을 예배할 때 하나님의 크심과 하나님의 놀라운 사람을 늘 생각하게 해주세요.

제3계명을 잘 지키기 위해 무엇을 조심해야 할까?

• 찬송가 446장을 다 함께 불러 보자.

• 시편 29편 2절을 한목소리로 암송해 보자.

"여호와께 그의 이름에 합당한 영광을 돌리며 거룩한 옷을 입고 여호와께 예배할 지어다."

네가 예배해야 할 분이 누구지? 성부, 성자, 성령 삼위 하나님이야. 그렇다면 삼위 하나님을 예배하는 방법은 어디에서 찾아야 할까? 오직 성경에서만 찾아야 해. 그러면 어떤 마음가짐으로 하나님을 예배해야 할까? 하나님이 누구보다 크시다는 것과, 하나님이 너를 너무나 사랑하신다는 사실을 생각하면서 예배해야 해.

바로 이것이 제1, 2, 3계명의 핵심이야. 제1계명은 예배의 대상, 제2계명은 예배의 방법, 제3계명은 예배의 태도를 말하고 있어. 한 번 따라해 볼까.

"제1계명은 예배의 대상이 여호와 하나님 한 분밖에 없다는 것입니다.

제2계명은 예배의 방법이 성경에 근거해야 한다는 것입니다.

제3계명은 예배를 드릴 때 하나님의 크심과 사랑을 생각해야 한다는 것입니다."

그런데 예배를 꼭 주일날 교회에서만 드리는 건 아니야. 하나님은 네가 언제 어디서든 하나님을 예배하길 원하셔. 그래서 너는 교회가 아니라 집이나 유치원[1]에서도 늘 하나님의 이름을 불러야 해.

---

1) 또는 초등학교

예를 들어, 유치원에 갈 때는 "하나님! 아무 사고 없이 잘 다녀올 수 있도록 도와주세요" 이렇게 하나님의 이름을 부르며 기도해야 하고, 하루를 마무리하며 잠자리에 들 때는 "하나님! 오늘 하루도 저를 지켜주셔서 감사해요" 하고 모든 영광을 하나님께 돌려야 해. 하나님은 너무나도 크고 높으신 분이기 때문에, 우리는 늘 하나님의 이름을 부르고 생각하며 감사할 수 있어야 해.

그런데 어떤 사람들은 감히 하나님의 이름을 농담의 도구로 사용하기도 해. 이것 역시 제3계명을 어기는 일이야. 하나님의 크고 높으심을 생각한다면, 하나님이라는 칭호를 절대 농담의 도구로 사용할 수 없어.

성경에 기록된 하나님의 말씀을 사용하는 것 역시 마찬가지야. 우리는 성경을 볼 때 "하나님이 이 말씀을 주신 이유는 뭘까?" 하고 잘 생각해야 해. 그리고 그 말씀을 사용할 때에도 조심해야 해.

하나님은 너무나 크고 높은 분이기 때문에, 하나님의 이름과 하나님의 말씀을 절대 함부로 사용해선 안 돼. 네가 장난감을 대하듯, 그렇게 함부로 대해선 안 된다는 뜻이야. 이것이 제 3계명의 의미란다.

제54문: 제3계명이 요구하는 것은 무엇입니까?
　답: 제3계명이 요구하는 것은 하나님의 이름과 칭호와 성품과 규례와 말씀과 역사를 거룩한 존경심을 가지고 사용하는 것입니다.

크고 높으신 하나님 아버지. 저희들이 하나님의 이름을 함부로 부르지 않게 하여 주십시오. 저희 자녀들이 마음을 다해 하나님을 경외하게 하시고, 언제 어디서나 하나님을 생각하며 겸손한 삶을 살게 해주세요.

왜 하나님의 이름을 생각 없이 불러선 안 될까?

• 찬송가 449장을 다 함께 불러 보자.
• 말라기 1장 6절을 한목소리로 암송해 보자.
"내 이름을 멸시하는 제사장들아, 나 만군의 여호와가 너희에게 이르기를 아들은 그 아버지를, 종은 그 주인을 공경하나니 내가 아버지일진대 나를 공경함이 어디 있느냐. 내가 주인일진대 나를 두려워함이 어디 있느냐."

제3계명은 하나님의 이름을 망령되이 부르지 말라는 명령인데, 즉 하나님의 이름을 생각 없이 부르지 말라는 거야. 생각 없이 부르지 말라는 것은, 반대로 어떤 생각을 가지고 부르라는 말이겠지?

이때 우리는 하나님이 얼마나 크신 분인지, 하나님이 얼마나 우리를 사랑하시는지를 생각해야 해. 하나님은 온 우주 만물을 단지 말씀만으로 만드실 만큼 대단한 분이시고, 예수님을 우리 대신 십자가 위에서 죽이심으로써 우리를 구원하셨을 만큼 우리를 많이 사랑하시는 분이야.

하나님이 이렇게 크시고 또 너를 이렇게나 사랑하시니, 너는 당연히 하나님을 향한 존경심을 가져야 마땅해. 하나님을 향한 너의 존경심은 네가 하나님의 이름을 어떻게 대하는가를 통해 잘 나타난단다.

너는 선생님의 이름을 함부로 부르지 않지? 담임선생님을 "은혜야"[1]라고 부르지 않고, "은혜 선생님"이라고 높여 부르지? 너는 선생님을 존경하는 마음을 조심스럽게 이름을 부르는 태도를 통해 나타내고 있는 거야. 한 번 따라해 볼까.

---

1) 담임 선생님의 이름을 불러주세요.

하나님이 자기 이름을 함부로 부르지 말라고 하신 건 바로 이 때문이야. 보이지 않는 하나님을 존경하는 마음은, 네가 하나님의 이름을 대하는 태도를 통해 나타나기 때문이야.

너는 언제 하나님의 이름을 접하지? 예배 시간에 설교를 통해서지. 그러니까 앞으로는 절대 예배 시간에 장난을 치면 안 돼. 또 찬송 가운데에도 하나님의 이름이 들어 있기에 장난치듯 찬송을 불러서도 안 된단다.

부모님의 이름이나 선생님의 이름과는 비교할 수 없이 높은 이름이 바로 하나님의 이름이야. 네가 이 사실을 분명히 기억하고, 조심스럽게 하나님의 이름을 사용하길 바라. 특히 예배 시간에 이 사실을 꼭 명심하길 바란다.

제55문: 제3계명이 금지하는 것은 무엇입니까?
답: 제3계명이 금지하는 것은 하나님이 자신을 나타내신 것을 조금이라도 거룩하지 않게 취급하거나 남용하는 것입니다.

하나님 아버지. 저희들이 하나님을 알고, 하나님의 이름을 부를 수 있는 것은 크나큰 특권이요 축복입니다. 저희 자녀들이 열심히 하나님의 이름을 부르는 삶을 살게 하시되, 언제나 하나님의 크신 사랑을 생각하며 하나님의 이름을 부르게 해주세요.

하나님께서 제3계명을 주신 이유는 뭘까?

- 찬송가 452장을 다 함께 불러 보자.
- 신명기 28장 58-59절을 한목소리로 암송해 보자.

"네가 만일 이 책에 기록한 이 율법의 모든 말씀을 지켜 행하지 아니하고 네 하나
님 여호와라 하는 영화롭고 두려운 이름을 경외하지 아니하면 여호와께서 네 재앙
과 네 자손의 재앙을 극렬하게 하시리니 그 재앙이 크고 오래고 그 질병이 중하고
오랠 것이라."

아빠가 빨간 옷을 입었다가 다시 파란 옷으로 갈아입는다면, 너는 곧 아빠
가 옷을 갈아입었다는 걸 알 수 있겠지? 눈으로 확인할 수 있으니까.

그러면 아빠가 마음속으로 빨간 색을 생각하고 있다가 다시 파란 색을 생각했
다면 네가 알 수 있을까, 없을까? 그건 도저히 알 수 없을 거야. 다른 사람의 마
음속에서 일어나는 일은 우리가 절대로 알 수 없기 때문이지.

그렇다면 하나님은 우리 마음속에서 일어나는 일을 알 수 있을까, 없을까? 오
늘의 암송구절을 보면, 여호와의 이름을 경외하지 않으면 하나님이 벌을 내린
다고 말하고 있어. 하나님의 이름을 경외한다는 건, 하나님의 이름을 높이고 사
랑하는 거야. 그런데 이건 마음속에서 일어나는 일이기에 눈으로 볼 수 없어.
그런데도 하나님은 이 사실을 아신다고 말하고 있어.

그건 하나님이 네 마음을 보실 수 있는 분이기 때문이야. 그래서 네가 겉으로
는 하나님을 사랑하는 척하면서 마음속으로 하나님을 사랑하지 않는다면, 하나
님은 그것조차 다 알 수 있으시지. 한 번 따라해 볼까.

"하나님은 우리의 믿음이 진짜인지 가짜인지 다 아십니다."

어떤 사람은 하나님을 사랑하지 않으면서 마치 사랑하는 듯이 행동하기도 해. 그렇게 하면 다른 사람의 존경과 칭찬을 받을 수 있기 때문이야. 하지만 하나님은 우리의 마음을 보시는 분이기에 그것이 가짜라는 걸 다 알고 계셔.

너는 주일날 하나님을 사랑하고 존경해서 교회에 가니, 아니면 친구들과 만나서 노는 게 좋아서 가니? 아빠는 네 마음을 볼 수 없지만, 하나님은 네 마음을 다 보고 계셔. 늘 우리의 마음을 보시는 하나님을 기억하며, 하나님의 이름을 바르게 사용하도록 하자.

제56문: 제3계명을 주신 이유는 무엇입니까?
　　답: 제3계명을 주신 이유는 이 계명을 범하는 자가 비록 사람의 심판은 피할 수 있어도 우리 주 하나님의 공의로운 심판은 피할 수 없기 때문입니다.

하나님 아버지. 사람은 우리의 외모만 보지만 하나님은 우리의 속마음도 보십니다. 저희 자녀들이 겉모습을 멋지고 아름답게 하기보다, 먼저 속마음을 하나님 앞에서 깨끗하고 정결하게 단장하도록 해주세요.

세상에서 가장 중요한 일은 뭘까?

- 찬송가 43장을 다 함께 불러 보자.
- 출애굽기 20장 8-11절을 한목소리로 암송해 보자.

"안식일을 기억하여 거룩하게 지키라. 엿새 동안은 힘써 네 모든 일을 행할 것이나 일곱째 날은 네 하나님 여호와의 안식일인즉 너나 네 아들이나 네 딸이나 네 남종이나 네 여종이나 네 가축이나 네 문안에 머무는 객이라도 아무 일도 하지 말라. 이는 엿새 동안에 나 여호와가 하늘과 땅과 바다와 그 가운데 모든 것을 만들고 일곱째 날에 쉬었음이라. 그러므로 나 여호와가 안식일을 복되게 하여 그 날을 거룩하게 하였느니라."

너는 어떤 일을 할 때 가장 행복하니? 친구들과 놀이터에서 놀 때 가장 행복하지?[1] 그렇다면 하나님은 네가 어떤 일을 할 때 가장 행복해하실까? 그건 바로 예배할 때야. 하나님은 네가 하나님을 예배하길 원하시고, 네가 바른 마음으로 하나님을 예배할 때 진심으로 기뻐하셔.

어떻게 그걸 알 수 있냐고? 하나님께서 주신 십계명을 통해서 알 수 있단다. 하나님이 주신 열 가지 계명 가운데, 처음 네 가지는 예배에 관한 거야. 첫 번째 계명은 예배의 대상, 두 번째 계명은 예배의 방법, 세 번째 계명은 예배의 태도, 그리고 네 번째 계명은 예배의 시간을 다루고 있어. 이렇듯 십계명의 핵심은 예배라고 할 수 있지. 즉, 하나님께서 우리에게 가장 원하시는 것은 우리가 하나님을 예배하는 거야. 한 번 따라해 볼까.

"십계명의 핵심은 예배입니다."

우리는 언제나 하나님을 예배해야 해. 하지만 하나님께서 특별히 예배의 시

---

1) 아이가 가장 행복해 하는 경우를 예로 들어주세요.

간으로 정해 주신 날이 있어. 우리는 그날을 안식일이라고 부르고, 또 주님께 드리는 날이라고 해서 주일이라고도 불러.

너는 지금까지 주일을 어떤 날로 생각했니? 교회에 가는 날? 일주일에 한 번씩 친구들을 만나는 날? 교회 형아들과 재미있게 노는 날? 아니면 교회에서 주는 간식을 마음껏 먹는 날로 생각했니?

이제부터는 주일이 어떤 날인지 정확하게 알아야 해. 주일은 하나님을 예배하는 날이야. 주일은 친구들을 만나 기쁘게 노는 날이 아니라, 하나님을 기쁘시게 하기 위해 최선을 다해 노력해야 하는 날이야. 이제 제4계명의 의미를 알았으니, 힘차게 다시 한 번 암송해 볼까?

제57문: 제4계명은 무엇입니까?

답: 제4계명은 "안식일을 기억하여 거룩히 지키라 엿새 동안은 힘써 네 모든 일을 행할 것이나 일곱째 날은 네 하나님 여호와의 안식일인즉 너나 네 아들이나 네 딸이나 네 남종이나 네 여종이나 네 가축이나 네 문안에 머무는 객이라도 아무 일도 하지 말라. 이는 엿새 동안에 나 여호와가 하늘과 땅과 바다와 그 가운데 모든 것을 만들고 일곱째 날에 쉬었음이라. 그러므로 나 여호와가 안식일을 복되게 하여 그 날을 거룩하게 하였느니라" 입니다.

하나님 아버지. 하나님은 우리가 예배하기 원하시고, 우리가 힘써 예배하는 것을 기뻐하십니다. 저희 자녀들이 참된 예배자로 자라게 하시고, 예배의 날인 주일을 힘써 지키게 해주세요.

안식일이 어떤 날인지 아니?

• 찬송가 43장을 다 함께 불러 보자.
• 이사야 56장 2절을 한목소리로 암송해 보자.
"안식일을 지켜 더럽히지 아니하며 그의 손을 금하여 모든 악을 행하지 아니하여야 하나니 이와 같이 하는 사람, 이와 같이 굳게 잡는 사람은 복이 있느니라."

어떤 일을 할 때 하나님이 가장 기뻐하신다고 했지? 하나님을 예배할 때라고 했었지? 십계명을 보면 그 사실을 알 수 있어. 모두 열 개의 계명으로 되어 있는 십계명에서 처음 네 계명이 예배에 대한 계명이기 때문이야. 그래서 우리는 무엇보다 예배를 통해서 하나님을 기쁘시게 해야 해.

하지만 우리 마음대로 하나님을 예배할 때, 그 예배는 절대 하나님을 기쁘게 하는 예배가 될 수 없어. 예배는 하나님께서 정하신 대로만 드려야 하기 때문이야. 그렇다면 하나님께서 주신 예배의 규칙은 무엇일까?

첫 번째 계명은, 우리에게 예배의 대상이 하나님 한 분밖에 없어야 한다고 말해. 만약 네가 장난감이나 텔레비전을 하나님보다 더 좋아한다면 네 예배는 바른 예배가 아니야.

두 번째 계명은, 성경이 가르치는 대로만 하나님을 믿어야 한다고 말해. 만약 성경이 말하지 않는 다른 하나님을 형상화해서 믿는다면 네 예배는 바른 예배가 아니야.

세 번째 계명은, 바른 태도로 하나님을 예배해야 한다고 말해. 만약 하나님의 크심을 생각하지 않고 하나님께 감사하는 마음이 없다면 네 예배는 바른 예배가 아니야. 한 번 따라해 볼까?

네 번째 계명은 안식일을 하나님을 예배하는 날로 구별해야 한다는 의미야. 물론 다른 모든 날도 하나님을 예배하는 날이어야 하지만, 특별히 안식일에는 모든 성도가 다 함께 모여 정해진 순서에 따라 질서 있게 하나님을 예배하기 위해 힘써야 해.

안식일은 아빠가 정한 날이 아니야. 다른 어떤 사람이 정한 것도 아니야. 안식일은 하나님이 정하신 날이야. 적어도 이날만큼은 다른 것들에 관심을 끊고 오직 하나님을 예배하는 것에만 집중하라고 하나님이 구별하신 날이란다. 그렇다면 앞으로 주일을 맞이할 때 어떤 마음가짐을 가져야 할까?

"오늘은 어떤 간식이 나올까? 오늘은 친구들과 뭐하며 놀까?" 이런 생각이 아니라, "오늘은 교회에서 하나님에 대해 무엇을 배울까? 오늘은 어떻게 하나님을 기쁘시게 할까?" 이런 것들을 생각해야겠지? 아빠는 네가 그런 마음가짐을 가진 참된 예배자로 자라나길 간절히 바란단다.

제58문: 제4계명이 요구하는 것은 무엇입니까?
　　답: 제4계명이 요구하는 것은 하나님이 말씀으로 정하신 대로 일주일 가운데 하루를 온전히 거룩한 안식일로 하나님께 구별하는 것입니다.

하나님 아버지. 우리의 모든 시간을 하나님께 드려야 마땅하지만, 주일은 더더욱 하나님께 드려지는 날이어야 합니다. 저희 자녀들이 일평생 주일을 힘써 지키며, 일주일 중 하나를 온전히 하나님께 드리게 해주세요.

안식일이 토요일에서 주일로 바뀐 이유를 아니?

소요리 59문

- 찬송가 43장을 다 함께 불러 보자.
- 사도행전 20장 7절을 한목소리로 암송해 보자.
  "그 주간의 첫날에 우리가 떡을 떼려 하여 모였더니."

태초에 하나님은 6일 동안 온 우주 만물을 말씀으로 지으시고 제7일째 되는 날에 안식하셨어. 그리고 사람에게도 일곱 째 날에 안식하라고 명령하셨지. 그래서 원래 안식일은 일곱 째 날인 토요일이야.

그런데 지금은 토요일과 일요일 중 어떤 날을 안식일로 지키고 있을까? 토요일이 아니라 일요일이지? 왜 일곱 째 날인 토요일이 아니라, 첫 번째 날인 일요일을 안식일로 지키게 된 걸까?

안식일의 첫 번째 의미는 창조기념일이야. 하나님께서 창조를 끝내신 후 안식일을 지키라고 하셨기 때문이야. 그런데 아담이 타락한 이후로 모든 사람이 하나님의 창조를 기념할 수 없게 되었어. 타락한 사람은 마음의 눈이 어두워져서 스스로의 힘으로는 도저히 하나님을 알 수 없기 때문이야. 한 번 따라해 볼까.

"타락한 인간은 하나님의 창조를 기념할 수 없게 되었습니다."

그렇다면 우리가 하나님의 창조를 다시 기념할 수 있는 방법은 뭘까? 그건 바로 구원이야. 타락한 사람은 하나님의 창조를 기념할 수 없지만, 구원받은 사람은 다시금 하나님의 창조를 기념할 수 있게 된단다.

네가 구원받았다는 사실을 확실하게 보여주는 사건이 예수님의 부활이라고 했지? 예수님은 십자가 위에서 죽으셨다가 3일 만에 다시 살아나셨어. 그런데 성경은 예수님이 죽으실 때 우리도 죽고, 예수님이 살아나실 때 우리도 살아났다고 말해. 그러니까 예수님의 부활과 함께 우리는 하나님의 창조를 기념할 수 있는 새로운 사람이 된 거야.

바로 예수님이 첫 번째 날인 일요일에 부활하셨기 때문에, 그 후로 모든 그리스도인이 토요일이 아닌 부활의 날인 일요일을 안식일로 지키게 된 거야. 성경에도 예수님의 제자인 사도들이 토요일이 아니라 일요일을 안식일로 지켰다고 분명하게 기록되어 있어.

혹시라도 어떤 사람이 너에게 왜 토요일을 안식일로 지키지 않느냐고 묻는다면 대답해 줄 수 있겠니? 구원을 받아야만 하나님의 창조를 기념할 수 있는데, 우리의 구원이 완성된 날이 부활의 날인 일요일이기 때문에, 사도들로부터 지금까지 참된 교회는 일요일을 새로운 안식일로 지킨다고 말이야.

제59문: 하나님께서 일주일 중 어느 날을 안식일로 정하셨습니까?

답: 세상의 시작부터 그리스도의 부활까지는 일주일 중 일곱 째 날을 안식일로 정하셨고, 그 후로 세상의 마지막까지는 일주일 중 첫째 날을 그리스도인의 안식일로 정하셨습니다.

하나님 아버지. 원래 우리는 죄와 사망의 저주 아래 있었지만 하나님의 크신 은혜로 구원받아 영생을 선물 받은 새로운 사람이 되었습니다. 저희 자녀들이 이 은혜를 생각하며 부활의 날인 일요일을 주님의 날로 힘써 지키게 해주세요.

안식일은 어떻게 보내야 할까?

- 찬송가 43장을 다 함께 불러 보자.
- 레위기 23장 3절을 한목소리로 암송해 보자.

"엿새 동안은 일할 것이요 일곱째 날은 쉴 안식일이니 성회의 날이라. 너희는 아무 일도 하지 말라. 이는 너희가 거주하는 각처에서 지킬 여호와의 안식일이니라."

래는 어떤 날이 안식일이었지? 한 주간의 마지막 날인 토요일이었지? 하지만 지금은 어떤 날을 안식일로 지킬까? 한 주간의 첫 번째 날인 일요일이야. 왜 이렇게 안식일이 바뀌었지? 그건 타락하여 하나님의 창조를 기념할 수 없었던 우리가, 예수님의 부활을 통해 구원받고 비로소 하나님의 창조를 기념할 수 있게 되었기 때문이야. 그래서 부활의 날인 일요일을 주님의 날이라 부르며 새로운 안식일로 지키는 거지.

그렇다면 주님의 날인 일요일을 안식일로 지키기 위해 너는 무엇을 해야 할까? 네가 주일에 안식하기 위해서는 두 가지를 생각해야 해. 첫 번째는 무언가를 하지 않는 것이고, 두 번째는 무언가를 하는 거야. 한 번 따라해 볼까.

"안식일에는 해야 할 일과 하지 말아야 할 일을 잘 구분해야 합니다."

하나님은 안식일에 거룩하게 쉬라고 하셨어. 이건 다른 날에는 해도 되는 일을 이날만큼은 하지 말아야 한다는 거야. 그렇다면 주일에 거룩하게 쉬어야 하는 일에는 어떤 것들이 있을까? 첫 번째는 먹고살기 위해 하는 일을 쉬어야 해.

사람은 모두 일을 해. 농부 아저씨는 논밭에서 일을 하고, 기술자 아저씨는 공장에서 일을 하고, 버스 기사 아저씨는 버스를 운전하는 일을 해. 일을 하다 보면 사람들은 어느 순간 "내가 이렇게 생명을 유지하는 것은 하나님이 도우셔서가 아니라 내가 열심히 일을 한 결과"라고 생각하게 돼. 그래서 하나님은 주일에는 일을 쉬라고 하시는 거야. 주일 하루 동안은 일을 쉼으로써, 일을 하는 것이 우리 생명을 지켜주는 것이 아니라 하나님의 은혜가 우리 생명을 지켜주는 것임을 확인하고 기억하라는 거야.

또 주일에는 오락을 그만두어야 해. 오락이란 나의 즐거움을 위해 하는 일들을 말하지. 네가 친구들과 놀거나 텔레비전을 보는 것이 바로 오락이야. 물론 이것들이 그 자체로 나쁜 것은 아니지만, 주일에는 이런 일을 쉬어야 해. 왜냐하면 이런 일을 쉼으로써 하나님이 우리를 창조하신 목적이 무엇인지를 알 수 있기 때문이야. 우리는 하나님의 영광을 위해 창조된 존재야. 그 사실을 다시 한 번 기억하기 위해, 주일에 나의 즐거움을 위한 일을 그만두고 하나님을 기쁘시게 하는 일에 집중해야 해.

이렇게 주일은 거룩하게 쉬는 날이야. 먹고살기 위해 하는 일을 쉬고, 오락을 쉬는 거지. 그 결과 우리의 생명이 하나님께 달려 있다는 것과, 우리는 하나님의 영광을 위해 사는 존재임을 되새기는 거야.

제60문: 안식일을 하나님께 거룩하게 구별하는 것은 무엇입니까?

답: 안식일을 거룩하게 구별하는 것은, 다른 날에는 합당한 세상 일과 오락을 그만 두고 하루 종일 거룩하게 쉬는 것이며, 부득이한 일이나 자비를 베푸는 일 외에는 하루 종일 공적으로나 사적으로 하나님을 예배하며 보내는 것입니다.

하나님 아버지. 예배는 우리의 특권이며 사명입니다. 저희 자녀들이 주일에 예배하는 것을 소중하고 기쁘게 생각하게 하시고, 하나님의 말씀대로 예배하게 해주세요.

안식일에 하지 말아야 하는 일은 뭘까?

- 찬송가 43장을 다 함께 불러 보자.
- 레위기 23장 3절을 한목소리로 암송해 보자.
"엿새 동안은 일할 것이요 일곱째 날은 쉴 안식일이니 성회의 날이라. 너희는 아무 일도 하지 말라. 이는 너희가 거주하는 각처에서 지킬 여호와의 안식일이니라."

왜 일요일을 주일이라고 부르는지 아니? 그건 일요일이 주님의 날이기 때문이야. 예수님은 우리를 위해 죽으시고 3일 째 되는 날 살아나셨는데, 그날이 바로 일요일이었어. 그래서 우리는 일요일을 주님의 날로 부르면서, 주일을 새로운 안식일로 지키는 거야. 그런데 주일에 안식을 누리기 위해서는 두 가지를 지켜야 해. 첫 번째는 주일에 무언가를 하지 않는 것이고, 두 번째는 주일에 무언가를 하는 거야.

주일에 해선 안 되는 일이 무엇이었지? 먹고살기 위해 하는 일이었지. "주일에도 일을 하지 않으면 난 굶어죽을 거야"라고 생각하는 사람은 자기 생명이 어디에 달려 있다고 믿는 걸까? 하나님의 은혜가 아니라 자기가 하는 일에 달려 있다고 생각하는 거겠지. 하나님은 이런 생각을 하지 않도록 주일에 일을 쉬라고 하셨어.

또 주일엔 오락을 쉬어야 해. 다른 날에는 가능하지만 적어도 주일 하루만큼은 우리 삶의 목적이 오락이 아니라 하나님의 영광임을 기억하기 위해 쉬어야 하는 거야. 한 번 따라해 볼까.

"하나님이 우리 생명의 주인이신 것과, 우리 삶의 목적을 생각하기 위해
적어도 주일 하루만큼은 먹고살기 위해 하는 일과, 오락을 쉬어야 합니다."

그리고 주일은 무언가를 하는 날이야. 먹고살기 위한 일과 오락을 쉬고, 그 빈
자리를 하나님의 말씀을 듣고 하나님을 찬양하고 하나님께 기도하는 것으로 채
워야 해. 공적으로, 즉 모두 함께 모여 정해진 순서에 따라 하나님을 예배해야
하고, 사적으로, 즉 혼자 있을 때에도 하나님을 기쁘게 하기 위해 노력해야 해.

또한 주일에는 시간을 내어서 성도 가운데 어려움을 겪는 분들을 찾아가서 위
로해야 하고, 세상 사람들 가운데에도 우리를 필요로 하는 분이 있다면 예배를
마친 후 찾아가서 도와주어야 해.

이렇게, 하지 말아야 하는 일과 해야 하는 일을 구분하고 지키는 것이 주일에
잘 안식하는 법이야. 이것을 소요리문답은 이렇게 정리한단다.

제60문: 안식일을 하나님께 거룩하게 구별하는 것은 무엇입니까?

답: 안식일을 거룩하게 구별하는 것은, 다른 날에는 합당한 세상 일과
오락을 그만 두고 하루 종일 거룩하게 쉬는 것이며, 부득이한 일
이나 자비를 베푸는 일 외에는 하루 종일 공적으로나 사적으로 하
나님을 예배하며 보내는 것입니다.

하나님 아버지, 저희들이 안식일을 거룩하게 지킬 수 있도록 도와주세요. 저희 자녀들이 주
일에는 세상 일과 오락을 그치게 하시고, 예배하고 자비를 베푸는 날로 주일을 보내게 해주

그저 쉬기만 하면 주일을 잘 지키는 것일까?

- 찬송가 43장을 다 함께 불러 보자.
- 이사야 58장 13~14절을 한목소리로 암송해 보자.

"만일 안식일에 네 발을 금하여 내 성일에 오락을 행하지 아니하고 안식일을 일컬어 즐거운 날이라, 여호와의 성일을 존귀한 날이라 하여 이를 존귀하게 여기고 네 길로 행하지 아니하며 네 오락을 구하지 아니하며 사사로운 말을 하지 아니하면 네가 여호와 안에서 즐거움을 얻을 것이라. 내가 너를 땅의 높은 곳에 올리고 네 조상 야곱의 기업으로 기르리라. 여호와의 입의 말씀이니라."

예수님이 부활하시기 전에는 토요일이 안식일이었어. 하지만 예수님이 부활하신 다음에는 주일을 안식일로 지키지. 그 이유가 뭔지 기억나지? 원래 안식일은 하나님의 창조를 기념하는 날이야. 하나님께서 온 우주 만물을 창조하신 후, 거룩하게 쉬신 것을 기념하는 거지. 그런데 인간은 타락하여서 구원받지 않고서는 하나님의 창조를 기념할 수 없게 되었어.

그래서 지금은 예수님이 부활하신 주일을 새로운 안식일로 지키는 거야. 예수님의 부활을 통해 우리는 비로소 하나님의 창조를 기념할 수 있는 새로운 존재가 되었기 때문이야.

그런데 많은 사람들이 주일에 안식한다는 것을, 주일에 아무것도 하지 않는 것으로 오해하고 있어. 하지만 주일은 평소에 하던 일을 쉬고, 그 자리를 다른 일로 채우는 날이야. 한 번 따라해 볼까.

"주일은 단지 쉬는 날이 아니라 거룩한 일을 하는 날입니다."

주일에 쉬어야 하는 것은 크게 두 가지야. 먹고살기 위해 하는 일과, 오락. 그 빈자리는 예배를 드리고 이웃을 섬기는 일로 채워야 해. 이처럼 주일은 아무것도 하지 않는 날이 아니야. 오히려 주일에 꼭 해야 하는 일이 있음을 기억하고, 다른 그 어떤 날보다도 성실하게 살아야 해.

지금까지 너는 주일이 어떤 날이라고 생각해 왔니? 그저 유치원[1]에 가지 않는 날, 일주일에 한 번씩 교회 친구들을 만나서 노는 날이라고 생각해 왔니? 하지만 주일은 그런 날이 아니야. 주일은 거룩한 일에 힘써야 하는 날이야. 이 사실을 소요리문답은 다음과 같이 말하고 있단다.

제61문: 제4계명이 금지하는 것은 무엇입니까?
답: 제4계명이 금지하는 것은, 요구된 의무를 이행하지 않거나 또는 부주의하게 행하는 것, 안식일을 게으르게 보내거나 또는 그 자체로 죄 되는 일을 행하는 것, 세상일과 오락에 대한 불필요한 생각과 말과 행동을 하는 것입니다.

하나님 아버지. 저희들이 주일을 올바르게 지킬 수 있도록 도와주세요. 저희 자녀들이 안식일의 의미를 오해하여 게으르게 시간을 낭비하지 않게 하시고, 거룩한 일을 힘써 행하는 날로 지키게 해주세요.

---

1) 또는 초등학교

왜 주일 하루를 하나님께만 드려야 할까?

- 찬송가 43장을 다 함께 불러 보자.
- 창세기 2장 3절을 한목소리로 암송해 보자.

"하나님이 그 일곱째 날을 복되게 하사 거룩하게 하셨으니 이는 하나님이 그 창조하시며 만드시던 모든 일을 마치시고 그 날에 안식하셨음이니라."

네가 주일을 거룩하게 지키기 위해 일과 오락을 쉬다 보면 시간이 아깝다는 생각이 들 수 있어. "왜 주일만 되면 내가 하고 싶은 일을 못 하는 거지?" 하면서 주일이 오는 게 싫어질 수도 있고 말이야.

하지만 그럴 때 네가 어떤 존재인지를 기억해야 해. 너는 우연히 이 세상에 생겨난 존재가 아니야. 하나님께서 너를 만들어서 이 세상에 두신 거야. 하나님이 너를 만드실 때 아무 목적 없이 만들진 않으셨겠지? 하나님은 네가 하나님의 영광을 위해 살기를 기대하시며 만드셨어.

그래서 너는 주일부터 토요일까지, 일주일 내내 하나님을 위해서 살아야 해. 원래는 주일만이 아니라 월요일부터 토요일까지도 주일처럼 살아야 하지만, 하나님께서는 우리에게 6일을 주셨어. 6일 동안은 우리의 일을 할 수 있게 하셨지. 비록 주일에는 일과 오락을 쉬어야 하지만, 6일 동안에 너는 얼마든지 일을 할 수 있고 오락도 적당하게 할 수 있어. 주일 하루를 온전히 하나님을 위해 살도록 하신 일은 절대 지나친 요구가 아니란다. 한 번 따라해 볼까.

"주일 하루를 온전히 하나님께 드리라는 것은 결코 지나친 요구가 아닙니다."

하나님은 주일을 거룩하게 지키는 사람에게 놀라운 축복을 약속하셨어. 오늘의 암송구절을 보면, 하나님께서 일곱째 날을 복되게 하셨다고 말하고 있지? 이건 안식일을 지키는 사람에게 복을 주시겠다는 하나님의 약속이야.

그런데 이 축복을 우리 관점으로 생각하면 곤란해. 네가 원하는 축복은 변신 로봇[1]이겠지만, 하나님의 생각은 다를 수 있어. 분명한 건, 주일을 거룩하게 지키기 위해 노력하는 사람에게는 하나님 보시기에 가장 좋은 선물이 주어진다는 거야. 이제는 주일날 네가 하고 싶은 것을 못 한다 하더라도 아쉽게 생각하지 마렴, 알겠지?

제62문: 제4계명을 지켜야 하는 이유는 무엇입니까?
　답: 제4계명을 지켜야 하는 이유는, 하나님께서 우리의 일을 하도록 6일을 허락하셨으나 일곱째 날은 하나님의 날로 정하시고, 친히 모범을 보이시고, 그 날에 복을 주셨기 때문입니다.

하나님 아버지. 저희에게는 주일을 하나님께 드리는 것을 아깝게 생각하는 타락한 본성이 있습니다. 부디 저희 자녀들이 주일을 거룩하게 지키는 것을 손해 보는 일로 여기지 않게 해주세요. 기쁘고 자발적인 마음으로 주일을 하나님께 드리게 해주세요.

---

1) 또는 아이가 갖고 싶어 하는 것

왜 부모를 공경해야 할까?

• 찬송가 559장을 다 함께 불러 보자.
• 출애굽기 20장 12절을 한목소리로 암송해 보자.
"네 부모를 공경하라. 그리하면 네 하나님 여호와가 네게 준 땅에서 네 생명이 길리라."

십 계명은 크게 두 부분으로 나눌 수 있어. 첫 네 계명은 하나님을 사랑하는 법에 대한 것이고, 그다음 여섯 계명은 이웃을 사랑하는 법에 대한 거야. 그런데 하나님을 사랑하는 것은 모두 무엇과 관련되어 있었니? 예배와 관련되어 있었지? 첫 네 계명을 요약하면, 예배의 대상, 예배의 방법, 예배의 태도, 예배의 시간이라 할 수 있어. 그렇기에 하나님을 사랑하는 사람은 예배를 잘 드리기 위해 힘쓰는 사람이라 할 수 있어.

그리고 이어지는 여섯 가지 계명도 사실은 예배에 대한 것이라 할 수 있어. 무슨 말이냐면, 예배라는 것은 의식으로 드리는 예배와 삶으로 드리는 예배, 두 가지가 있기 때문이야.

의식으로 드리는 예배란 우리가 주일에 교회에서 드리는 예배를 말해. 삶으로 드리는 예배는 우리가 일상생활 속에서 하나님을 기쁘게 해드리기 위해 하는 모든 행동을 말해. 로마서 12장 1절은 삶으로 드리는 예배를 이렇게 말하고 있어. 한 번 따라해 볼까.

"너희 몸을 하나님이 기뻐하시는 거룩한 산 제물로 드리라.
이는 너희가 드릴 영적 예배니라."

이처럼 예배는 꼭 교회에서만 드리는 것이 아니야. 우리는 언제 어디서든 하나님의 영광을 생각하며 살아야 하는데, 바로 그것이 삶으로 드리는 예배란다. 그러니까 십계명의 처음 네 가지 계명은 하나님을 사랑하는 법인 동시에 교회에서 드리는 예배의 규칙을 말하는 것이고, 그다음 여섯 가지 계명은 이웃을 사랑하는 법인 동시에 삶으로 드리는 예배의 규칙을 말하는 거야.

우리가 사랑해야 하는 대상 가운데 가장 먼저 등장하는 것이 부모야. 이것은 네가 모든 사람을 사랑하고 섬겨야 하지만, 가장 첫째 되는 대상이 부모라는 의미를 담고 있어. 그렇다면 왜 하나님은 부모를 가장 우선적으로 사랑해야 한다고 말씀하실까? 그건 부모가 하나님을 대신하기 때문이야.

하나님이 너를 누구를 통해 만드셨을까? 엄마아빠를 통해서지? 하나님이 누구를 통해 너를 먹이고 입히실까? 바로 엄마아빠를 통해서야.

이처럼 부모는 하나님을 대신해서 너를 낳고, 키우고, 가르치는 존재야. 따라서 하나님을 섬기듯 부모를 섬겨야 해. 부모를 사랑하지 않으면서 하나님을 사랑한다고 할 수 없고, 부모에게 순종하지 않으면서 하나님께 순종한다고 할 수 없어.

제63문: 제5계명은 무엇입니까?
　　답: 제5계명은 "네 부모를 공경하라. 그리하면 네 하나님 여호와가 네게 준 땅에서 네 생명이 길리라"입니다.

하나님 아버지. 부모는 이 땅에서 하나님을 대리하는 존재입니다. 저희들이 먼저 부모 공경의 본을 보이게 해주시고. 저희 자녀들이 하나님을 섬기듯 부모를 섬기고 부모에게 순종하는 사람으로 자라게 해주세요.

부모님만 공경하면 될까?

- 찬송가 579장을 다 함께 불러 보자.
- 에베소서 5장 21절을 한목소리로 암송해 보자.

"그리스도를 경외함으로 피차 복종하라."

십계명은 우리가 지켜야 할 수많은 계명을 단 열 가지로 압축한 거야. 그래서 이 열 가지 계명만 잘 지키면 된다고 생각해선 안 돼. 제5계명도 마찬가지야. 제5계명은 부모를 공경하라고 말하고 있지만, 이건 부모 외에 다른 사람들은 함부로 대해도 된다는 뜻이 아니야.

제5계명은 모든 사람을 공경해야 한다는 성경의 교훈을 '부모를 공경하라'는 것으로 압축한 거야. 오늘의 암송구절이 그 사실을 잘 보여주고 있어. 한 번 따라해 볼까.

"그리스도를 경외함으로 피차 복종하라."

"피차 복종하라"는 건 서로서로 복종하라는 의미야. 그러니까 너는 너보다 나이가 많은 사람을 공경하고 그에게 복종할 뿐만 아니라, 나이가 같은 친구나 어린 동생에게도 공경하고 존중하는 태도를 가져야 해. 바로 이것이 제5계명에 담겨 있는 깊은 의미야.

그런데 만약 친구가 주일에 교회에 가지 말고 자기 집에서 놀자고 하면 어떻게 해야 할까? 그 친구의 청을 다 들어주고 따라야 할까? 오늘의 암송구절을 보면, "그리스도를 경외함으로"라고 말하고 있지? 너는 하나님께서 기뻐하실 경우에만 다른 사람에게 복종해야 해. 하나님이 좋아하시지 않을 사람, 하나님이 좋아하시지 않을 명령에는 절대 복종해선 안 돼.

예수님은 하나님이시지만 인간으로 이 땅에 오셨을 때 육신의 부모를 공경하셨어. 또 예수님이 모든 사람에게 사랑받았다고 성경은 말하고 있어. 이것은 예수님이 하나님이시지만 이 땅에서 사시는 동안 윗사람뿐 아니라 아랫사람도 공경했음을 의미해.

네가 우리 주님이 그렇게 사셨듯이, 모든 사람을 공경하며 살아가면 좋겠구나. 특히 가난한 사람들, 아픈 사람들, 어려움을 겪는 사람들을 꼭 공경하며 돕고 살아야 한단다. 이것이 오직 은혜로 너를 구원하신 하나님의 사랑에 보답하는 길이야.

제64문: 제5계명이 요구하는 것은 무엇입니까?

답: 제5계명이 요구하는 것은 여러 가지 지위와 관계 속에서 우리 윗사람이든지, 아랫사람이든지, 동등한 사람이든지, 존중하고 의무를 다하는 것입니다.

하나님 아버지. 저희에게는 자기 자신만 생각하고 높이는 나쁜 마음이 있습니다. 부디 저희 자녀들이 서로 공경하고 복종하며, 어떤 사람이든지 존중하는 사람으로 자라게 해주세요.

제5계명을 지키는 것이 힘든 이유를 아니?

• 찬송가 314장을 다 함께 불러 보자.
• 로마서 13장 1절을 한목소리로 암송해 보자.
"각 사람은 위에 있는 권세들에게 복종하라. 권세는 하나님으로부터 나지 않음이
없나니 모든 권세는 다 하나님께서 정하신 바라."

십계명의 첫 네 계명은 하나님을 사랑하는 법이고, 뒤의 여섯 계명은 이웃을 사랑하는 법이야. 그런데 이웃 사랑을 말하는 여섯 계명 가운데 가장 먼저 나오는 계명이 뭐라고 했지? 바로 지금 공부하고 있는 제5계명, "네 부모를 공경하라"란다. 이것은 우리가 사랑하고 존중해야 할 모든 사람 가운데 가장 우선되는 대상이 부모라는 의미를 가지고 있어.

하지만 제5계명이 오직 부모에 대한 사랑과 존중만을 말하는 건 아니야. 왜냐하면 십계명은 모든 율법의 요약이기 때문이지. 그래서 제5계명도 모든 사람에 대한 사랑과 존중을 부모에 대한 사랑과 존중으로 요약한 것으로 보아야 해.

그래서 성경은 우리에게 "그리스도를 경외함으로 피차 복종하라"고 말하고 있어. 나이가 많은 사람이든 적은 사람이든 다 사랑하고 존중하는 것이 제5계명에 담긴 하나님의 뜻이야.

하지만 타락한 사람의 마음은 피차 복종하기를 원하지 않아. 다른 사람을 사랑하고 존중하는 것이 아니라, 반대로 다른 사람이 자기에게 복종하기를 원하고, 자기만 사랑받고 존중받기를 원해. 그래서 이 세상에는 사랑과 존중보다는 싸움과 갈등이 더 많지. 한 번 따라해 볼까.

"타락한 사람의 마음은 피차 복종하기를 원하지 않습니다."

네가 꼭 기억해야 할 점이 바로 이거야. "피차 복종함으로." 다른 사람을 사랑하고 존중하는 것은 그냥 되는 일이 아니야. 우리는 모두 타락한 마음을 가지고 있기 때문이지. 그래서 제5계명을 지키기 위해서는 "나에게는 다른 사람을 미워하는 본성이 있구나" "나에게는 내 마음대로 하고 싶어 하는 악한 마음이 있구나"라는 사실을 늘 되새겨야 해. 그리고 그 악하고 나쁜 마음대로 살지 않고 제5계명을 주신 하나님의 말씀대로 살아가기 위해 노력해야 해.

너 역시 너보다 나이가 많은 어른은 당연히 존중해야 하고, 친구도 존중해야 해. 너보다 나이가 어린 동생이라 할지라도 함부로 대해선 안 돼. 누구든지 쉽게 대하지 말고 높여 주어야 해. 바로 그것이 제5계명을 바르게 지키는 삶이야.

제65문: 제5계명이 금하는 것은 무엇입니까?
답: 제5계명이 금하는 것은 여러 가지 지위와 관계 속에서 그에 합당한 존중과 의무를 소홀히 하거나 대항하는 것입니다.

하나님 아버지. 저희 자녀들이 어른을 공경하게 하시고, 동갑네기 친구들과 사이좋게 잘 지내게 하시며, 나이 어린 동생이라도 함부로 대하지 않도록 도와주세요.

제5계명을 지키면 어떤 일이 일어날까?

• 찬송가 218장을 다 함께 불러 보자.
• 출애굽기 20장 4절, 신명기 5장 16절을 한목소리로 암송해 보자.
"너는 네 하나님 여호와께서 명령한 대로 네 부모를 공경하라. 그리하면 네 하나
님 여호와가 네게 준 땅에서 네 생명이 길고 복을 누리리라."

하나님은 우리가 서로를 존중하며 살기를 원하셔. 서로를 존중한다는 것은, 나이의 많고 적음과 상관없이 모든 사람을 중요하게 대한다는 뜻이야. 하지만 사람은 타락하여 더러운 마음을 가지고 있기 때문에 다른 사람을 존중하려 하지 않아. 심지어 자기는 다른 사람을 중요하게 대하지 않으면서, 다른 사람에게는 대접을 받고 싶어 하지. 이것이 죄가 가득한 세상의 모습이란다.

그러나 하나님의 은혜를 받은 사람은, 죄가 가득하여 서로를 미워하는 세상 속에서도 다른 사람을 중요하게 여기며 존중하는 삶을 살 수 있어. 하나님께서 우리에게 보내주신 성령님께서 우리 마음을 깨끗하게 바꿔 주셨으니까. 만약 교회의 성도들이 서로 존중하는 모습을 보인다면 그로써 하나님이 살아계시고 또 우리에게 은혜를 베풀고 계신다는 증거가 되겠지. 한 번 따라해 볼까.

"다른 사람을 존중하는 태도는
하나님의 살아계심을 입증하는 증거가 됩니다."

성도가 다른 사람을 존중하는 것은 그래서 중요해. 타락한 인간은 자기만 높여지기를 원하기 때문에, 자기를 낮추고 다른 사람을 높일 수 없어. 그건 하나

님의 은혜 없이는 불가능한 일이야. 그래서 우리가 제5계명을 지키는 것은 그 어떤 일보다도 하나님을 영광스럽게 하는 일이야.

그래서 하나님은 제5계명을 지키는 사람들이 이 세상에서 오래오래 살기를 원하셔. 오래오래 살면서 하나님의 살아계심을 계속 증거하기 원하시는 거지.

하지만 제5계명을 지킨다고 반드시 오래 사는 것이 보장되는 건 아니야. 때로는 일찍 하늘나라로 가는 것이 더 하나님께 영광이 될 때도 있어. 하지만 그건 특별한 경우이고, 일반적으로 제5계명을 지키는 사람은 하나님이 약속하신 장수와 번영의 복을 선물로 받아.

그런데 성경이 말하는 번영은 세상 사람들이 말하는 성공과는 달라. 성경이 말하는 번영은 큰 부자가 되는 것이 아니라, 먹는 것, 마시는 것, 입는 것과 같은 일상적인 삶이 유지되도록 하나님께서 지켜주시는 것을 의미해. 소요리문답은 오늘 공부한 것을 이렇게 설명하고 있어.

제66문: 제5계명을 지켜야 하는 이유는 무엇입니까?
답: 제5계명을 지켜야 하는 이유는, 이 계명을 지키는 모든 자에게 장수와 번영이 약속되어 있기 때문입니다. 단, 이 약속은 하나님의 영광과 그들 자신에게 선이 되는 범위 안에서만 유효합니다.

하나님 아버지. 아버지께서는 제5계명을 지키는 자에게 특별한 복을 약속하셨습니다. 저희 자녀들이 십계명을 열심히 지키는 삶을 살게 하셔서, 하나님 주시는 영적인 복을 풍성히 누리게 해주세요.

소요리 67문 왜 살인해선 안 될까?

- 찬송가 449장을 다 함께 불러 보자.
- 창세기 2장 7절을 한목소리로 암송해 보자.

"여호와 하나님이 땅의 흙으로 사람을 지으시고 생기를 그 코에 불어넣으시니 사람이 생령이 되니라."

여섯 번째 계명은 살인하지 말라야. 살인이라는 건 사람을 죽이는 것인데, 다르게 말하면 다른 사람의 생명을 빼앗는 것이라 할 수 있어. 여기서 중요한 건, '사람'과 '생명'이야.

먼저 '사람'에 대해 생각해 보자. 제6계명은 사람을 죽이지 말라고 말해. 즉, 벌레나 짐승을 죽이는 것은 제6계명에 해당되지 않아. 네가 길을 가다가 실수로 애벌레나 개미를 밟아 죽였다면 그건 제6계명을 어긴 게 아니야. 그렇다고 생물을 아무렇게나 죽여도 된다는 뜻은 아냐. 그것들도 하나님께서 창조하신 창조세계의 일부이기 때문에 소중하게 여겨야 해.

닭이나 돼지 같은 가축을 먹는 것도 제6계명에 해당되지 않아. 가축은 하나님께서 우리에게 먹으라고 주신 것이고 또 사람이 아니기 때문이지.

다음으로 '생명'에 대해 생각해 보자. 하나님은 다른 모든 것들은 말씀으로 만드셨지만, 오직 사람만은 흙으로 빚으신 후 직접 생명을 불어넣어 주셨어. 그래서 사람의 생명은 짐승이나 곤충의 생명과는 달라. 하나님께서 직접 주신 매우 특별한 생명이야.

바로 이러한 이유 때문에 사람을 하나님의 형상이라고 해. 그렇기 때문에 사람은 짐승이나 곤충과 달리 하나님께 기도할 수 있고, 하나님을 찬양할 수도 있어. 한 번 따라해 볼까.

"사람은 다른 모든 짐승이나 곤충과 달리,
하나님의 형상으로 창조되었습니다."

정리하자면, 사람은 하나님의 형상이야. 그리고 사람의 생명은 매우 특별해. 하나님께서 우리를 하나님의 형상이 되게 하시려고 직접 불어넣어 주신 생명이지. 살인을 해선 안 되는 이유가 바로 여기에 있어.

너는 좋아하는 사람도 있고 싫어하는 사람도 있지? 하지만 네가 싫어하는 그 사람도 누구의 형상으로 창조되었니? 하나님의 형상으로 창조되었어. 그럼 그 친구를 미워하고, 함부로 대하고, 때리면 될까, 안 될까? 그 친구를 미워하는 건 곧 하나님의 형상을 미워하는 것과 같아. 하나님의 형상을 그렇게 대해선 안 되겠지?

하나님은 네가 모든 사람을 하나님의 형상으로 알고, 사랑하며 섬기기를 원하셔. 바로 그것이 하나님께서 너에게 제6계명을 주신 이유야. 이 사실을 꼭 기억하고, 사람의 생명을 소중하게 대하는 네가 되길 바란다.

제67문: 제6계명은 무엇입니까?
답: 제6계명은 "살인하지 말라"입니다.

하나님 아버지. 저희들이 모든 사람을 하나님의 형상으로 알고 귀히 여기게 해주세요. 저희 자녀들에게 사람을 사랑하는 따뜻한 마음을 주셔서, 곁에 있는 자들을 높이며, 존중하며, 기쁘게 하는 삶을 살게 해주세요.

우리는 가치 있는 존재일까?

• 찬송가 290장을 다 함께 불러 보자.
• 시편 82편 3-4절을 한목소리로 암송해 보자.
"가난한 자와 고아를 위하여 판단하며 곤란한 자와 빈궁한 자에게 공의를 베풀지
며 가난한 자와 궁핍한 자를 구원하여 악인들의 손에서 건질지니라."

사람의 생명과 다른 생물들의 생명은 어떤 차이가 있니? 하나님은 다른 생물들과 달리 사람을 흙으로 만드신 후 직접 생명을 불어넣어 주셨어. 사람을 다른 생물들과는 구별된 특별한 생명체로 만들고자 하셨지. 그래서 성경은 사람을 하나님의 형상이라고 해.

그렇기 때문에 사람은 다른 동물들과는 달리 하나님과 친밀하게 지낼 수 있어. 하나님의 뜻을 생각할 수 있고, 하나님께 감사를 표현할 수도 있고, 기도를 통해 하나님과 대화할 수도 있지.

그렇다면 너는 가치 있는 존재일까, 가치 없는 존재일까? 어떤 사람들에게는 네가 나이도 어리고, 유명하지도 않고, 가진 것이 많지도 않기 때문에 별로 가치 없는 사람일 수도 있어. 하지만 너는 너무나도 가치 있는 사람이란다. 왜냐하면 하나님의 형상으로 창조되었기 때문이야. 한 번 따라해 볼까.

"나는 세상에서 가장 가치 있는 존재입니다.
왜냐하면 나는 하나님의 형상이기 때문입니다."

네가 하나님의 형상이기 때문에 반드시 지켜야 할 규칙 두 가지가 있어. 첫 번

째는 자기 자신을 함부로 대하지 않는 거야. 만약 네가 자기 자신을 미워한다면 그것은 결국 누구를 미워하는 걸까? 하나님의 형상을 미워하는 거야.

또, 몸에 해로운 과자를 많이 먹어서 건강을 상하게 한다면 그것은 누구의 건강을 상하게 하는 걸까? 하나님의 형상을 상하게 하는 거겠지? 그렇기에 너는 하나님의 형상인 자기 자신을 사랑하고 소중히 여겨야 해. 또 하나님의 형상을 건강하게 유지하도록 노력해야 해.

두 번째는 하나님의 형상으로 창조된 다른 사람들을 소중하게 대하는 거야. 아프리카에는 전쟁과 전염병 때문에 굶거나 죽어 가는 사람들이 많아. 넌 그들은 한 번도 본 적이 없지만 그들을 위해 기도하고 도움을 주어야 해. 왜냐하면 그들도 하나님의 형상이기 때문이지. 오늘 공부한 내용을 소요리문답은 이렇게 말하고 있단다.

제68문: 제6계명이 요구하는 것은 무엇입니까?
　　답: 제6계명이 요구하는 것은 우리 자신과 다른 사람들의 생명을 보
　　　　존하기 위해 노력하는 것입니다.

하나님 아버지. 저희들을 하나님의 형상으로 창조해 주셔서 감사합니다. 저희 자녀들도 이 사실로 인해 스스로를 아끼고 사랑하게 해주세요. 그리고 하나님의 형상으로 창조된 이웃들을 섬기고 도우며 살게 해주세요.

미워하는 것도 살인이라고?

- 찬송가 288장을 다 함께 불러 보자.
- 마태복음 5장 21-22절을 한목소리로 암송해 보자.

"옛 사람에게 말한 바 살인하지 말라 누구든지 살인하면 심판을 받게 되리라 하였다는 것을 너희가 들었으나 나는 너희에게 이르노니 형제에게 노하는 자마다 심판을 받게 되고 형제를 대하여 라가라 하는 자는 공회에 잡혀가게 되고 미련한 놈이라 하는 자는 지옥 불에 들어가게 되리라."

제6계명은 "살인하지 말라"야. 그리고 살인이란 사람의 생명을 빼앗는 것을 말해. 하지만 실제로 살인을 하는 사람은 거의 없지. 그래서 대다수의 성도들은 "내가 다른 건 몰라도 제6계명만큼은 어긴 적이 없어"라고 생각해.

하지만 그건 잘못된 생각이야. 제6계명은 하나님의 형상인 사람을 사랑하고 섬기는 모든 태도를 요약한 거야. 이는 오늘의 암송구절에 기록된 예수님의 말씀을 통해 분명히 알 수 있어.

예수님은 형제에게 화를 내거나 욕을 한 사람이 받을 형벌이 살인한 사람이 받을 형벌과 동일하다고 말씀하셔. 이것은 형제의 마음에 상처를 주는 것과 형제의 몸에 상처를 주는 것이 동일한 범죄라는 의미야. 한 번 따라해 볼까.

"형제를 미워하는 것도 살인입니다."

그렇다면 왜 예수님은 형제를 미워하는 것도 살인이라고 말씀하셨을까? 그것은 아까 얘기한 것처럼 제6계명의 본래 의미가 사람을 하나님의 형상으로 대하는 것이기 때문이야.

사람의 생명을 빼앗아서는 안 되는 이유가 뭐였는지 기억나니? 사람은 하나님의 형상이니까. 형제에게 화를 내거나 욕을 해선 안 되는 이유도 마찬가지야. 모든 사람은 하나님의 형상이기 때문에 그 몸에 상처를 주어선 안 되는 것과 마찬가지로, 마음에도 상처를 주어선 안 돼.

너는 동생들[1]에게 종종 화를 내지? 또 유치원[2]에서 배운 나쁜 농담이나 욕을 재미삼아 친구들에게 할 때도 많지? 네가 누군가에게 화를 내거나 욕을 한다고 해서 상대방이 죽는 건 아니야. 하지만 그 사람은 마음에 상처를 받을 거야. 그게 바로 제6계명을 어기는 거란다.

○○아. 모든 사람은 하나님의 형상으로 창조되었어. 그래서 사람은 그 어떤 생명보다 중요해. 그렇다면 다른 사람의 몸뿐만 아니라 마음까지 소중하게 대하고 지켜주어야 하겠지? 소요리문답은 제6계명에 대해 이렇게 설명하고 있단다.

제69문: 제6계명이 금하는 것은 무엇입니까?
답: 제6계명이 금하는 것은 우리 자신과 이웃의 생명을 부당하게 **빼앗**거나 또는 그런 의도를 가지는 것입니다.

하나님 아버지. 하나님은 몸을 해치는 것뿐만 아니라 마음에 상처를 주는 것도 살인으로 여기십니다. 저희 자녀들이 다른 사람의 마음을 헤아리게 하시고, 마음에 상처를 주는 말과 행동을 금하게 해주세요.

---

1) 또는 자주 다투는 가까운 사람
2) 또는 초등학교

간음이란 뭘까?

- 찬송가 559장을 다 함께 불러 보자.
- 출애굽기 20장 14절을 한목소리로 암송해 보자.
"간음하지 말라."

제7계명은 "간음하지 말라"인데, 이건 너에게 좀 생소하고 어려운 내용일 거야. 그렇지만 정말 중요한 내용이기 때문에 주의해서 잘 들어야 해. 먼저 간음이 무엇인지 생각해 보자. 너는 엄마와 아빠의 모습을 쭉 보며 자라 왔지? 네가 보기에 아빠가 엄마를 대하는 것과 다른 사람을 대하는 것이 같았니, 달랐니? 아마도 많이 달랐겠지?

아빠에게 엄마는 아주 특별한 사람이야. 평생을 함께 살 사람, 때로 다투기도 하지만 절대 헤어지지 않을 사람, 늘 같이 잠을 자고, 같이 밥을 먹을 사람. 어떤 이야기든지 할 수 있고, 어떤 부탁이든지 할 수 있는 사람. 이런 사람은 아빠에겐 엄마뿐이고, 엄마에겐 아빠뿐이란다. 이런 것을 성경은 부부가 한 몸을 이룬 것이라고 말해. 엄마와 아빠는 두 사람이지만, 결혼을 통해 마치 한 사람처럼 되었다는 뜻이야.

엄마와 아빠가 한 몸이 되어야만 우리 가정이 행복할 수 있어. 만약 엄마와 아빠가 자주 싸우고, 서로 멀리하고, 마음으로 미워한다면, 우리 가정은 불행하고 슬픈 가정이 될 거야. 바로 이것이 간음이야. 간음이란 엄마와 아빠가 서로 사랑하며 행복한 가정을 세워 가는 것이 아니라, 서로 미워하며 행복하지 않은 가정을 만드는 것을 말해.

그런 점에서 간음이란 부부간의 한 몸 됨을 깨뜨리는 것이라고도 할 수 있어. 부부가 서로 사랑하지 않고, 서로 돕지 않고, 늘 함께하지 않는다면, 바로 그것이 간음이야. 어떤 사람은 자기 남편보다 다른 남자를 더 중요하게 생각하고, 자기 아내보다 다른 여자를 더 소중하게 여기기도 하는데, 이건 정말 심각한 간음의 죄야. 한 번 따라해 볼까.

"간음이란 엄마와 아빠가 한 사람이 아니라 두 사람처럼 사는 것입니다."

그렇다면 너는 제7계명과 아무 상관이 없을까? 그렇지 않아. 제7계명은 아빠와 엄마가 서로 사랑하며 행복한 가정을 세우는 것을 말해. 만약 네가 자녀로서 행복한 가정을 이루기 위해 노력하지 않는다면 그것 역시 제7계명을 어기는 거야.

예를 들어 네가 마트에서 장난감을 사 달라고 계속 조르면 엄마아빠의 기분이 어떨까? 좋지 않겠지? 또 네가 텔레비전을 계속 보여 달라고 하면 엄마아빠의 기분이 어떨까? 역시 좋지 않겠지? 네가 엄마아빠를 슬프게 하는 이런 행동을 반복하면, 우리 가정은 별로 행복하지 않은 가정이 될 거야.

가정은 하나님께서 직접 만드신 너무나 소중한 공동체야. 하지만 오늘날 많은 사람들이 가정을 소중하게 대하지 않아. 그러나 꼭 기억해야 해. 하나님은 제7계명을 통해 가정을 보호하길 원하신다는 걸.

제70문: 제7계명은 무엇입니까?
답: 제7계명은 "간음하지 말라"입니다.

하나님은 하나님의 영광과 우리의 행복을 위해 가정을 주셨습니다. 저희 가정이 하나님께 영광 돌리는 가정이 되게 해주시고, 늘 행복한 일이 넘쳐 나는 공동체가 되게 해주세요.

어떻게 사는 것이 제7계명을 어기는 걸까?

• 찬송가 423장을 다 함께 불러 보자.
• 마태복음 5장 28절을 한목소리로 암송해 보자.
"나는 너희에게 이르노니 음욕을 품고 여자를 보는 자마다 마음에 이미 간음하였
느니라."

하나님이 제7계명을 통해 아름답게 세우고자 하시는 것이 무엇인지 기억나니? 바로 가정이야. 하나님은 성도의 가정이 행복한 가정이 되기를 원하시는데, 그러기 위해서는 제7계명을 잘 지켜야 돼. 즉, 제7계명은 행복한 가정을 위해 서로서로 노력하는 것이라 할 수 있어.

그런데 요즘 사람들은 가정을 소중하게 생각하지 않는 것 같아. 어떤 엄마는 집에서 가족을 위해 밥하고 빨래하고 설거지하는 것을 중요하지 않게 생각해. 또 어떤 아빠는 가족을 돌보지 않고 일만 하거나 취미생활에만 집중하기도 해. 또 어떤 아이들은 엄마아빠를 멀리하고 친구하고만 어울리거나, 심지어 집을 나가 버리기도 해. 이는 가정을 파괴하는 것으로서 제7계명을 어기는 행동이야. 한 번 따라해 볼까.

"가정을 중요하게 생각하지 않는 모든 행동은 제7계명을 어기는 것입니다."

그렇다면 너는 어떻게 해야 할까? 먼저 가정이 얼마나 소중하고 중요한 것인지를 잘 알아야겠지? 비록 세상 사람들은 가정을 아무것도 아닌 것처럼 여길 때가 많지만, 사실 가정은 하나님의 영광을 위해서 꼭 필요하단다.

너에게 먹을 것을 주시고 너의 생명을 지켜주시는 분은 하나님이지? 그런데 하나님은 이 일을 누구를 통해서 하시지? 바로 가정을 통해서야. 또 너를 지혜로운 사람으로 자라게 하시는 분은 하나님이야. 그런데 이 일을 누구를 통해서 하실까? 역시 가정을 통해서야. 다시 말해서 하나님은 가정을 통해 우리를 돌보시고, 우리 역시 가정을 통해 하나님께 영광을 돌려. 그렇기에 가정은 하나님의 영광을 위해 반드시 필요한 공동체야.

그리고 이렇게 소중하고 중요한 가정을 잘 지켜 나가기 위해서는, 먼저 엄마와 아빠가 서로를 소중하고 중요하게 생각해야 해. 만약 엄마와 아빠가 서로를 미워하거나 무관심하다면, 그건 가정을 무너뜨리고 하나님의 영광을 더럽히는 매우 심각한 범죄야.

그러니까 너는 엄마와 아빠가 늘 마음으로부터 서로를 존중하고 사랑하기를 기도해 주어야 해. 그리고 네가 커서 결혼을 하게 되면, 평생 그 한 사람만을 사랑해 주어야 하고.

제71문: 제7계명이 요구하는 것은 무엇입니까?
　　답: 제7계명이 요구하는 것은 생각과 말과 행동으로 우리 자신과 이웃의 순결을 보존하는 것입니다.

하나님 아버지. 오늘날 너무나 많은 가정이 붕괴되고 있습니다. 가정 속에서 행복을 누리는 것이 아니라, 가정 때문에 불행한 사람들이 많습니다. 저희 자녀들이 성경적인 가정을 세우게 하시고, 가정 때문에 힘들고 아픈 사람들을 섬기게 해주세요.

마음으로도 간음할 수 있다고?

- 찬송가 423장을 다 함께 불러 보자.
- 마태복음 5장 28절을 한목소리로 암송해 보자.

"나는 너희에게 이르노니 음욕을 품고 여자를 보는 자마다 마음에 이미 간음하였느니라."

제7계명 "간음하지 말라" 기억하지? 간음이란 엄마와 아빠가 서로가 아닌 다른 이성을 더 사랑하는 걸 말하는데, 넓게는 하나님이 만드신 가정을 소중하게 여기지 않는 걸 말해. 그래서 제7계명은 너에게도 해당되는 계명이야. 만약 네가 친구를 가정보다 더 소중하게 생각하거나, 텔레비전 보는 걸 더 중요하게 여기거나, 조금 더 커서 공부나 일을 더 소중하게 생각한다면, 제7계명을 어기는 셈이지.

가정은 하나님의 영광을 드러내는 통로이기 때문에 우리는 가정을 소중히 여겨야 해. 하나님은 가정을 통해 너에게 먹을 것을 주시고, 또 네가 지혜롭게 자라도록 도우셔. 가정을 통해 하나님이 너를 얼마나 사랑하시는지 알 수 있단다. 그래서 네가 가정 속에서 하나님께 영광을 돌리게 되는 거지. 한 번 따라해 볼까.

"우리는 가정을 통해 하나님의 사랑을 받고,
가정 속에서 하나님께 영광을 돌립니다."

그런데 오늘의 암송구절을 보면 마음으로도 간음을 할 수 있다고 말하고 있어. 무슨 이야기냐고? 아빠가 매일매일 집에 들어오고 늘 엄마와 함께하지만 마음으로 다른 여자를 사랑하여 엄마를 멀리한다면, 그것 역시 제7계명을 어기고 가정을 무너뜨리는 행위라는 거야.

너의 경우를 예로 들면, 집도 넓고 장난감도 많은 친구네 집에 놀러갔다가 우리 집과 비교가 되면서 엄마아빠를 미워하고 원망하는 마음이 들었다면 그것 역시 제7계명을 어기고 가정을 무너뜨리는 일이야.

늘 함께한다고 자동적으로 제7계명이 지켜지는 건 아니란다. 함께하되, 마음속으로도 소중하고 중요하게 여겨야 해. 아빠는 엄마를, 엄마는 아빠를, 그리고 너는 엄마아빠를, 엄마아빠는 너를 누구보다 소중하고 중요하게 여겨야 해.

하나님은 우리의 마음을 보시는 분이야. 만약 아빠가 몸은 엄마와 함께하고 있으면서 마음으로 다른 여자를 생각한다면, 마음을 아시는 하나님께서 아빠의 더러운 마음을 보시고 벌하실 거야. 마찬가지로 네가 몸은 우리 집에 있지만 마음은 다른 집을 부러워한다면, 하나님이 기뻐하지 않으셔. 이해하겠니? 우리는 마음으로부터 가족을 사랑하고 아끼고 중요하게 여겨야 해.

제72문: 제7계명이 금하는 것은 무엇입니까?
답: 제7계명이 금하는 것은 순결하지 못한 생각과 말과 행동입니다.

하나님 아버지, 저희 가정에 은혜를 베푸셔서 마음을 다해 서로를 아끼고 사랑하게 해주세요. 저희 자녀들이 앞으로 건강한 가정을 세우게 하시되, 함께하는 것을 즐거워하는 복된 가정을 세울 수 있도록 도와주세요.

왜 도둑질을 하면 안 될까?

• 찬송가 68장을 다 함께 불러 보자.
• 출애굽기 20장 15절을 한목소리로 암송해 보자.
"도둑질하지 말라."

아빠는 어릴 때 친구의 장난감을 훔친 적이 있어.[1] 그땐 그것을 심각한 도둑 질로 생각하지 않았어. 친구 집에는 장난감이 많이 있었고, 그중에 하나 를 가져오는 건 그다지 나쁜 일이 아니라고 생각했었지. 하지만 시간이 지나고 하나님에 대해 알게 되면서, 아빠가 한 일이 얼마나 악한 일이었는지를 알게 되 었어.

성경은 세상 모든 것을 만드신 분이 하나님이라고 말하고 있어. 그러므로 세 상 모든 것들의 주인은 하나님이야. 그렇다면 아빠가 훔친 장난감은 원래 누구 의 것일까? 친구의 것이기 이전에 하나님의 것이야. 세상 모든 것의 주인이신 하나님께서 아빠의 친구에게 주셨던 것이지. 아빠는 친구의 것을 훔친 게 아니 라 하나님의 것을 훔친 거였어.

바로 이것이 제8계명을 지켜야 하는 이유야. 세상 모든 것의 주인은 창조주 하나님이시고, 각 사람이 가지고 있는 물건들은 창조주 하나님께서 그 사람에 게 빌려주신 것이기에, 우리가 누군가의 물건을 훔치는 것은 하나님의 것을 훔 치는 것과 같아. 그래서 우리는 절대 도둑질을 해서는 안 돼. 한 번 따라해 볼까.

---

1) 도둑질을 가볍게 생각했던 경우를 예로 들어주세요.

그렇다면 네가 가지고 있는 물건들도 원래는 누구의 것이지? 역시 창조주 하나님의 것이야. 하나님께서 너에게 잠시 빌려주신 것에 불과해. 그런데 너는 동생들에게 너의 물건을 만지지 못하게 할 때가 많지?

네가 그렇게 하는 건 아마 그 물건들이 네 것이라 생각하기 때문일 거야. 하지만 오늘 공부한 바에 따르면, 비록 아빠가 너에게 사준 것이라 할지라도 그 물건은 원래 하나님의 것이야. 하나님께서 아빠를 통해 너에게 주신 것이라 할 수 있어. 그렇다면 동생들에게 네 물건을 만지지 못하도록 하는 건 하나님의 뜻에 합당하지 않은 행동일 거야. 그렇지?

네가 가지고 있는 모든 것들이 하나님께서 잠시 빌려주신 것임을 안다면, 앞으로 어떻게 살아야 할까? 네 것이니까 네 맘대로 쓰는 게 아니라, 하나님의 것이니 하나님의 뜻대로 써야 한다고 생각하며 살아야겠지?

제73문: 제8계명은 무엇입니까?
    답: 제8계명은 "도둑질 하지 말라"입니다.

세상 만물의 주인이신 하나님. 저희들이 모든 것을 하나님의 뜻대로 사용할 수 있도록 도와주세요. 저희 자녀들도 하나님이 모든 것의 주인이심을 인정하고, 나누고 베풀며 살아가게 해주세요.

우리는 왜 돈을 벌어야 할까?

- 찬송가 68장을 다 함께 불러 보자.
- 에베소서 4장 28절을 한목소리로 암송해 보자.
"도둑질하는 자는 다시 도둑질하지 말고 돌이켜 가난한 자에게 구제할 수 있도록 자기 손으로 수고하여 선한 일을 하라."

너는 장난감[1]이 많이 있으면 좋겠지? 변신 로봇도 종류별로 모두 갖고 싶지? 그러기 위해선 뭐가 있어야 할까? 돈이 있어야 해. 돈이 많다면 변신 로봇뿐만 아니라 네가 갖고 싶어 하는 물건을 모두 가질 수 있어.

아빠도 갖고 싶은 것들이 참 많아. 그것들을 가지려면 돈이 있어야 해. 그래서 가끔 아빠는 "나도 돈이 좀 많았으면 좋겠다" 하고 생각할 때가 있어. 아마 거의 모든 사람들이 이런 생각을 할 거야. 돈이 많으면 하고 싶은 것들을 다 할 수 있거든.

바로 여기서 문제가 생겼어. 돈으로 할 수 있는 게 많아지다 보니, 사람들은 돈이 이 세상에서 가장 중요하다고 생각하게 되었어. 그 결과 다른 사람에게 피해를 주면서까지 돈을 많이 모으려는 사람들이 생겨나게 되었고.

오늘의 암송구절을 보면, 도둑질을 하지 말라고 하면서 또 어떤 말이 나오니? 가난한 자를 도울 수 있도록 열심히 일하라고 말하고 있지? 즉, 구원받은 성도가 일을 하는 목적은 돈을 많이 벌어서 내가 갖고 싶은 것들을 가지기 위해서가 아니야. 가난한 자를 돕기 위해서, 그래서 하나님을 기쁘게 하기 위해서 일을

---

1) 또는 아이가 갖고 싶어 하는 것

하는 거야. 한 번 따라해 볼까.

"우리는 자기 영광이 아니라 하나님의 영광을 위해 돈을 벌어야 합니다."

○○아. 우리를 지으신 분은 하나님이셔. 그렇다면 우리는 언제 행복할 수 있을까? 우리를 지으신 하나님을 슬프게 하면서까지 돈을 많이 모으면 행복할 수 있을까? 절대 그렇지 않아. 우리가 하나님을 기쁘게 할 때 우리 역시 기쁜 삶을 살 수 있어. 우리는 그런 존재로 지음 받았단다.

그러므로 내가 부자가 되기 위해, 또는 내가 하고 싶은 것을 하기 위해 다른 사람에게 피해를 주는 행동을 해서는 안 돼. 그건 행복해지는 길이 아니라, 하나님의 벌을 불러오는 행동이야.

제74문: 제8계명이 요구하는 것은 무엇입니까?
　　답: 제8계명이 요구하는 것은 합법적인 방법으로 우리 자신과 이웃의 재물과 재산을 모으고 늘리는 것입니다.

만물의 주인이신 하나님 아버지. 저희들이 하나님보다 돈을 더 사랑하지 않도록 도와주세요. 부자가 되기 위해 하나님의 말씀을 어기거나, 다른 사람에게 피해를 끼치지 않게 해주세요. 저희 자녀들이 정직하고 성실한 방법으로 돈을 모으며, 하나님의 영광을 위해 돈을 사용하는 자들이 되게 해주세요.

성공보다 중요한 건 뭘까?

- 찬송가 421장을 다 함께 불러 보자.
- 신명기 25장 13절을 한목소리로 암송해 보자.
  "너는 네 주머니에 두 종류의 저울추 곧 큰 것과 작은 것을 넣지 말 것이며."

너는 지금 우리 집에 있는 자동차가 마음에 드니?[1] 아빠는 이 자동차를 볼 때마다 마음이 아파. 이 자동차를 살 때 억울한 일을 당했거든. 다른 곳에서 샀으면 100만 원이나 더 싸게 살 수 있었는데 그걸 모르고 그냥 샀지 뭐니.

아빠는 너무 화가 나서 이 자동차를 샀던 곳으로 다시 갔어. 하지만 아빠에게 자동차를 팔았던 사람은 이미 거래가 끝났기 때문에 돈을 돌려줄 수 없다고 했어. 그래서 아빠는 이 자동차를 볼 때마다 마음이 아프단다.

그런데 이 일을 다시 한 번 잘 생각해 보자. 아빠에게 자동차를 판 사람이 아빠에게서 직접 돈을 훔쳐 갔니? 그건 아니야. 그 사람은 정해진 절차를 따라서 아빠에게 자동차를 팔았어. 하지만 그 사람은 아빠가 자동차를 잘 모른다는 점을 이용해서 자동차를 비싸게 팔았고, 아빠에게 100만 원가량의 피해를 주었어.

우리가 공부하고 있는 소요리문답은 이러한 행동도 제8계명을 어긴 도둑질이라고 설명하고 있어. 왜냐하면 도둑질이란 나의 이익을 위해 상대방에게 피해를 주는 것인데, 아빠에게 자동차를 판 사람도 자기 이익을 위해 아빠에게 피해

---

1) 누군가의 속임수로 인해 재산상의 피해를 입은 경우를 예로 들어주세요.

를 주었기 때문이야. 한 번 따라해 볼까.

"나를 위해 다른 사람의 재산에 피해를 주는 것도
제8계명을 어기는 것입니다."

이 세상은 돈을 최고로 여겨. 돈이 많으면 행복하고, 돈이 많으면 안전하고, 돈이 많으면 무엇이든 할 수 있다고 생각해. 하지만 성경은 하나님께서 우리에게 행복을 주시고, 하나님께서 우리를 지켜주시고, 하나님께서 우리의 착한 소원을 이루어 주신다고 말해. 그러므로 눈앞의 이익을 얻기 위해 다른 사람의 물건을 훔치거나, 다른 사람을 속여선 안 돼. 그건 행복해지는 길이 아니라 하나님의 벌을 자초하는 길이야.

제75문: 제8계명이 금하는 것은 무엇입니까?
답: 제8계명이 금하는 것은 우리 자신과 이웃의 재물과 재산을 부당하게 감소시키는 것입니다.

성실한 자를 사랑하시는 하나님 아버지. 이 세상에는 올바르지 않은 방법으로 부자가 되려는 사람들이 너무나 많습니다. 저희 자녀들에게 은혜를 베푸셔서, 돈보다 하나님을 더 사랑하게 하시고, 편하게 살기보다 성실하게 살려고 노력하는 자들이 되게 해주세요.

왜 입을 조심해야 할까?

- 찬송가 423장을 다 함께 불러 보자.
- 출애굽기 20장 16절을 한목소리로 암송해 보자.

"네 이웃에 대하여 거짓 증거 하지 말라."

예 전에 사람의 타락에 대해 배운 것 기억나니? 오래되어 썩은 과일처럼 사람의 마음도 썩어 있는데, 바로 그게 타락이라고 했었지. 그런데 타락한 사람의 마음에는 두 가지 중요한 특징이 있어.

한 가지는 자신을 너무나 사랑한다는 거야. 그래서 자신에 대해서는 늘 좋게만 생각하려 하고, 잘못을 했으면서도 인정하려 하지 않아. 그래서 사람들은 자기 잘못을 감추려고 거짓말을 해.

또 한 가지는 다른 사람을 미워한다는 거야. 그래서 다른 사람에 대해서는 늘 나쁘게 말하려고 해. 다른 사람의 나쁜 점을 알게 되면 그것을 퍼뜨리기를 좋아하고, 때로는 부풀려서 소문을 내기도 해. 이런 타락한 마음을 성경의 잠언에서는 이렇게 표현하고 있어. "남의 말 하기를 좋아하는 자의 말은 별식과 같아서 뱃속 깊은 데로 내려가느니라." (잠 18:8)

여기서 별식이란 맛있는 특별 간식을 말해. 예를 들어 네가 좋아하는 피자 같은 것 말이야. 즉, 타락한 우리에게는 다른 사람의 나쁜 점을 이야기하고 퍼뜨리는 것을 즐기는 본성이 있다는 거야. 한 번 따라해 볼까.

"타락한 우리는 다른 사람에 대해 나쁘게 이야기하기를 좋아합니다."

너도 동생의 좋은 부분은 아빠에게 잘 이야기하지 않지? 늘 동생의[1] 나쁜 점만 이야기하잖아? 바로 그게 제9계명을 어기는 거야. 또 유치원[2]을 다녀와서도 친구들의 좋은 모습을 이야기하기보다는, 친구들의 실수와 나쁜 점을 자주 이야기하지? 이것이 바로 네 마음이 타락했다는 증거란다.

하나님은 우리가 서로 사랑하며 살기를 원하셔. 그러려면 무엇보다 네 입을 잘 사용해야 해. 하나님이 너에게 주신 입을 동생이나 친구들의 나쁜 부분이 아니라 좋은 부분을 말하는 사랑의 도구로 사용해야 하고, 다른 사람의 부족한 부분을 소문내는 도구가 아니라 감추어 주는 도구로 사용해야 해. 바로 그것이 네 죄를 덮으시고 용서해 주신 하나님의 사랑에 바르게 반응하는 태도란다.

제76문: 제9계명은 무엇입니까?

답: 제9계명은 "네 이웃에 대하여 거짓 증거 하지 말라"입니다.

정직한 자를 사랑하시는 하나님 아버지. 저희들이 항상 진실만을 말하게 해주세요. 저희 자녀들이 아름다운 말, 칭찬하는 말, 기쁨이 되는 말을 하게 하시고, 절대 거짓말과 상처 되는 말을 하지 않게 해주세요.

---

1) 또는 형제나 친구들
2) 또는 초등학교

특히 언제 조심해서 말해야 할까?

- 찬송가 425장을 다 함께 불러 보자.
- 스가랴 8장 16절을 한목소리로 암송해 보자.

"너희가 행할 일은 이러하니라. 너희는 이웃과 더불어 진리를 말하며 너희 성문에서 진실하고 화평한 재판을 베풀고."

네가 동생에[1] 대해 거짓을 말하는 것은 매우 나쁜 행동이야. 나중에 동생들이 그 사실을 알게 된다면 너에게 실망하고 속상해하겠지. 그래서 너는 다른 사람에 대해 나쁘게 말하려는 악한 본성을 억누르고, 동생들과 친구들에 대해 좋은 점만 말하려고 노력해야 해. 바로 그것이 제9계명을 지키는 삶이야.

그런데 제9계명은 가정이나 유치원[2] 같은 일상생활 속에서 일어나는 일만을 말하지 않아. 재판과 깊은 관련이 있는데, 재판이란 누군가가 억울하고 슬픈 일을 당했을 때 재판장을 찾아가서 "제가 이렇게 억울하고 슬픈 일을 당했습니다"라고 얘기하면 재판장이 그 사람의 억울함과 슬픔을 풀어 주는 일이야. 한 번 따라해 볼까.

"제9계명은 억울하고 슬픈 일 당한 자를 도와야 한다는 계명입니다."

그런데 그 사람이 어떤 억울한 일을 당했는지 알려면 무엇이 필요할까? 그 일에 대해 사실대로 말해 줄 증인이 있어야겠지. 한번 예를 들어 보자.

---

1) 또는 형제나 친구들
2) 또는 초등학교

동생이 울고 있으면 아빠는 '혹시 네가 동생을 괴롭힌 게 아닐까?' 하고 생각할 수 있겠지? 그럴 때는 너에게 증인이 필요해. "○○이는 동생을 괴롭히지 않았어요. 제가 보았어요"라고 말해 줄 사람이 필요한 거야. 그 증인이 하는 말을 증언이라고 해.

그런데 많은 사람들이 증인으로서 증언을 할 때 진실을 말하지 않고 거짓을 말해. 나쁜 사람들에게 돈을 받고 그들의 잘못을 덮어 주거나 그들에게 유리하게 증언하는 거지.

그런 일은 네가 동생에 대해 거짓을 말하는 것과는 비교할 수 없이 나쁜 결과를 가져오기도 해. 예수님도 인간으로 이 세상에 계실 때 거짓 증언을 하는 사람들 때문에 억울한 일을 많이 당하셨단다.

그러므로 너는 일상생활에서 정직하게 말할 뿐만 아니라, 혹시 증언을 해야 할 일이 생기면 반드시 정직하게 본 대로 말해야 해. 그것이 너에게 손해가 될지라도 말이야.

제77문: 제9계명이 요구하는 것은 무엇입니까?
　　답: 제9계명이 요구하는 것은 특별히 증언함에 있어서 진실을 말하고,
　　　　우리 자신과 이웃의 명예를 지키며 높이라는 것입니다.

정직한 자를 사랑하시는 하나님 아버지. 이 세상에는 자기 이익을 위해 거짓을 말하는 자들이 너무나 많습니다. 부디 저희 자녀들은 늘 진실만을 말하게 하시고, 설령 진실을 말함으로써 손해를 본다 할지라도 거짓과 타협하지 않는 자들이 되게 해주세요.

이웃의 명예를 지켜주고 있니?

• 찬송가 430장을 다 함께 불러 보자.
• 잠언 6장 16-19절을 한목소리로 암송해 보자.
"여호와께서 미워하시는 것 곧 그의 마음에 싫어하시는 것이 예닐곱 가지이니…
거짓된 혀와… 거짓을 말하는 망령된 증인과 및 형제 사이를 이간하는 자이니라."

너는 다른 사람들이 너를 어떻게 생각해 주었으면 좋겠어? 착한 아이로 생각해 주면 좋겠어, 아니면 나쁜 아이로 생각해 주면 좋겠어? 당연히 착하고 좋은 아이로 생각해 주었으면 좋겠지? 바로 이것을 너의 '명예' 라고 해.

사람들이 너를 착하고 정직하고 동생들을 잘 돌보고 부모님 말 잘 듣는 아이로 생각한다면, 너는 명예로운 사람인거야. 그런데 만약 누군가가 너에 대해 나쁜 말을 해서 사람들이 너를 나쁜 아이로 생각하게 된다면, 넌 명예를 잃게 된거겠지.

너는 명예로운 사람이 되고 싶니, 아니면 명예를 잃은 사람이 되고 싶니? 당연히 명예로운 사람이 되고 싶지? 그건 다른 사람들도 마찬가지야. 누구나 자신의 명예를 지키기를 원해. 그리고 하나님께서도 그걸 원하셔. 하나님은 사람들이 서로에 대해 나쁜 말이나 거짓말을 하길 원하지 않으셔.

오늘의 암송구절을 보면, 하나님은 거짓말하는 것과 형제 사이를 갈라놓는 자를 싫어한다고 분명히 말하고 있어. 한 번 따라해 볼까.

"하나님은 우리가 서로의 명예를 지켜주기를 원하십니다."

네가 자기 명예를 지키고 싶은 만큼, 다른 사람들도 자기 명예를 지키고 싶어 해. 그러므로 우리는 다른 사람에 대해 늘 좋게 말하기를 힘써야 해. 다른 사람의 좋은 점은 크게 칭찬하고, 다른 사람의 실수나 부족한 점은 감싸고 덮어 줘야 해.

하지만 그건 너무나 힘든 일이야. 지난번에 공부한 것처럼 우리에게는 다른 사람의 나쁜 점을 이야기하기를 좋아하는 타락한 마음이 있으니까. 그래서 하나님은 우리에게 제9계명을 주셨어. 앞으로는 다른 사람의 실수를 놀리거나 잘못한 행동을 소문내고 싶은 마음이 들더라도, 꾹 참고 그 사람의 명예를 지켜주어야 해. 그렇게 할 때 하나님께서 너 역시 명예로운 사람이 되도록 축복해 주실 거야.

제78문: 제9계명이 금하는 것은 무엇입니까?
답: 제9계명이 금하는 것은 무엇이든지 진실을 왜곡하거나 혹은 우리 자신과 이웃의 명예를 손상시키는 것입니다.

우리가 서로 사랑하기를 원하는 하나님 아버지. 저희들이 말로서 상대방의 명예를 훼손하지 않게 해주세요. 저희 자녀들이 다른 사람의 명예를 지키는 삶을 살게 하시고, 그리하여 저희 자녀들도 하나님 앞에서 명예로운 자들이 되게 해주세요.

십계명이 궁극적으로 보여주는 건 무엇일까?

• 찬송가 433장을 다 함께 불러 보자.
• 출애굽기 20장 17절을 한목소리로 암송해 보자.

"네 이웃의 집을 탐내지 말라. 네 이웃의 아내나 그의 남종이나 그의 여종이나 그의 소나 그의 나귀나 무릇 네 이웃의 소유를 탐내지 말라."

 디어 마지막 열 번째 계명을 배우는 시간이야. 열 번째 계명은 "탐내지 말라"인데, 이것은 마음으로 무언가를 욕심 내지 말라는 뜻이야.

지금까지 배운 것들은 대부분 우리 행동에 대한 것이었어. 부모를 공경하는 행동, 살인하지 않는 행동, 가정을 소중히 여기는 행동, 도둑질 하지 않는 행동, 거짓말 하지 않는 행동 등이었지. 그런데 마지막 계명은 행동이 아니라 마음에 대한 거야. 나쁜 행동을 하는 것이 아니라, 나쁜 마음을 품는 것조차 하나님 앞에서 죄라는 거야.

이건 너무나 무서운 말씀이야. 왜냐하면 행동에 대한 것은 우리가 조금이나마 지킬 가능성이 있는데, 마음에 대한 것은 지키기가 너무나 어렵기 때문이야. 예를 들어, 네가 보기에 아빠는 착한 사람인 것 같아, 나쁜 사람인 것 같아? 착한 사람인 것 같지? 그런데 그렇게 생각한 건 네가 아빠의 마음을 볼 수 없어서일지도 몰라. 만약 네가 아빠의 마음을 볼 수 있다면, 너는 절대 아빠를 착한 사람이라고 생각하지 않을 거야. 타락한 사람에겐 마음을 깨끗하게 지킬 힘이 없기 때문이지. 한 번 따라해 볼까.

"그 누구도 마음까지 깨끗하게 지킬 수는 없습니다."

○○아. 왜 하나님께서는 마지막에 마음에 대한 계명을 주셨을까? 그것은 우리가 결코 십계명을 지키는 것을 통해 구원을 얻을 수 없음을 보여주신 거야. 그 누구도 마음의 생각까지 깨끗하게 지킬 수는 없어. 겉모습은 깨끗하더라도 마음은 더러운 것이 모든 사람의 공통점이야. 그런데 하나님은 우리의 마음까지 깨끗하게 지키라고 말씀하셔.

여기에는 중요한 의미가 있단다. 우리가 십계명을 지키는 것을 통해 구원받는 것이 아니라면, 무엇 때문에 구원을 받지? 예수님 때문이지? 우리는 십계명을 다 지키지 못하지만, 예수님은 십계명을 모두 지키셨어. 그리고 우리를 대신해서 십자가에서 죽으셨어. 그 결과 우리가 구원받게 된 거야.

그러므로 우리가 지금까지 공부한 십계명은 누구를 보여주는 걸까? 결국 예수님을 보여주는 거란다. 우리는 열심히 십계명을 지켜야 해. 하지만 그 누구도 십계명을 다 지킬 수 없어. 그리고 그때마다 우리는 "나는 십계명을 지킬 수 없는 부족한 사람이지만 예수님 때문에 구원을 받는구나" 하고 생각하게 돼.

그런 점에서 십계명은 예수님을 보여주는 것이고, 예수님께 영광을 돌리게 하는 도구가 된단다.

제79문: 제10계명은 무엇입니까?
답: 제10계명은 "네 이웃의 집을 탐내지 말라. 네 이웃의 아내나 그의 남종이나 그의 여종이나 그의 소나 그의 나귀나 무릇 네 이웃의 소유를 탐내지 말라"입니다.

우리의 마음까지 보시는 하나님 아버지. 저희들이 외모를 아름답게 꾸미기 위해 노력하는 것만큼, 영혼을 아름답게 가꾸는 데에도 성실하게 해주세요. 저희 자녀들이 사람들의 시선을 의식하며 겉모습을 치장하기보다, 하나님의 시선을 의식하며 마음을 깨끗하게 지켜 가게 해주세요.

많이 가지면 행복해질까?

- 찬송가 435장을 다 함께 불러 보자.
- 디모데전서 6장 6절을 한목소리로 암송해 보자.
  "그러나 자족하는 마음이 있으면 경건은 큰 이익이 되느니라."

마지막 열 번째 계명은 마음에 대한 계명이야. 어떤 행동을 금지하는 것이 아니라, 욕심내는 마음 자체를 금지하는 거야. 그래서 열 번째 계명은 지키기가 어려워. 마음의 생각을 하나님 뜻대로 하는 것은, 행동을 하나님 뜻대로 하는 것보다 훨씬 힘들기 때문이야. 우리 마음에는 나쁜 생각들이 자주 불쑥불쑥 생겨나는데, 이런 생각들을 참기란 참 어려워.

그런 점에서 마지막 열 번째 계명은 예수님을 보여주는 계명이야. "나는 십계명을 다 지킬 수 없지만 예수님 때문에 십계명을 다 지키지 못해도 구원을 받는 구나" 하는 사실을 가장 분명하게 깨우쳐 주기 때문이지. 한 번 따라해 볼까.

"십계명은 예수님을 보여주는 거울입니다."

하지만 마지막 열 번째 계명이 지키기 어려운 계명이라 해서 마음 놓고 어겨도 되는 것은 아니야. 지금보다 훨씬 더 열 번째 계명을 잘 지킬 수 있는 방법이 있단다. 그건 바로 자족하는 마음을 갖는 거야.

오늘의 암송구절을 보면, 자족하는 마음이 있어야 경건이 큰 이익이 된다고 말해. 이것은 자족하는 마음을 하나님께서 기뻐하신다는 뜻이야. 자족한다는 건 지금 현재에 만족하는 것을 말해.

예를 들어 너는 날마다 장난감[1]을 더 많이 사달라고 조르지? 그것은 자족하지 않는 거야. 너에게 장난감이 많지 않아도 거기에 만족하고 감사하는 것이 바로 자족하는 마음이야. 이러한 자족하는 마음을 가지면 욕심내는 마음을 이길 수 있어.

어떤 사람들은 하나님을 믿는다는 것을 하나님께 많이 받아내는 것으로 생각해. 하지만 그건 하나님을 잘 믿는 것이 아니야. 하나님을 잘 믿는 건, 다른 모든 것들이 부족할지라도 하나님 한 분 때문에 부족한 모든 것들을 기꺼이 참는 거야. 그래서 앞으로 너는 하나님께 기도할 때 "하나님, 이것도 주세요! 저것도 주세요! 더 많이 주세요!" 하고 기도할 것이 아니라, "하나님, 장난감이 적어도 감사합니다. 하나님이 저와 함께 계시니 장난감이 부족해도 괜찮습니다!" 이렇게 기도할 수 있어야 해.

제80문: 제10계명이 요구하는 것은 무엇입니까?
답: 제10계명이 요구하는 것은 우리의 처지에 전적으로 만족하고, 이웃과 그 소유를 바르고 자비롭게 대하라는 것입니다.

자족하는 마음을 기뻐하시는 하나님 아버지. 저희 가정이 하나님이 주신 것에 만족하는 가정이 되게 해주세요. 그리하여 저희 자녀들이 검소하고 소박한 삶을 감사하는 가운데 살아가게 해주세요.

---

1) 또는 아이가 갖고 싶어 하는 것

부족해서 슬픈 걸까?

- 찬송가 438장을 다 함께 불러 보자.
- 히브리서 13장 5절을 한목소리로 암송해 보자.

"돈을 사랑하지 말고 있는 바를 족한 줄로 알라. 그가 친히 말씀하시기를 내가 결코 너희를 버리지 아니하고 너희를 떠나지 아니하리라 하셨느니라."

열 번째 계명을 지키기 어려운 이유는 뭘까? 그건 열 번째 계명이 우리의 마음에 대한 계명이기 때문이야. 우리가 행동 하나하나를 주의하는 것은 조금이나마 할 수 있는데, 불쑥불쑥 생겨나는 마음을 주의하는 것은 거의 불가능해.

열 번째 계명이 특별히 주의하라고 하는 것은 욕심내는 마음이야. 더 많이 가지고 싶어 하는 욕심. 다른 사람의 것이 내 것이었으면 하는 욕심. 열 번째 계명은 이런 욕심내는 마음을 지적하고 있어.

우리가 이런 욕심을 품게 되는 건, 우리 안에 어떤 마음이 없기 때문이라고 했지? 자족하는 마음이 없기 때문이라고 했어. 자족하는 마음이 우리 안에 있으면 우리가 가난하고 부족해도 행복할 수 있는데, 자족하는 마음이 없기 때문에 부족한 것이 슬프게 여겨지는 거야. 한 번 따라해 볼까.

"자족하는 마음이 없을 때 욕심과 슬픔이 찾아옵니다."

많은 사람들이 자기 자신을 불쌍하다고 생각해. 그 이유를 물어 보면 "갖고 싶은 것을 다 가질 수 없어서"라고 말할 때가 많아. 하지만 그들이 슬픈 삶을 사는 것은 부족해서가 아니라 자족하지 않아서야.

　하나님께서 지금까지 베풀어 주신 것에 만족하지 않고 더 많이 갖고 싶어 하기 때문에 삶이 행복하지 않고 불행하다고 느껴지는 거야. 즉, 많이 가지지 못한 것이 문제가 아니라 자족하는 마음이 없는 것이 문제인거지.

　앞으로 너는 더 많이 갖게 해달라고 기도할 것이 아니라, 자족하는 마음을 달라고 기도해야 해. 바로 그것이 진짜로 행복해지는 길이야.

　제81문: 제10계명이 금하는 것은 무엇입니까?
　　답: 제10계명이 금하는 것은 우리 자신의 처지에 대한 모든 불만과, 이
　　　　웃의 소유를 시기하고 배 아파 하고, 그것을 부당하게 탐내는 마음
　　　　과 행동입니다.

감사하는 자를 기뻐하시는 하나님 아버지. 저희들이 지금 가진 것에 만족하며 감사하는 삶을 살게 해주세요. 저희 자녀들이 욕망의 노예가 되어 불평하며 살지 않게 하시고, 자족하는 마음으로 인하여 늘 행복한 삶을 살게 해주세요.

십계명을 모두 지킬 수 있는 사람이 있을까?

• 찬송가 445장을 다 함께 불러 보자.
• 로마서 3장 10절을 한목소리로 암송해 보자.
"기록된 바 의인은 없나니 하나도 없으며."

시장에 가면 수많은 과일들이 예쁘게 진열되어 있어. 그런 과일들을 보면 어떤 생각이 드니? 너무 맛있어 보여서 "얼른 사 먹고 싶다"는 생각이 들 거야. 그런데 싱싱한 과일이 아니라 썩어서 시커멓게 변한 과일들이 진열되어 있다면 먹고 싶은 생각이 들까? 그렇지 않겠지. 썩은 과일은 그 누구도 먹고 싶어 하지 않아.

하나님이 사과나 포도 같은 과일을 창조하셔서 우리에게 주신 이유는 뭘까? 맛있게 먹으라는 거야. 맛있게 먹으면서 "하나님 감사합니다!" 하고 영광을 돌리라고 주신 거지. 하지만 썩은 과일은 맛있게 먹을 수 없어. 원래의 기능을 잃어 버렸으니까.

과일이 썩어 못 먹게 되는 것처럼, 사람의 마음이 썩은 것을 뭐라고 했지? 타락이라고 했지. 원래 사람은 하나님의 말씀을 지킬 수 있는 존재였지만, 타락한 이후로는 하나님의 말씀을 온전히 지킬 수 없게 되었어. 한 번 따라해 볼까.

"타락한 이후 그 누구도 하나님의 말씀을 다 지킬 수 없습니다."

우리는 지금까지 오랫동안 십계명에 대해 공부했어. 십계명은 "구원받은 사람은 어떻게 살아야 하는가?"에 대한 답이야. 너는 구원받은 사람이기에 아무렇게나 살면 안 되고, 반드시 십계명을 지키며 살아야 해.

하지만 너에겐 십계명을 지킬 수 있는 능력이 없어. 그건 네가 타락했기 때문이야. 썩어서 제 기능을 하지 못하는 과일처럼, 네 마음은 썩었기 때문에 하나님의 말씀을 모두 지킬 수 없어. 오히려 날마다 나쁜 생각으로, 나쁜 말로, 나쁜 행동으로, 하나님의 말씀을 어길 뿐이야.

십계명을 지키려고 노력하면 할수록, 너는 도저히 십계명을 다 지킬 수 없는 자신의 모습을 보게 될 거야. 그러면 너는 지옥에 가게 될까? 그렇지 않아. 우리는 십계명을 지켜서 구원받는 것이 아니라 예수님 때문에 구원받기 때문이야.

너는 십계명을 지키려고 노력하면 할수록 자신의 부족함을 알게 되고, 동시에 예수님께 감사하게 될 거야. 따라서 십계명이란 내가 얼마나 대단한지를 나타내는 도구가 아니라, 우리에게 예수님을 보내주신 하나님이 얼마나 대단한지를 나타내는 도구가 된단다.

제82문: 하나님의 계명을 온전히 지킬 수 있는 사람이 있습니까?
　　답: 타락한 후로는 어떤 사람도 이 세상에서 하나님의 계명을 온전히 지키지 못하고, 오히려 생각과 말과 행동으로 날마다 계명을 범합니다.

하나님 아버지. 타락하여 날마다 죄에 죄를 더할 뿐인 저희들을 예수님 때문에 구원하여 주신 것 정말 감사합니다. 저희 자녀들이 이 은혜를 생각하며, 감사하는 마음으로 십계명을 열심히 지키게 해주세요.

십계명을 모두 지킬 수 없다고 해서 마음대로 살아도 될까?

• 찬송가 449장을 다 함께 불러 보자.
• 요한복음 19장 11절을 한목소리로 암송해 보자.

"예수께서 대답하시되 위에서 주지 아니하셨더라면 나를 해할 권한이 없었으리니 그러므로 나를 네게 넘겨 준 자의 죄는 더 크다 하시니라."

지난 시간에 타락에 대해 배운 것 기억나니? 썩어 버린 과일처럼 네 마음이 부패하여 하나님의 말씀을 지킬 수 없는 상태가 된 것을 타락이라고 했어. 바로 여기서부터 죄가 시작된단다. 하나님은 네가 하나님의 말씀을 모두 지키기를 원하셔. 그런데 너는 하나님의 말씀을 모두 다 지킬 수 있니? 절대로 지킬 수가 없지. 그건 네가 타락한 마음을 가지고 있기 때문이야. 우리의 타락한 마음에서는 하나님이 기뻐하는 일들이 자라고 열매를 맺지 못해. 오히려 하나님이 슬퍼하는 일들이 자라고 열매를 맺게 되어 있어.

네가 동생들과 날마다 싸우며 눈물과 미움의 열매를 맺는 것은, 너와 동생들의 마음이 타락했기 때문이야. 타락한 마음에서 하나님이 슬퍼하시는 나쁜 일들이 시작되는 거지. 한 번 따라해 볼까.

"우리는 타락한 마음으로 날마다 하나님의 말씀을 어깁니다."

하나님의 말씀 가운데 우리가 해야 할 것과 하지 말아야 할 것을 구체적으로 정해놓은 것을 율법이라고 해. 가장 대표적이고 중요한 율법이 우리가 지금까지 공부한 십계명이야. 그런데 우리는 십계명을 모두 다 지킬 수 없어. 너뿐만 아니라 아빠도 그렇고, 세상 모든 사람이 다 똑같아.

그렇다면 어차피 지킬 수 없는 율법이니, 마음껏 어겨도 될까? 그렇지 않아. 비록 네가 율법을 모두 지킬 수는 없다 해도, 하나님은 조금이라도 더 율법을 지키려고 노력하는 사람을 기뻐하셔.

다시 말해, 율법을 모두 다 지켜야만 하나님이 너를 기뻐하는 게 아니라 최선을 다해 율법을 지키려고 하는 네 모습을 기뻐하신단다. 그런 점에서 율법을 무시하고 마음대로 살아가는 세상 사람들의 모습은 하나님 보시기에 더 가증스러운 것이라 할 수 있어. 가증스럽다는 건, 보기에 좋지 않고 밉다는 뜻이야.

그러므로 우리는 어떻게 살아야 할까? 비록 모두 다 지킬 수 없는 율법이지만, 최선을 다해 지켜야겠지? 그런 삶으로 하나님을 기쁘시게 하는 네가 되길 바란다.

제83문: 율법을 범한 모든 죄가 동등하게 가증합니까?

    답: 어떤 죄는 그 자체든지 결과로든지, 하나님 보시기에 다른 죄들보다 더 가증합니다.

하나님 아버지. 비록 저희들이 율법을 모두 다 지킬 수는 없을지라도, 율법을 주신 하나님의 마음을 생각하며 최선을 다해 율법에 순종하게 해주세요. 저희 자녀들이 타락한 이 세상 속에서 율법을 굳게 지키는 거룩한 사람으로 자라게 해주세요.

십계명을 어기는 자에게는 어떤 일이 일어날까?

• 찬송가 348장을 다 함께 불러 보자.
• 전도서 11장 9절을 한목소리로 암송해 보자.

"청년이여 네 어린 때를 즐거워하며 네 청년의 날들을 마음에 기뻐하여 마음에 원하는 길들과 네 눈이 보는 대로 행하라. 그러나 하나님이 이 모든 일로 말미암아 너를 심판하실 줄 알라."

성경에 기록된 하나님의 말씀 가운데 우리가 해야 할 것과 하지 말아야 할 것을 규정해 놓은 것을 뭐라고 했었지? 율법이지. 이 율법을 열 가지로 요약한 것을 십계명이라고 했어.

그런데 너는 십계명을 다 지킬 수 있니? 너뿐만 아니라 그 누구도 십계명을 모두 다 지킬 수는 없어. 우리 모두는 타락한 존재이기 때문에. 타락한 몸과 마음을 가진 우리는 결코 십계명을 다 지킬 수 없어.

하지만 그렇다고 해서 네가 마음 놓고 십계명을 어긴다면 어떤 일이 일어날까? 오늘의 암송구절을 보면, 하나님이 원하시는 대로 살지 않고 자기 마음대로 산 사람에게 어떤 일이 일어난다고 말하고 있니? "하나님이 너를 심판하실 줄 알라"고 말하고 있어. 한 번 따라해 보자.

"자기 마음이 원하는 대로 산 사람에게는 반드시 하나님의 심판이 임합니다."

심판이란, 잘한 일과 못한 일을 구분해서 상을 주거나 벌을 주는 것을 말해. 오늘의 암송구절이 말하는 심판은, 잘못한 일을 하나님이 보고 계시다가 때가 되면 벌을 내리신다는 걸 말해.

하나님의 심판에는 두 가지 종류가 있어. 첫 번째는 하나님을 믿지 않는 세상 사람들이 받는 심판이야. 이 심판은 이 세상뿐 아니라 죽은 이후에 가게 되는 다음 세상에서도 끝없이 하나님께 벌을 받는 심판이야.

두 번째는 너처럼 하나님을 믿는 사람들이 받는 심판이야. 이 심판은 오직 이 세상에서만 받는 심판이야. 예수님이 네가 받아야 할 심판을 대신 받으셨기 때문에, 너는 다음 세상의 심판은 받지 않고 오직 이 세상의 심판만 받는 거야.

중요한 건, 구원을 받았다 해도 하나님의 율법을 어기고 자기 하고 싶은 대로 산다면, 반드시 하나님의 벌이 임한다는 거야. 그러므로 너는 율법을 모두 다 지킬 수 없는 너의 부족함을 생각하면서, 동시에 그럼에도 불구하고 율법을 모두 다 지키겠다는 마음가짐을 가지고 살아야 해.

제84문: 모든 죄가 마땅히 받아야 할 대가는 무엇입니까?

　　답: 모든 죄는 이 세상과 다음 세상에서 하나님의 진노와 저주를 받아 마땅 합니다.

거룩하신 하나님. 저희들이 하나님의 거룩하심을 닮아 가게 해주세요. 저희 자녀들이 죄를 미워하게 하시고, 세상에 물드는 것을 부끄러워하게 해주세요. 그리하여 하나님의 진노가 아니라 칭찬과 사랑을 받으며 살게 해주세요.

십계명을 잘 지킬 수 있도록 하나님께서 주신 선물을 아니?

• 찬송가 351장을 다 함께 불러 보자.
• 베드로후서 1장 10절을 한목소리로 암송해 보자.

"그러므로 형제들아 더욱 힘써 너희 부르심과 택하심을 굳게 하라, 너희가 이것을 행한즉 언제든지 실족하지 아니하리라."

우리는 우리 마음대로 살아선 안 돼. 하나님은 우리를 구원하셔서 하나님의 자녀로 삼으셨고, 우리가 세상 사람들과 다르게 하나님의 자녀답게 살 수 있도록 율법을 주셨어.

다시 말해서 율법이란 네가 하나님의 자녀답게 살아가는 방법을 기록해 놓은 거야. 네가 해야 할 일과 하지 말아야 할 일을 하늘에 계신 우리 아버지께서 직접 가르쳐 주신 거지. 그 모든 율법을 열 가지로 요약한 것이 우리가 지금까지 오랜 시간을 공부한 십계명이야.

그런데 십계명을 지키는 건 쉬운 일이 아니야. 우리는 모두 타락한 마음을 가지고 있으니까. 타락한 우리의 마음은 하나님 사랑하기를 원하지 않고, 하나님의 말씀대로 살기를 원하지 않아. 대신 자기를 사랑하고, 자기 마음대로 살기를 원해. 그 결과 많은 사람들이 하나님이 원하시는 대로 살지 않고, 자기 마음이 원하는 대로 살고 있어.

하지만 하나님께서는 우리를 그냥 내버려두지 않으셨어. 하나님은 우리가 율법을 잘 지킬 수 있도록 크게 세 가지 선물을 주셨어. 한 번 따라해 볼까.

"율법을 지킬 수 없는 연약한 우리에게 하나님은 세 가지 선물을 주셨습니다."

하나님이 주신 첫 번째 선물은 예수님이야. 우리는 예수님 때문에 구원받았기에, 율법을 어긴 사람들이 받게 되는 영원한 벌을 받지 않아.

두 번째 선물은 회개야. 하나님은 율법을 어긴 사람이 솔직하게 자기 잘못을 고백할 때 그 사람을 사랑하시며, 벌을 거두어 주셔. 이것을 회개라고 해.

세 번째 선물은 은혜를 주는 외적인 수단들인데, 이건 단어 자체도 어렵고 종류도 많아서 한 번에 설명하기 어려워. 그래서 다음에 좀 더 자세하게 공부하도록 하자. 오늘은 평소보다 훨씬 어려운 내용을 공부한 것 같은데, 잘 들어 주어서 고마워.

제85문: 우리의 죄로 인해 마땅히 받아야 할 하나님의 진노와 저주를 피하기 위해 하나님께서 우리에게 요구하시는 것은 무엇입니까?

답: 우리의 죄로 인해 마땅히 받아야 할 하나님의 진노와 저주를 피하기 위해 하나님께서 우리에게 요구하시는 것은, 예수 그리스도를 믿을 것과, 생명에 이르는 회개와, 그리스도께서 우리에게 구속의 유익을 전달하시는 모든 외적인 수단들을 부지런히 사용하는 것입니다.

죄를 미워하시는 하나님 아버지. 저희들이 선한 것을 사랑하며 죄악된 것을 멀리하게 해주세요. 저희 자녀들이 예수님만을 바라보며, 부지런히 회개하며, 경건의 수단들을 성실하게 사용하게 해주세요.

십계명을 지키는 가장 큰 힘은 무엇일까?

- 찬송가 352장을 다 함께 불러 보자.
- 에베소서 2장 8절을 한목소리로 암송해 보자.

"너희는 그 은혜에 의하여 믿음으로 말미암아 구원을 받았으니 이것은 너희에게서 난 것이 아니요 하나님의 선물이라."

너에게 가장 소중한건 뭐니? 변신 로봇이나 무선 조종 자동차, 이런 것들이 겠지? 하지만 사실 그런 것들은 별로 중요하지 않아. 왜냐하면 너에게 닥친 큰 문제들을 해결하는 데 도움이 되지 않기 때문이야.

그렇다면 너에게 있어 가장 큰 문제는 뭘까? 그건 바로 하나님의 심판이야. 지난 시간에 공부했듯이, 너는 자기 마음대로 사는 것이 아니라 십계명을 지키며 살아야 해. 하나님은 네가 십계명을 지키는지 지키지 않는지 주의 깊게 바라보고 계셔.

하지만 너는 십계명을 다 지킬 수가 없어. 조금은 지킬 수 있겠지만, 모두 다지키는 것은 불가능해. 그러면 십계명을 모두 다 지키지 못했다고 하나님께서 영원한 벌을 내리실까?

그렇지 않아. 하나님께서는 너에게 예수님을 주셨어. 예수님이 십자가에서 네가 받아야 할 영원한 벌을 모두 다 받으셨기에 이제 네가 받아야 할 영원한 벌은 없어. 이 사실이 네가 십계명을 지킬 수 있는 가장 큰 힘이란다. 한 번 따라해 볼까.

"십계명을 지킬 수 있는 가장 큰 힘은 예수님을 믿는 믿음입니다."

왜 그런지 한번 생각해 보자. 만약 예수님이 없다면 너에게 어떤 일이 일어날까? 너는 십계명을 지키려고 한두 번은 노력할 수 있을 거야. 하지만 결코 십계명을 모두 다 지킬 수는 없어. 그렇다면 너는 어떤 생각을 하게 될까? 도저히 지킬 수 없는 십계명을 주신 하나님을 원망하며, 십계명을 지키려는 노력을 중단하게 될 거야.

하지만 너에게는 예수님이 계시기에, 십계명을 모두 다 지키지 못해도 구원을 받고 영원한 벌도 받지 않아. 이 사실로 인해 너는 어떤 생각을 하게 될까?

십계명을 다 지킬 수 없는 너를 구원해 주신 하나님께 감사하는 마음이 생길 것이고, 하나님의 은혜에 보답하기 위해 더 열심히 십계명을 지키게 될 거야. 그런 점에서 예수님이야말로 네가 십계명을 지킬 수 있는 가장 큰 힘이 되신단다.

제86문: 예수 그리스도를 믿는 믿음은 무엇입니까?
답: 예수 그리스도를 믿는 믿음은 구원의 은혜인데, 이 은혜로 인해 우리는 복음 안에서 제시된 대로 구원을 얻기 위하여 예수를 영접하고 그분만을 의지하는 것입니다.

사랑이 많으신 하나님 아버지. 저희에게 예수님을 보내주셔서 감사합니다. 저희 자녀들이 죄로 인해 좌절할 때마다 예수님을 바라보게 하시고, 유혹에 넘어져 쓰러질지라도 예수님으로 인해 다시 시작할 힘을 얻게 해주세요.

하나님은 어떤 사람에게 십계명을 지키는 힘을 주실까?

- 찬송가 251장을 다 함께 불러 보자.
- 사도행전 2장 37-38절을 한목소리로 암송해 보자.

"그들이 이 말을 듣고 마음에 찔려 베드로와 다른 사도들에게 물어 이르되 형제들아 우리가 어찌할꼬 하거늘 베드로가 이르되 너희가 회개하여 각각 예수 그리스도의 이름으로 세례를 받고 죄 사함을 받으라."

너는 하나님의 자녀이기 때문에 네 마음이 원하는 대로 사는 것이 아니라 하나님께서 원하시는 대로 살아야 해. 하나님께서 너에게 원하시는 것은 십계명에 담겨 있어. 네가 십계명을 따라 산다면, 그게 바로 하나님께서 원하시는 삶을 사는 거야.

하지만 너 혼자의 힘으로는 십계명을 지킬 수 없어. 하나님께서 도와주셔야 해. 그래서 하나님은 너에게 크게 세 가지 선물을 주셨어.

첫 번째는 지난 시간 공부했던 예수님이야. 하나님은 예수님을 통해 너를 구원하셨어. 그래서 네가 십계명을 모두 다 지키지 못할지라도 하나님께 영원한 벌을 받지 않아. 이 사실이 우리에게 너무나 큰 은혜이기 때문에 우리는 감사한 마음으로 최선을 다해 십계명을 지키게 돼.

두 번째는 오늘 공부할 내용인데, 회개라는 거야. 회개란 네가 십계명을 어겼을 때에 그 사실을 솔직하게 하나님 앞에 말씀드리는 거야. 예를 들어 네가 동생[1]과 싸움을 했다면 그것은 살인하지 말라는 제6계명을 어긴 거야. 이때 "하나님, 제가 오늘 제6계명을 어기고 동생과 싸움을 했어요. 저의 죄를 용서해 주세요"라고 하나님 앞에 솔직하게 네 잘못을 말하는 것. 바로 이게 회개야. 한 번

---

1) 또는 형제나 친구들

따라해 볼까.

이렇게 회개할 때, 하나님은 너의 죄를 용서하시고 죄를 지은 사람이 당연히 받아야 하는 벌을 거두어 주셔. 또 네 마음에 생긴 죄로 인한 슬픔을 거두어 주시고 용서받는 기쁨을 주셔. 그렇기에 회개라는 것은 부끄러운 일이 아니야. 물론 우리가 십계명을 어기는 것은 부끄러운 일이지만, 그 부끄러움을 이기고 하나님 앞에 열심히 회개하는 것은 하나님을 매우 기쁘게 하는 일이야. 열심히 회개하면 할수록 네 마음에는 용서와 구원의 기쁨이 가득하게 돼. 그래서 우리는 이런 회개를 생명에 이르는 회개라고 한단다.

비록 십계명을 다 지킬 수 없는 우리이지만, 그때마다 회개하면 하나님께서 용서하시고 다시금 힘을 주시니, 우리는 더욱더 최선을 다해 십계명을 지킬 수 있게 되는 거야. 소요리문답은 생명에 이르는 회개를 이렇게 설명하고 있단다.

제87문: 생명에 이르는 회개는 무엇입니까?
답: 생명에 이르는 회개는 구원의 은혜인데, 이 은혜로 인해 죄인이 자기 죄를 바르게 깨닫고, 그리스도 안에서 주어진 하나님의 자비를 알며, 자기 죄를 슬퍼하고 미워하며, 죄에서 떠나 하나님께로 돌아가고, 새롭게 순종하는 것을 목적으로 삼고 그것을 추구하는 것입니다.

은혜로우신 하나님. 저희에게 회개의 기회를 주셔서 감사합니다. 저희 죄를 한두 번만 용서해 주시는 것이 아니라, 평생 동안 계속해서 용서해 주시니 감사합니다. 저희 자녀들이 이 은혜를 기억하며 회개하기를 주저하지 않게 하시고, 성실하고 정직하게 회개하며 살게 해주세요.

눈에 보이는 은혜의 선물이란 뭘까?

• 찬송가 263장을 다 함께 불러 보자.
• 사도행전 2장 46~47절을 한목소리로 암송해 보자.

"날마다 마음을 같이하여 성전에 모이기를 힘쓰고 집에서 떡을 떼며 기쁨과 순전한 마음으로 음식을 먹고 하나님을 찬미하며 또 온 백성에게 칭송을 받으니 주께서 구원 받는 사람을 날마다 더하게 하시니라."

너는 구원받은 사람이지? 이 사실을 강하게 믿는 것이 너무나 중요해. 많은 사람들이 예수님을 믿는다고 하면서도 이 사실을 강하게 믿지 않아. 그래서 구원의 확신 없이 두려움과 슬픔 속에서 살아간다.

확신이란 '강하게 믿는다'는 거야. '정말 그럴까? 혹시 틀린 건 아닐까?' 이런 마음이 조금도 없이 분명하고 강하게 믿는 것을 확신이라고 해. 구원의 확신이 강하면 강할수록 우리는 기쁘게 살아갈 수 있어.

'혹시 내가 지옥에 가진 않을까?' '내가 정말 하나님의 자녀가 맞을까?' 이런 생각을 하는 사람이 기쁘게 살기란 불가능해. 반대로 '나는 예수님 때문에 반드시 천국에 갈 거야' '나는 하나님의 아들이 확실해' 이렇게 확신하는 사람은 항상 기뻐하며 살 수 있어.

그런데 네가 십계명을 계속 어기다 보면 구원의 확신이 줄어들 수 있어. 십계명을 어길 때마다 지옥에 대한 두려움이 생길 수 있고, '이렇게 십계명을 자주 어기는 내가 정말 하나님의 자녀가 맞나' 의문을 가질 수도 있어.

그래서 하나님은 우리에게 선물을 주셨어. 첫 번째는 예수님이고, 두 번째는 회개였어. 그리고 세 번째 선물이 구원의 유익을 전달하는 외적인 수단들이야. 용어가 좀 어렵지? 하지만 계속 반복해서 외우고 공부하다 보면 익숙해질 거야.

한 번 따라해 볼까.

여기서 외적인 수단이란 눈에 보이는 은혜의 도구들을 뜻해. 십계명을 지킬 수 있도록 하나님께서 우리에게 주신 첫 번째와 두 번째 선물인 예수님과 회개는 눈에 보이지 않아. 하지만 지금부터 공부할 것들은 우리가 눈으로 볼 수 있는 것들이야. 그래서 외적인 수단이라고 말한단다. 하나님은 눈에 보이지 않는 것들만 있으면 우리의 믿음이 약해질까 봐 눈에 보이는 은혜의 도구들도 주셨어. 그러니 앞으로 공부할 외적인 수단들은 눈으로 잘 보아야 해. 눈으로 잘 보면서 그 의미를 마음속으로 잘 생각해야 해. 소요리문답은 우리가 눈으로 볼 수 있는 은혜의 도구들을 이렇게 소개하고 있어.

제88문: 그리스도께서 우리에게 구속의 유익을 전달하시는 외적인 수단들은 무엇입니까?

답: 그리스도께서 우리에게 구속의 유익을 전달하시는 외적인 수단들은 그분의 모든 규례들, 특별히 말씀과 성례와 기도입니다. 이 모든 것들은 택함 받은 자들을 구원하는 효과적인 수단입니다.

하나님 아버지. 저희의 연약함을 아시고, 구원의 기쁨을 누리도록 돕는 선물들을 주셔서 감사합니다. 예수님을 주셔서 감사하고, 회개할 수 있는 기회를 주셔서 감사합니다. 저희 자녀들이 또 다른 선물인 외적인 수단들을 잘 사용하여 항상 하나님 앞에서 경건하게 자라나게 해주세요.

구속의 유익을 전달하는 외적인 수단 중 첫 번째는?

- 찬송가 199장을 다 함께 불러 보자.
- 시편 19편 7–8절을 한목소리로 암송해 보자.

"여호와의 율법은 완전하여 영혼을 소성시키며 여호와의 증거는 확실하여 우둔한 자를 지혜롭게 하며 여호와의 교훈은 정직하여 마음을 기쁘게 하고 여호와의 계명 은 순결하여 눈을 밝게 하시도다."

너는 하나님의 자녀이기 때문에 반드시 하나님의 말씀대로 살아야 해. 하나님의 말씀 중에서도 특별히 십계명을 지키며 살아야 하지. 하지만 너는 십계명을 모두 다 지킬 수 없어. 하루에도 수십 번씩 십계명을 어기며 살아가. 그러면 너의 마음에 어떤 생각이 들까? 먼저는 지킬 수 없는 십계명을 주신 하나님을 미워하는 마음이 생길 거야. 그리고 십계명을 지키지 못한 것 때문에 지옥에 가게 될까 봐 두려움이 생길 거고, 마지막으로 '내가 정말 구원받은 하나님의 자녀가 맞을까?' 하는 의심이 생길 거야.

그래서 하나님은 네가 십계명을 잘 지킬 수 있도록 은혜의 선물을 주셨어. 첫 번째는 예수님이고, 두 번째는 회개야. 그리고 세 번째는 눈에 보이는 선물이란 뜻으로, 구속의 유익을 전달하는 외적인 수단들이야.

'구속의 유익을 전달하는 외적인 수단들' 중에서 가장 먼저 배울 것은 하나님의 말씀이야. 다른 말로 성경이라고 해. 한 번 따라해 볼까.

"성경은 하나님의 은혜를 누리게 하는 외적인 도구입니다."

예수님이나 회개는 눈에 보이지 않아. 하지만 성경은 우리 눈으로 볼 수 있고,

늘 우리 곁에 지니고 있을 수 있어. 그래서 우리는 항상 성경을 가까이하고, 또 열심히 읽어야 해.

그런데 아무나 성경을 통해 은혜를 받을 수 있는 건 아니야. 구원받지 않은 세상 사람들은 아무리 열심히 성경을 읽어도 은혜를 받을 수 없어. 오직 너처럼 구원받은 사람만이 성경을 읽을 때 은혜를 받을 수 있어. 왜냐하면 성령님이 도와주시지 않으면 아무도 성경을 이해할 수 없거든. 그래서 너처럼 구원받고 성령님을 마음속에 모신 사람만이 성경을 읽고 이해하고 은혜를 받을 수 있는 거지.

하지만 너는 아직 어리기 때문에 성경을 이해하기가 어려울 거야. 그래서 하나님께서는 우리에게 목사라는 직분자를 주셨어. 목사님들은 열심히 성경을 공부해서 네가 이해하기 쉽게 성경을 가르쳐 주셔. 아빠도 다른 목사님들의 설교를 통해서 성경에 대해 몰랐던 것들을 많이 배워.

그러므로 너는 스스로 성경을 많이 읽어야 하지만, 특별히 주일에 교회에 갔을 때 목사님의 설교를 주의 깊게 잘 들어야 해. 목사님의 말씀을 듣고, 어떻게 살아야 하는지를 잘 배우고, "내가 저 말씀대로 살지 않았구나" 생각되면 솔직하게 그 죄를 하나님께 고백해야 해. 그러면 하나님께서 너를 위로해 주실 거고, 너는 점점 더 거룩한 사람으로 자라나게 될 거야.

제89문: 말씀이 어떻게 구원을 위한 효과적인 수단이 됩니까?
답: 하나님의 성령께서는 말씀을 읽는 것 특히 말씀을 설교하는 것을 효과 있는 수단으로 삼아 죄인을 책망하고 회개케 하시며, 또 믿음으로 말미암아 구원에 이르도록 거룩과 위로를 더하십니다.

하나님 아버지. 저희에게 은혜와 위로의 말씀인 성경을 주셔서 감사합니다. 저희 자녀들이 성경을 사랑하고 가까이하게 해주세요. 그리하여 성경이 주는 은혜와 위로를 풍성히 누리며 살아가게 해주세요.

성경은 어떻게 보아야 할까?

- 찬송가 200장을 다 함께 불러 보자.
- 시편 119편 18절을 한목소리로 암송해 보자.

"내 눈을 열어서 주의 율법에서 놀라운 것을 보게 하소서."

계명을 지키는 것은 너무나 어려운 일이야. 하지만 하나님께선 네가 십계명을 잘 지킬 수 있도록 은혜로운 선물들을 주셨어. 첫 번째는 예수님이고, 두 번째는 회개야. 그리고 세 번째는 눈에 보이는 선물이란 뜻에서 '구속의 유익을 전달하는 외적인 수단들'이라고 불러.

그중 첫 번째는 지난 시간에 공부한 성경이야. 성경은 하나님의 말씀을 기록한 책인데, 크게 복음과 율법이라는 두 가지 내용을 담고 있어. 복음이란 하나님께서 우리를 구원하신 내용을 말해. 그래서 우리는 성경을 읽을 때마다 하나님이 우리를 구원해 주신 것에 대한 감사의 마음을 가지게 돼.

율법이란 하나님께서 우리에게 원하시는 삶을 말해. 그래서 우리는 성경을 읽을 때마다 "나는 이렇게 살아야 하는구나" 또는 "나는 이렇게 살지 못했구나" 하는 생각들을 가지게 돼.

그런데 네가 성경을 읽을 때나 목사님을 통해 성경을 배울 때, 언제나 동일하게 은혜를 받는 것은 아니야. 네가 성경을 통해 은혜를 받기 위해서는 크게 세 가지를 행해야 해. 그 세 가지는 '준비'와 '믿음'과 '실천'이야. 한 번 따라해 볼까.

먼저는 준비하는 시간이 있어야 해. 하나님은 기도로 준비하는 자에게 더 많은 은혜를 주셔. 그래서 너는 성경을 읽기 전에 반드시 성경을 통해 은혜받기를 기도해야 해.

다음으로는 성경의 말씀을 모두 다 믿어야 해. 하나도 빠짐없이 모두 다. 하나님이 말씀으로 세상을 창조하신 것, 예수님이 죽은 사람을 살리신 것들은 믿기 어려울 수도 있지만, 그런 것들도 모두 다 믿어야 해.

마지막으로는 성경에서 배운 것들, 설교를 통해 알게 된 것들을 실천해야 해. 성경에 기록된 하나님의 말씀은 듣고 잊어버려선 안 돼. 반드시 그 말씀대로 살아가려 노력해야 해.

네가 이렇게 준비하고, 믿고, 실천하면, 반드시 하나님은 성경을 통해 너에게 은혜를 주실 거야. 소요리문답은 말씀의 은혜를 받기 위한 자세를 이렇게 말하고 있어.

제90문: 말씀을 어떻게 읽고 들어야 구원에 이르는 효과가 있습니까?

답: 말씀이 구원에 이르는 효과가 있게 되려면, 우리는 부지런히 준비하고 기도하며 말씀에 집중하고, 믿음과 사랑으로 말씀을 받아 마음에 간직하며, 우리 생활 가운데서 실천해야 합니다.

하나님 아버지, 저희가 하나님의 말씀인 성경을 가까이하며 살아가게 해주세요. 저희 자녀들이 기도로 성경 앞에 나가게 하시고, 모두 다 믿게 하시고, 그 말씀대로 살기 위해 노력하게 해주세요.

구속의 유익을 전달하는 외적인 수단 중 두 번째는?

• 찬송가 290장을 다 함께 불러 보자.
• 마태복음 3장 11절을 한목소리로 암송해 보자.

"나는 너희로 회개하게 하기 위하여 물로 세례를 베풀거니와 내 뒤에 오시는 이는 나보다 능력이 많으시니 나는 그의 신을 들기도 감당하지 못하겠노라. 그는 성령과 불로 너희에게 세례를 베푸실 것이요."

너는 십계명을 잘 지키고 있니? 십계명을 지키는 건 너무나 힘들고 어렵지? 너만 그런 것이 아니라, 아빠 역시 십계명을 지키는 것이 너무나 힘들어. 하지만 하나님께선 우리가 십계명을 지키는 것이 너무나 힘들다는 사실을 아시고 우리에게 은혜로운 선물들을 주셨어. 첫 번째는 예수님이고, 두 번째는 회개이며, 세 번째는 '구속의 유익을 전달하는 외적인 수단들'이야. '외적인 수단'이라고 하는 이유는, 예수님과 회개는 눈에 보이지 않지만 세 번째 것들은 눈에 보이기 때문이야.

외적인 수단 가운데 첫 번째는 지난 시간에 배운 성경이야. 우리는 준비된 마음으로 성경을 읽고, 성경을 모두 다 믿고, 성경의 말씀을 실천함으로써 하나님이 주시는 은혜를 받을 수 있어.

오늘은 '구속의 유익을 전달하는 외적인 수단들' 가운데 두 번째를 소개하려고 해. 그것은 바로 성례야. 성례란, 거룩한 의식이란 뜻이야. 의식이라는 건, 쉽게 말해 특별한 행사를 의미해. 그리고 거룩하다는 건, 이것이 하나님으로부터 왔다는 뜻이야. 그러므로 성례는, 사람이 아니라 하나님께서 직접 만드신 특별한 행사라는 뜻이야. 한 번 따라해 볼까.

"성례란 하나님께서 직접 만드신 특별한 행사입니다."

여기서 중요한 건, 성례를 하나님께서 직접 만드셨다는 거야. 그래서 성례를 통해 받는 은혜도 사람이 아닌 하나님에게서 오는 거지.

기억나지 않겠지만 너도 이 특별한 행사에 참여한 적이 있어. 바로 유아세례야.[1] 그때 목사님이 너에게 세례를 주셨지만, 세례가 주는 은혜와 기쁨은 목사님에게서 온 것이 아니야. 모든 성례의 은혜는 하나님께서 주시는 거야. 이 사실을 기억하는 것이 중요해. 왜냐하면 많은 사람들이 마치 사람이 이 은혜를 주는 것처럼 생각하고 있기 때문이야.

그래서 소요리문답은 성례의 은혜가 사람이 아니라 하나님으로부터 온다는 사실을 강조하기 위해 다음과 같이 말하고 있어.

제91문: 성례는 어떻게 구원을 위한 효과적인 수단이 됩니까?
답: 성례는 그 자체나 그것을 시행하는 자의 덕이 아니라, 오직 그리스도의 축복하심과 또 믿음으로 성례를 받는 자 속에 역사하는 성령의 역사로 말미암아 구원의 효과 있는 수단이 됩니다.

하나님 아버지. 모든 은혜가 하나님에게서만 온다는 것을 믿고 감사드립니다. 저희 자녀들이 평생에 걸쳐 성례에 참여할 때마다 하나님께서 주시는 은혜를 사모하게 하시고, 그 은혜 안에서 경건한 삶을 살게 해주세요.

[1] 받은 적이 없다면 그냥 넘어가 주세요.

성례의 은혜는 누구에게서 오는 것일까?

• 찬송가 292장을 다 함께 불러 보자.
• 고린도전서 11장 26절을 한목소리로 암송해 보자.
"너희가 이 떡을 먹으며 이 잔을 마실 때마다 주의 죽으심을 그가 오실 때까지 전하는 것이니라."

하나님의 말씀대로 사는 건 너무나 힘든 일이야. 특히 십계명을 모두 다 지키기란 거의 불가능에 가까워. 그래서 하나님은 우리에게 은혜로운 선물들을 주셔서, 우리가 십계명을 잘 지킬 수 있도록 도와주셔.

첫 번째는 예수님이고, 두 번째는 회개, 그리고 세 번째는 '구속의 유익을 전달하는 외적인 수단들'이야. 그 수단들 가운데 오늘 함께 살펴보려고 하는 것은 성례야.

지난 시간에도 잠깐 설명을 했었는데, 성례란 거룩한 의식이라는 뜻이야. 의식이란 특별한 행사라는 뜻이고, 거룩하다는 건 이것이 사람이 아니라 하나님께로부터 왔다는 거야. 그러므로 성례를 통해 받게 되는 모든 은혜는, 그 성례를 준비하고 진행하는 사람이 아니라 오직 하나님께로부터 오는 것이지. 한 번 따라해 볼까.

> "성례는 하나님께서 만드신 것이며,
> 성례의 은혜도 오직 하나님께로부터 옵니다."

그런데 성례는 어떤 식으로 우리에게 은혜를 줄까? 성례는 '복음'을 체험하게 함으로써 우리에게 은혜를 줘. 복음이란 '좋은 소식'이란 뜻인데, 하나님이 우리에게 주신 구원을 말하는 거야. 예를 들어 너는 농사가 어떤 것인지 어떻게 알 수 있을까? 체험을 통해서야. 유치원[1]에서 하는 감자밭 체험, 딸기밭 체험, 이런 것들을 통해서 농사가 어떤 것인지 알 수 있어.

성례도 마찬가지야. 성례는 예수님께서 너를 구원하기 위해 십자가에서 죽으신 것을 체험하는 특별한 행사야. 너는 성례라는 특별한 행사를 통해 예수님이 우리 대신 죽으신 그 크신 은혜를 눈으로 보고, 손으로 만져 보고, 입으로 먹게 되는 거야.

은혜를 눈으로 보고, 손으로 만지고, 입으로 먹는다는 게 어떤 뜻인지 잘 이해가 안 되지? 지금은 어렵지만 앞으로 성례에 대해 하나하나 배워 가다 보면 조금씩 이해하게 될 거야. 성례의 의미를 이해하게 되면, 교회에서 성례에 참여할 때 그 시간이 지루하게 느껴지는 것이 아니라 정말 은혜로운 시간으로 느껴지게 될 거야.

제92문: 성례는 무엇입니까?

답: 성례는 그리스도께서 제정하신 거룩한 예식인데, 그 안에 그리스도와 새 언약의 유익들이 눈에 보이는 상징들을 통해 신자에게 나타나고 인쳐지며 적용됩니다.

하나님 아버지. 저희에게 성례의 의미를 알려주시니 감사합니다. 앞으로 저희 자녀들이 성례에 참여할 때 형식적으로 참여하지 않게 하시고, 그 깊은 의미를 생각하며 경건하게 참여하게 해주세요.

---

[1] 또는 초등학교에서

우리가 꼭 지켜야 하는 성례에는 무엇이 있을까?

- 찬송가 294장을 다 함께 불러 보자.
- 고린도전서 11장 26절을 한목소리로 암송해 보자.
"너희가 이 떡을 먹으며 이 잔을 마실 때마다 주의 죽으심을 그가 오실 때까지 전하는 것이니라."

우리는 예수님의 은혜로 구원받은 사람이야. 그리고 하나님은 구원받은 사람들이 세상 사람들과 다르게 살기를 원하셔. 바로 그것이 하나님이 우리에게 십계명을 주신 이유야. 너는 십계명을 지킴으로써 세상 사람들과 다르게 살 수 있어.

하지만 타락한 우리가 십계명을 모두 다 지키기란 불가능해. 그래서 하나님은 우리에게 크게 세 가지 선물을 주셨어. 이 세 가지 선물 때문에 우리는 힘을 얻어서 십계명을 잘 지킬 수 있어. 그 선물들이 뭐였는지 기억나니? 첫 번째는 예수님이고, 두 번째는 회개이며, 세 번째는 '구속의 유익을 전달하는 외적인 수단들'이라 했어.

그 외적인 수단들에도 크게 세 가지가 있는데, 첫 번째는 말씀이고, 두 번째는 지금 우리가 공부하고 있는 성례야. 성례가 무엇인지 기억나지? 성례란 거룩한 의식이라는 뜻이야. 여기서 거룩하다는 건 인간이 아니라 하나님께서 만들었다는 의미고, 의식이라는 건 이것이 특별한 행사라는 의미야. 한 번 따라해 볼까.

"성례란 하나님께서 직접 만드신 특별한 행사입니다."

성례란 하나님께서 직접 만든 것이기 때문에, 성례에 참여할 때 장난치듯 해선 안 돼. 또 성례란 하나님께서 우리에게 은혜를 주시는 매우 특별한 행사이기 때문에 그 시간을 지루하게 생각해서도 안 돼. "하나님이 성례를 통해 오늘 나에게 큰 기쁨을 주시는구나!" 하고 설레는 마음으로 그 시간을 기다리고 준비해야 해.

그렇다면 오늘날 우리가 지켜야 하는 성례에는 무엇이 있을까? 그건 바로 세례와 성찬이야. 그런데 이 둘은 서로 다른 것이 아니라 둘 다 동일하게 예수님을 보여주는 의식이야.

오늘의 암송구절을 보면 성례를 통해 주의 죽으심이 전해진다고 말하고 있지? 이 말씀처럼 성례의 주인공은 예수님과 예수님의 십자가야. 우리는 세례와 성찬을 통해 예수님이 우리를 살리기 위해 십자가 위에서 얼마나 큰 아픔을 겪으셔야 했는지 알 수 있고, 그 결과 우리가 얼마나 큰 은혜를 받았는지도 알 수 있어.

이제 우리는 다음 시간부터 좀 더 자세하게 세례와 성찬에 대해 공부할 거야. 기대되지 않니?

제93문: 신약의 성례는 무엇입니까?
　　답: 신약의 성례는 세례와 성찬입니다.

하나님 아버지. 성례를 통해 저희에게 은혜 주시니 감사합니다. 저희 자녀들이 세상에서 누리는 헛된 기쁨이 아니라, 하나님께서 주시는 영적인 기쁨들을 사모하며 살게 해주세요. 특히 성례를 통해 주시는 하나님의 은혜를 일평생 풍성히 누리게 해주세요.

왜 세례를 받아야 할까?

- 찬송가 295장을 다 함께 불러 보자.
- 마태복음 28장 19-20절을 한목소리로 암송해 보자.

"그러므로 너희는 가서 모든 민족을 제자로 삼아 아버지와 아들과 성령의 이름으로 세례를 베풀고 내가 너희에게 분부한 모든 것을 가르쳐 지키게 하라."

너는 원래 어린이집에 다녔어. 그런데 지금은 유치원[1]에 다니고 있지. 그렇다면 언제부터 어린이집이 아니라 유치원에 다니게 되었을까? 그건 네가 유치원 입학식을 한 이후부터야. 유치원 입학식 기억나니? 처음으로 유치원 복장을 갖춰 입고, 유치원 선생님들 앞에 한 줄로 서서 유치원 생활에 대해 들었잖아. 세례라는 건 마치 유치원 입학식과 같아. 너는 유치원 입학식을 통해 네가 어린이집 소속이 아니라 앞으로 유치원 소속임을 알게 되었어. 그것처럼, 너는 세례를 통해 세상에 속한 사람이 아니라 하나님께 속한 사람이 되었음을 알게 되는 거야. 한 번 따라해 볼까.

"우리는 세례식을 통해 우리가 하나님께 속한 사람임을 알게 됩니다."

그런데 세례식을 할 때 우리가 반드시 해야 하는 특별한 의식이 있어. 그건 바로 물로 씻는 의식이야. 왜 세례식 때 물로 씻는 순서를 가질까? 우리가 성부, 성자, 성령, 삼위 하나님께 속하게 된 것은 예수님 때문이야. 원래 우리는 하나님께 벌을 받아야 하는 사람이었어. 그런데 우리가 받아야 할 벌을 예수님께서

---

1) 또는 초등학교에서

십자가 위에서 대신 받으셨어. 그때 예수님은 많은 피를 흘리셨어. 손과 발에 못을 박아 십자가에 박히셨으니 얼마나 많은 피를 흘리셨겠니? 하지만 예수님의 피로 인해 우리의 죄가 해결되었고, 우리는 하나님께 벌을 받는 사람이 아니라 하나님의 사랑을 받는 하나님의 자녀가 되었어. 세례식 때 사용하는 물은 바로 예수님의 피를 의미해. 물이 우리 몸의 더러움을 깨끗하게 해주는 것처럼, 예수님의 피가 우리를 죄로부터 깨끗하게 해주었음을 나타내는 거지.

그런데 세례는 한 번만 받아. 왜냐하면 하나님께서 우리에게 구원을 선물로 주셨고, 그 구원을 다시는 잃어버리지 않기 때문이야. 그래서 우리가 구원받은 사람임을 나타내는 세례식도 여러 번 할 필요가 없어. 너도 두 살 때 물로 씻는 성례인 세례식을 했기 때문에 다시 세례를 받을 필요가 없어. 하지만 다른 사람이 세례 받는 모습은 자주 보게 될 거야. 그때 넌 어떤 생각을 해야 할까? "물이 내 몸을 깨끗하게 하는 것처럼, 예수님의 피가 내 영혼을 깨끗하게 해주었구나. 그렇기에 이제 나는 세상에 속한 사람이 아니라, 하나님께 속한 사람이구나." 하고 생각을 해야 해. 이처럼 세례식은 하나님의 말씀을 눈으로 보여주기도 하고, 직접 체험하게도 하는 특별한 의식이야. 앞으로 교회에서 다른 사람이 세례식을 할 때, 나와 상관없다고 딴 생각하거나 장난을 쳐서는 안 되겠지?

제94문: 세례는 무엇입니까?

답: 세례는 성부와 성자와 성령의 이름으로 물로써 씻는 성례인데, 이로써 우리가 그리스도에게 접붙여짐과, 은혜언약의 모든 유익에 참여하는 것과, 우리가 주님의 소유가 되기로 약속함을, 상징하며 인치는 것입니다.

하나님 아버지. 저희들을 타락한 세상에서 건지시고, 하나님의 자녀로 선택하여 주신 것 진심으로 감사드립니다. 저희와 저희 자녀들은 세례식을 통해 이 사실을 공개적으로 확인하였습니다. 저희 자녀들이 이 의식의 의미를 잊지 않게 하시고, 자신들이 하나님께 속한 자임을 명심하고 살아가게 해주세요.

세례를 통해 무엇을 배울 수 있을까?

- 찬송가 298장을 다 함께 불러 보자.
- 요한복음 15장 5절을 한목소리로 암송해 보자.

"나는 포도나무요 너희는 가지라 그가 내 안에, 내가 그 안에 거하면 사람이 열매를 많이 맺나니 나를 떠나서는 너희가 아무것도 할 수 없음이라."

나무에서 떨어진 가지를 그대로 두면 어떻게 될까? 곧 말라 죽게 될 거야. 그런데 나무에서 떨어진 가지라도 다시 나무에 붙이면 되살아나는 경우가 있어. 나무로부터 수분을 다시 공급받기 때문이야. 이렇게 떨어진 가지를 나무에 다시 붙여 살리는 것을 '접붙임'이라고 해.

오늘의 암송구절을 보면, 예수님은 자기 자신과 우리를 각각 어떻게 설명하고 계시니? 예수님은 나무이고, 우리는 가지라고 설명하셔. 이 말씀처럼 우리는 예수님께 붙어 있을 때만 예수님께 힘과 은혜를 공급 받아서 하나님이 기뻐하시는 일을 할 수 있어. 반대로 우리가 예수님께 붙어 있지 않다면 우리는 죄 짓는 일밖에 할 수 없어.

그렇다면 너는 예수님께 붙어 있는 사람일까, 붙어 있지 않은 사람일까? 너는 성부 하나님이 온 세상을 창조하신 것과, 성자 예수님 때문에 구원받은 것과, 성령 하나님이 네 마음속에 계시는 것을 믿지? 그렇다면 너는 예수님께 붙어 있는 사람이야. 한 번 따라해 볼까.

"우리는 예수님이라는 나무에 접붙여져 은혜를 공급받는 가지입니다."

세상 사람들은 예수님이라는 나무에서 떨어져 있기 때문에, 예수님과 아무 상관없이 살다가 결국 하나님의 심판을 받게 돼. 하지만 우리는 예수님께 접붙여져 있기 때문에, 늘 은혜를 공급받고 그로 인해 하나님을 기쁘게 하는 일을 할 수 있어. 그 결과 영원한 심판이 아니라 영원한 구원을 선물로 받아.

바로 이것을 세례를 통해 확인할 수 있는 거란다. 물로 씻는 성례인 세례식을 통해 "물이 몸의 더러움을 씻듯이, 예수님의 피가 내 죄를 모두 깨끗하게 했구나!"라는 사실을 확인하고, "이제 나는 세상에 속한 사람이 아니라 하나님께 속한 사람이구나!"라는 사실을 확인하며, "나는 예수님과 상관없는 사람이 아니라 예수님께 은혜를 공급받는 사람이구나!"라는 사실을 확인하는 거야.

제94문: 세례는 무엇입니까?

　　답: 세례는 성부와 성자와 성령의 이름으로 물로써 씻는 성례인데, 이로써 우리가 그리스도에게 접붙여짐과, 은혜언약의 모든 유익에 참여하는 것과, 우리가 주님의 소유가 되기로 약속함을, 상징하며 인치는 것입니다.

하나님 아버지. 저희를 구원하셔서 세례에 참여하게 하시니 감사합니다. 저희는 예수님의 피로 인하여 모든 죄에서 구원받은 존재입니다. 저희 자녀들이 이 진리를 평생 기억하게 하시고, 구원의 확신을 가지게 하시고 살아가게 해주세요.

유아세례를 꼭 받아야 할까?

• 찬송가 301장을 다 함께 불러 보자.
• 창세기 17장 12절을 한목소리로 암송해 보자.

"너희의 대대로 모든 남자는 집에서 난 자나 또는 너희 자손이 아니라 이방 사람에게서 돈으로 산 자를 막론하고 난 지 팔 일 만에 할례를 받을 것이라."

세례는 우리가 하나님께 속한 사람임을 나타내는 의식이야. 또한 우리가 예수님께 접붙여졌음을 나타내는 의식이기도 해. 그래서 교회는 예수님을 믿는 것이 확실한 사람, 그리고 예수님의 말씀대로 살아가는 것이 확실한 사람에게만 세례를 주어야 해. 세상 사람과 구별되지 않는 사람에게 세례를 주는 것은 세례의 의미를 더럽히기 때문이야.

하지만 너는 두 살 때 세례[1]를 받았어. 이상하지 않니? 그때 너는 아기여서, 예수님을 믿는 믿음이 있는지, 예수님께 순종하려는 의지가 있는지를 전혀 확인할 수 없었는데 말이야. 그런데 왜 너에게 유아세례를 주었을까?

그 이유는 구약의 성례인 할례를 유아에게도 주었기 때문이야. 신약의 성례는 세례와 성찬밖에 없어. 하지만 구약시대에는 할례라는 성례가 있었어. 물론 할례는 구약의 성례이기 때문에 오늘날에는 지키지 않아.

할례는 남자의 생식기 일부를 자르는 의식이야. 구약시대에 남자의 생식기는 힘과 생명을 상징했어. 즉, 하나님께서는 "너희의 힘과 생명은 여호와 하나님인 나밖에 없다!"라는 사실을 나타내기 위해 할례라는 의식을 주셨어.

---

1) 유아 세례를 받은 경우가 없다면, 다른 사람의 경우를 예로 들어 주세요.

그런데 오늘의 암송구절을 보면, 난 지 팔 일된 아기에게 할례를 주라고 말하고 있어. 왜 하나님께서는 믿음이 확인되지 않는 아기에게 할례라는 성례를 행하라고 하셨을까?

이 말에는 부모의 책임이 포함되어 있어. 하나님이 우리에게 주신 자녀가 하나님의 백성일 것임을 믿고, 하나님의 백성답게 키우라는 책임이 들어가 있는 거지. "세상 사람처럼 키우는 것이 아니라, 하나님의 자녀답게 키우겠습니다"라는 마음을 가지고, 부모는 자녀에게 할례를 행했던 거야.

유아세례도 동일해. 구약의 성례인 할례를 유아에게도 행했던 것처럼, 신약의 성례인 세례도 유아에게 행하는 거야. 거기에는 "이 아이를 세상 사람처럼 키우지 않고, 하나님의 백성답게 키우겠습니다!"라는 부모의 책임이 들어 있고. 한 번 따라해 볼까.

> "유아세례는, 세상 사람처럼 키우지 않고 하나님의 백성답게 키우겠다는,
> 하나님과 부모 사이의 약속을 상징합니다."

아빠가 매일 아침 가정예배를 드리는 것은 바로 그것 때문이야. 아빠는 너를 유아세례에 참여시키면서, 너를 세상 사람처럼 키우지 않고 하나님의 백성답게 키우겠다고 하나님과 약속했어. 그 약속을 지키기 위해 가정예배를 통해 하나님의 말씀을 너에게 가르치는 거야.

어떤 사람들은 유아세례가 성경적이지 않다고 주장하기도 해. 하지만 구약의 성례인 할례를 아기에게도 주었던 것처럼, 신약의 성례인 세례를 아기에게 주는 것은 절대 이상한 일이 아니야.

오히려 하나님께서 부모에게 주신 신앙교육의 책임을 더 잘 지키는 것이라 할 수 있어. 그래서 소요리문답은 세례를 누구에게 베풀어야 하냐는 질문에 대해 이렇게 답하고 있단다.

제95문: 누구에게 세례를 베풀어야 합니까?

답: 세례는 그리스도에 대한 믿음과 순종을 고백할 때까지는 보이는
교회 밖에 있는 어느 누구에게도 베풀어서는 안 됩니다. 그러나
보이는 교회 회원들의 자녀들은 세례를 받아야 합니다.

하나님 아버지. 저는 하나님과 유아세례 언약을 맺었습니다. 그 언약을 따라 하나님께서 주
신 자녀들을 신실하고 거룩하게 잘 양육할 수 있도록 도와주세요. 그리고 저희 자녀들도 유
아세례 언약을 기억하여, 부모의 가르침에 진심으로 순종하게 해주세요.

성찬이 무엇을 보여주는지 아니?

- 찬송가 302장을 다 함께 불러 보자.
- 고린도전서 11장 23-24절을 한목소리로 암송해 보자.

"내가 너희에게 전한 것은 주께 받은 것이니 곧 주 예수께서 잡히시던 밤에 떡을 가지사 축사하시고 떼어 이르시되 이것은 너희를 위하는 내 몸이니 이것을 행하여 나를 기념하라 하시고."

세례가 뭐였는지 기억해? 세례란 물로 씻는 의식이야. 물로 몸의 더러움을 씻는 것처럼, 예수님의 피가 우리 영혼의 더러움을 깨끗이 씻어 주었음을 보여주는 거야. 세례에 이은 두 번째 성례는 성찬인데, 이것은 거룩한 식사라는 뜻이야.

예수님은 십자가에 못 박히기 며칠 전에 제자들과 함께 빵과 포도주를 드셨어. 그리고 제자들에게 이 식사를 기억하며 반복해서 행하라고 하셨어. 그래서 우리는 예수님의 뜻을 따라 계속해서 거룩한 식사인 성찬을 행하고 있어.

그렇다면 예수님께서 빵과 포도주를 함께 먹는 거룩한 식사를 반복해서 행하라고 하신 이유는 뭘까? 그것은 성찬의 빵과 포도주가 예수님의 십자가 죽음을 상징하기 때문이야.

우리를 살리기 위해 예수님이 십자가에 못 박히셨을 때 어떤 일이 일어났을지 한 번 생각해 보자.

먼저 커다란 못이 예수님의 손과 발을 꿰뚫었어. 그때 예수님의 손과 발에 있는 살이 어떻게 되었을까? 심하게 찢어졌을 거야. 성찬식의 빵은 바로 이 사실을 우리에게 보여줘.

성찬식 때 빵을 찢어서 성도들에게 나누어 주는데, 성도들은 빵이 찢겨지는 모습을 보면서 우리를 위해 찢겨진 예수님의 살을 다시 한 번 보게 되는 거지.

그리고 찢겨진 예수님의 살 사이로 많은 피가 흘렀을 거야. 성찬식의 포도주는 바로 이 사실을 우리에게 보여줘. 성찬식 때 포도주를 부어서 성도들에게 나누어 주는데, 성도들은 새빨간 포도주가 부어지는 모습을 보면서 우리를 위해 흘린 예수님의 피를 다시 한 번 보게 되는 거지. 한 번 따라해 보자.

> "빵을 찢는 것은 우리를 위해 찢겨진 예수님의 살을 상징하며,
> 포도주를 붓는 것은 우리를 위해 흘린 예수님의 피를 상징합니다."

어떤 사람은 성찬식 때 사용되는 빵과 포도주가 우리 몸속에서 실제 예수님의 살과 피로 바뀐다고 생각해. 하지만 성찬식의 빵과 포도주는 예수님의 살과 피를 상징하는 것일 뿐이야.

그러나 상징이라고 해서, 성찬의 빵과 포도주가 주는 은혜가 줄어드는 것은 아니야. 우리는 성찬식을 통해 예수님의 십자가 사건이 눈앞에서 재현되는 것을 경험할 수 있어.

그렇기에 예수님이 우리를 위해 십자가에서 죽으셨음을 믿는 믿음을 가진 자라면, 성찬식을 통해 충분히 영적인 유익을 얻을 수 있고 성찬식을 통해 믿음이 자라는 것을 경험할 수 있어.

이제 너도 조금만 더 크면 성찬식에 참여할 수 있어. 그 때 너는 성찬의 빵과 포도주가 예수님의 살과 피를 상징하는 것임을 믿어야 해. 그러한 믿음으로 성찬에 참여하면 하나님은 너에게 큰 은혜를 주실 거야. 너와 함께 거룩한 식사를 나누는 그날이 어서 빨리 왔으면 좋겠구나.

제96문: 성찬은 무엇입니까?

　답: 성찬은 그리스도께서 정하신 대로 빵과 포도주를 주고받음으로써 그분의 죽음을 나타내 보이는 성례입니다. 이 성례를 바르게 받는 자는 물질적인 방법이 아니라 믿음으로 그리스도의 살과 피에 참여하여 그리스도의 모든 유익과 함께 영적 양식을 얻어 은혜 안에서 성장하게 됩니다.

하나님 아버지. 저희에게 거룩한 식사인 성찬을 허락해 주셔서 감사합니다. 저희 자녀들이 성찬을 통해 예수님의 희생과 사랑을 되새기게 하시고, 그 은혜에 합당한 거룩한 삶을 살아가게 해주세요.

성찬에 참여하기 위해 어떤 준비를 해야 할까?

• 찬송가 303장을 다 함께 불러 보자.
• 고린도전서 11장 28-30절을 한목소리로 암송해 보자.
"사람이 자기를 살피고 그 후에야 이 떡을 먹고 이 잔을 마실지니 주의 몸을 분별하지 못하고 먹고 마시는 자는 자기의 죄를 먹고 마시는 것이니라. 그러므로 너희 중에 약한 자와 병든 자가 많고 잠자는 자도 적지 아니하니."

반지 낀 사람을 본 적 있지? 사람들이 반지를 끼는 이유가 뭘까? 대부분은 예쁘게 보이고 싶어서 반지를 껴. 그런데 꼭 그런 이유만은 아니야. 많은 이들이 사랑하는 사람이 생기면 반지를 선물해. 남자와 여자가 만나서 결혼을 할 때에도 서로에게 반지를 선물해. 반지가 서로를 향한 사랑을 상징하기 때문이야.

다시 말해서, "나는 당신을 사랑해요. 당신도 나를 사랑해 주길 바래요." 이런 마음으로 반지를 선물하는 거야. 그래서 아빠와 엄마가 결혼할 때에도 은으로 된 예쁜 반지를 서로에게 선물했단다. 그런데 아빠가 그 반지를 쓰레기통에 버린다면, 엄마의 기분이 어떨까? 정말 기분이 나쁘겠지. 그 반지는 엄마와 아빠의 사랑을 상징하니까 말이야.

이제 다시 성찬에 대해 생각해 보자. 성찬은 무엇을 상징한다고 했니? 빵은 예수님의 살을, 포도주는 예수님의 피를 상징한다고 했어. 그렇다면 성찬의 빵과 포도주를 받을 때, 장난스런 마음으로 아무 생각 없이 받아도 될까? 절대 그래선 안 돼. 그것은 사랑의 상징인 반지를 휴지통에 버리는 것과 같아. 한 번 따라해 볼까.

*"성찬의 빵과 포도주는 예수님의 살과 피를 상징하는 것이기에,
결코 가벼운 마음으로 먹어서는 안 됩니다."*

오늘의 암송구절을 보면 아무 생각 없이 성찬에 참여한 사람들이 하나님께 벌을 받았다고 말하고 있어. 그러므로 우리는 준비된 자세로 성찬에 참여해야 해. 그렇다면 어떤 식으로 성찬을 준비해야 할까? 먼저는 성찬이 어떤 의미인지를 알아야 해. "이 빵은 예수님의 살을 상징하는구나. 이 포도주는 예수님의 피를 상징하는구나" 하는 지식이 있어야 해.

그리고 감사의 마음이 있어야 해. "내가 하나님께 영원한 벌을 받지 않고 영원한 사랑을 받는 것은, 예수님이 나를 위해 살을 찢기고 피를 흘리신 것 때문이구나" 하는 감격이 있어야 한다는 거야. 또한 회개하는 마음도 있어야 해. 예수님이 우리 죄 때문에 십자가에 박히셨는데, 우리는 죄를 너무 쉽게 생각하고 마음대로 살고 있지는 않은지 잘 생각하고, 회개하는 마음으로 성찬에 참여해야 해.

제97문: 성찬을 바르게 받기 위해 요구되는 것은 무엇입니까?

답: 성찬을 바르게 받기 위해 요구되는 것은 주님의 몸을 분별하는 지식과 주님을 양식으로 삼는 믿음과 회개와 사랑과 새로운 순종이 있는지 자기 자신을 살피는 것이며, 혹 합당하지 않게 참여하여 자기들에게 돌아올 심판을 먹고 마시지 않도록 해야 합니다.

하나님 아버지. 아무 자격 없는 저희들을 위해 예수님이 피 흘리시고 살 찢기신 것을 기억합니다. 그 은혜로 저희들이 구원받을 것을 믿습니다. 저희 자녀들이 이 사랑을 잊지 않게 하시고, 이 사랑을 온 세상에 전파하는 삶을 살게 해주세요.

구속의 유익을 전달하는 외적인 수단들 중 세 번째는?

- 찬송가 304장을 다 함께 불러 보자.
- 요한복음 15장 7절을 한목소리로 암송해 보자.

"너희가 내 안에 거하고 내 말이 너희 안에 거하면 무엇이든지 원하는 대로 구하라. 그리하면 이루리라."

하나님이 어디에 계신지 아니? 하나님은 몸이 없으신 영이셔서 어디에나 계셔. 하나님은 저 바다 가장 깊은 곳에도 계시고, 저 하늘 가장 높은 곳에도 계셔. 저 우주 끝에도 계시고, 저 태양에도 계셔. 더 정확하게 말하면, 하나님이 세상 어딘가에 계신 것이 아니라 세상이 하나님 안에 있어. 그래서 우리가 어디서 어떤 말을 하든지 하나님은 다 들으실 수 있고, 실제로 다 듣고 계셔.

너는 아빠와 대화를 나누는 것처럼 하나님과도 대화를 나눌 수 있어. 이렇게 하나님과 대화를 나누는 것을 기도라고 해. 그렇다고 네가 하나님께 하는 모든 말이 기도인 것은 아니야. 네가 아빠에게 종종 하는 것처럼, 하나님을 향해 원망의 말을 하거나 떼를 쓴다면 그건 하나님께 드리는 기도가 아니야. 그렇다면 기도란 뭘까? 네가 하는 모든 말을 하나님이 들으시지만, 특별히 하나님께서 기도로 들으시는 말에는 크게 네 가지 특징이 있어. 꼭 이 네 가지가 들어가야만 하나님이 기도로 인정한다는 건 아니지만, 이것들이 포함될 때 하나님께서 기뻐하는 기도가 될 수 있어. 그럼 이 네 가지를 한 번 따라해 볼까.

첫째, 하나님의 뜻을 기도할 것.
둘째, 예수님의 이름으로 기도할 것.
셋째, 죄를 고백하며 기도할 것.
넷째, 감사 내용을 구체적으로 기도할 것.

첫째, 하나님의 뜻으로 기도한다는 건, 하나님이 기뻐할 내용으로 기도하는 거야. 네가 동생들이[1] 너무 밉다고 동생을 아프게 해달라고 기도하면 하나님이 좋아하며 들어주실까? 그렇지 않겠지? 둘째, 예수님의 이름으로 기도한다는 건, 우리 같은 죄인들이 하나님께 기도할 수 있게 된 이유가 예수님이 우리를 대신해서 죽으셨기 때문임을 기억하는 거야. 이 사실이 너무 중요하기에 우리는 항상 기도를 마칠 때 "예수님의 이름으로 기도 드립니다"라고 해. 셋째, 하나님은 너를 사랑하셔서 너의 죄를 용서해 주기 원하셔. 그러므로 너는 기도할 때마다 죄를 구체적으로 하나님께 고백해야 해. 넷째, 하나님은 네가 하나님께 감사하며 살기를 원하셔. 그러므로 너는 기도할 때마다 하나님께서 너에게 주신 모든 좋은 것들을 구체적으로 감사하다고 고백해야 해.

세상엔 수많은 동물이 있지만 그중에서 하나님께 기도할 수 있는 건 사람밖에 없어. 또 세상엔 수많은 사람이 있지만 그중에서 하나님께 기도할 수 있는 건 너와 나 같은 구원받은 사람밖에 없단다. 그러므로 우리가 하나님께 기도할 수 있다는 건 그 무엇과도 비교할 수 없는 놀라운 축복이야.

제98문: 기도는 무엇입니까?
　　답: 기도는 하나님의 뜻에 합당한 우리의 소원을 그리스도의 이름으로 하나님께 아뢰는 것인데, 우리의 죄를 고백하며 그분의 긍휼을 감사히 인정함으로 해야 합니다.

하나님 아버지. 저희 같은 죄인들을 용서하여 주실 뿐만 아니라, 저희들의 기도에 귀 기울여 주시니 감사합니다. 저희 자녀들이 기도의 특권을 기억하며 감사하게 하시고, 언제나 하나님께 합당한 기도를 드리게 해주세요.

---

1) 또는 형제나 친구들

기도할 때 아무 말이나 막 해도 될까?

• 찬송가 363장을 다 함께 불러 보자.
• 마태복음 6장 9절을 한목소리로 암송해 보자.
"그러므로 너희는 이렇게 기도하라."

너는 어떤 얘기를 할 때 기분이 좋니? 만화에 나오는 로봇 이야기나, 변신 자동차 이야기[1]를 하면 기분이 좋지? 아빠는 어떤 대화를 나누면 기분이 좋은지 아니? 아빠는 책이나 야구에 대한 이야기[2]를 하면 기분이 좋아. 그런데 아빠가 책과 야구에 대한 이야기를 좋아한다고 해서 너에게 계속 그런 얘기만 한다면 네 기분이 어떨까? 별로 좋지 않겠지?

이제 기도에 대해 다시 한 번 생각해 보자. 지난 시간에 기도가 뭐라고 했지? 하나님과 우리 사이의 대화라고 했지. 그렇다면 우리가 하나님과 대화를 나눌 때 우리가 좋아하는 말만 하면 될까? 절대 그래선 안 돼. 네가 로봇과 변신 자동차 이야기를 좋아하고, 아빠가 책과 야구 이야기를 좋아하는 것처럼, 하나님도 좋아하는 주제가 있어. 그렇다면 하나님이 무얼 좋아하시는지 어떻게 알 수 있을까? 그건 성경을 통해 알 수 있어. 성경에는 하나님이 무얼 좋아하시고, 무얼 싫어하시는지가 잘 나타나 있어. 그래서 우리는 성경을 매일 꾸준히 읽어야 하고, 성경을 통해서 하나님께 기도해야 해. 한 번 따라해 볼까.

---

1) 아이가 좋아하는 주제를 예로 들어주세요.
2) 부모님이 좋아하는 주제를 예로 들어주세요.

　이렇게 성경 전체가 우리가 어떻게 기도해야 할지를 알려주지만, 특별히 예수님께서 제자들에게 "너희는 이렇게 기도하라"라고 구체적으로 기도의 지침을 알려주셨어. 우리는 그 기도문을 주기도문이라고 불러. 우리의 주인이신 예수님께서 직접 가르쳐 주신 기도이기에, 주님이 가르쳐 주신 기도라는 뜻으로 주기도문이라 하는 거야.

　하나님이 기뻐하는 기도란 기도하는 모습 자체에 달려 있지 않아. 큰 소리로 기도한다고 하나님이 좋아하시고, 작은 소리로 기도한다고 하나님이 싫어하시는 게 아니야. 하나님은 우리가 어떤 내용으로 기도하는지를 가장 중요하게 생각하셔. 그래서 소요리문답은 기도에 대해 설명하면서 주기도문을 소개하고 있어. 주기도문은 아버지 하나님께서 좋아하시는 기도의 내용을, 아들 하나님이신 예수님께서 직접 알려주신 것이기 때문이야. 다음 시간부터는 주기도문을 공부할 것인데, 만약 네가 기도를 잘하고자 한다면 집중해서 잘 들어야 해. 그러면 너도 하나님께서 기뻐하시는 기도가 무엇인지 잘 알 수 있을 거야.

　　제99문: 하나님께서 우리 기도의 지침으로 주신 규칙은 무엇입니까?
　　　답: 하나님의 말씀 전체가 우리 기도의 지침으로 사용되지만, 특별히
　　　　　주신 규칙은 그리스도께서 자기 제자들에게 가르치신 기도의 형
　　　　　태인데 보통 주기도문이라고 불립니다.

우리의 기도를 들으시는 하나님. 어떻게 기도해야 할지 모르는 미련한 저희들을 위해 주기도문이라는 지침을 주셔서 감사합니다. 저희 자녀들이 주기도문을 잘 배우게 하셔서, 하나님께서 기뻐 받으시는 기도를 올려드리는 삶을 살게 해주세요.

우리가 기도해야 하는 이유는 뭘까?

• 찬송가 364장을 다 함께 불러 보자.
• 마태복음 6장 9절을 한목소리로 암송해 보자.
"그러므로 너희는 이렇게 기도하라. 하늘에 계신 우리 아버지여."

너는 구원받은 사람이기에 세상 사람들과 다르게 살아야 해. 그래서 하나님은 너에게 십계명을 주셨어. 네가 십계명을 지키고 살 때 세상 사람들과 다른 삶을 살 수 있어. 하지만 너는 절대 십계명을 모두 다 지킬 수 없어. 너뿐만 아니라 아빠도 마찬가지야. 그건 우리가 타락한 존재이기 때문이지. 그래서 하나님은 우리가 십계명을 잘 지킬 수 있도록 은혜의 선물 세 가지를 주셨어. 첫 번째는 예수님, 두 번째는 회개, 그리고 세 번째는 '구속의 유익을 전달하는 외적인 수단들'이야.

'구속의 유익을 전달하는 외적인 수단들'에는 세 가지가 있는데, 첫 번째는 성경, 두 번째는 성례, 그리고 마지막 세 번째가 오늘 배울 '기도'야. 기도는 우리가 갖고 싶은 것을 달라고 하나님께 떼를 쓰는 시간이 아니라, 우리가 하나님의 뜻대로 십계명을 잘 지키며 살아갈 수 있게 해달라고 도움을 청하는 시간이야. 한 번 따라해 볼까.

> "기도란 우리의 욕심을 이루기 위해서가 아니라,
> 하나님의 뜻대로 살기 위해 하는 것입니다."

우리는 기도할 때 우리 마음대로 할 것이 아니라, 하나님의 뜻을 잘 헤아려서 기도해야 해. 하나님의 뜻을 가장 잘 담고 있는 기도가 바로 오늘 배울 주기도 문이야. 주기도문은 하나님의 아들이신 예수님께서 직접 "너희는 이렇게 기도 하라" 하고 가르쳐 주신 기도이기에, 세상 그 어떤 기도보다도 바른 기도라고 할 수 있어.

주기도문은, 머리말, 여섯 개의 간구, 결론. 이렇게 여덟 부분으로 되어 있어. 여기서 '간구'라는 것은, "하나님, 이것 좀 도와주세요" 하고 부탁하는 것을 말해. 그런데 특이한 것은 주기도문은 간구가 바로 시작되지 않고 그 앞에 머리말이 있어. 일반적으로 사람들은 기도할 때 간구를 바로 시작하고 간구만 하다가 마칠 때가 많은데, 그런 점에서 주기도문은 정말 특이하지.

예수님은 왜 간구를 바로 시작하지 않으시고 머리말부터 시작하셨을까? 그건 앞서 설명한 것처럼, 기도가 우리의 욕심을 이루기 위한 것이 아니기 때문이야. 기도를 통해 하나님의 뜻을 이루기 위해, 간구가 아닌 머리말부터 시작한 거지. 이게 무슨 말인지는 다음 시간에 좀 더 자세히 알아보도록 하자.

제100문: 주기도문의 머리말이 우리에게 가르치는 것은 무엇입니까?
    답: 주기도문의 머리말은 "하늘에 계신 우리 아버지여"인데, 이는 자녀가 아버지에게 나아가는 것처럼 우리를 도울 수 있고 또 기꺼이 도우려 하시는 하나님께 거룩한 경외와 확신을 가지고 나아갈 것과, 우리가 다른 사람들과 함께 다른 사람들을 위하여 기도해야 한다는 것을 가르칩니다.

하나님 아버지. 저희들은 타락한 욕심을 가지고 있습니다. 부디 저희들이 이 욕심에 근거하여 기도하지 않게 해주세요. 저희 자녀들이 욕심을 이루기 위해 기도하지 않게 하시고, 하나님의 뜻을 이루기 위해 기도하는 자들이 되게 해주세요.

왜 "아버지여"라고 부르며 기도해야 할까?

• 찬송가 365장을 다 함께 불러 보자.
• 마태복음 6장 9절을 한목소리로 암송해 보자.
"그러므로 너희는 이렇게 기도하라. 하늘에 계신 우리 아버지여."

기도가 무엇인지 설명할 수 있겠니? 기도란 하나님과 우리 사이의 대화라고 할 수 있어. 너는 어른과 대화할 때 아무 말이나 막 하지 않지? 마찬가지로 하나님께 기도할 때에도 아무 말이나 막 하면 안 돼. 우리의 말을 들으시는 하나님은 온 우주에서 가장 높은 분이기 때문에, 말 한마디 한마디를 조심해야 해.

그래서 예수님은 우리에게 주기도문을 가르쳐 주셨어. 주기도문이란 아버지 하나님께 어떻게 기도해야 할지를 아들 하나님께서 직접 가르쳐 주신거야. 그렇기에 주기도문의 내용을 확실히 공부해야만 제대로 된 기도를 할 수 있어.

특히 기억해야 할 것은, 기도하는 시간이 우리 욕심을 이루는 시간이 아니라는 거야. 많은 사람들이 기도할 때 "하나님 이거 주세요. 저것도 주세요" 하면서 기도해. 그것은 올바른 기도가 아니야. 주기도문을 보면 그 사실을 잘 알 수 있어.

주기도문에는 모두 여섯 개의 간구가 있는데, 특이하게도 주기도문은 그 간구부터 시작하지 않고 머리말부터 시작해. 이 머리말을 보면 기도가 무엇인지 분명하게 알 수 있어. 먼저 머리말을 한 번 따라해 볼까.

"하늘에 계신 우리 아버지여."

이 머리말은 하나님과 우리의 관계를 어떻게 말하고 있니? 하나님이 우리의 아버지라고 말하고 있어. 바로 이것이 하나님이 우리 기도를 들어주시는 이유야. 아빠가 너를 돌봐 주는 것처럼, 하나님도 네 아버지가 되시기에 기도를 통해 너를 돌봐 주시는 거야.

여기서 중요한 건, 기도가 하늘 아버지와 아들의 대화라는 거야. 아빠가 너에게 위험한 것을 준 적 있니? 예를 들어 칼이나 가위를 그냥 준 적 있어? 절대로 없지. 아빠는 너를 안전하게 돌봐야 하기 때문에 위험한 물건을 주지 않아.

마찬가지로 하늘 아버지가 되시는 하나님도, 위험한 것이나 네게 좋지 않은 것을 부탁하면 절대로 들어주지 않아. 하나님은 네가 원하는 것이라면 무엇이든 주시는 산타클로스나 자판기 같은 존재가 아니라, 너를 안전하고 건강하게 돌보시는 하늘 아버지기 때문이야.

그러므로 네가 어떤 기도를 했는데 그 기도가 오랫동안 이뤄지지 않았다고 해서 실망할 필요는 없어. 그때는 그 기도가 나에게 위험하거나 불필요한 것이라는 하나님의 뜻으로 받아들이면 돼.

제100문: 주기도문의 머리말이 우리에게 가르치는 것은 무엇입니까?
　　답: 주기도문의 머리말은 "하늘에 계신 우리 아버지여"인데, 이는 자녀가 아버지에게 나아가는 것처럼 우리를 도울 수 있고 또 기꺼이 도우려 하시는 하나님께 거룩한 경외와 확신을 가지고 나아갈 것과, 우리가 다른 사람들과 함께 다른 사람들을 위하여 기도해야 한다는 것을 가르칩니다.

하늘에 계신 우리 아버지. 저희들의 하늘 아버지가 되어 주셔서 정말 감사합니다. 저희 자녀들이 힘들고 어려울 때마다 하늘에 계신 아버지를 기억하게 하시고, 어떤 일이든 하나님 아버지께 기도로 도움을 구하는 삶을 살아가게 해주세요.

왜 "우리 아버지여"라고 부르며 기도해야 할까?

- 찬송가 421장을 다 함께 불러 보자.
- 마태복음 6장 9절을 한목소리로 암송해 보자.

"그러므로 너희는 이렇게 기도하라. 하늘에 계신 우리 아버지여."

만약 너와 동생들이[1] 밥을 먹지 못해 배가 많이 고픈 상태라면, 아빠의 마음이 어떨까? 그때 아빠가 너에게만 먹을 것을 주고, 동생들은 그냥 배고픈 상태로 내버려둘 수 있을까? 절대 그럴 수 없을 거야. 틀림없이 아빠는 너뿐만이 아니라 동생들에게도 먹을 것을 줄 거야. 너희 모두가 아빠가 사랑하는 자녀이기 때문이야.

오늘의 암송구절을 보면, 하늘 아버지이신 하나님을 부를 때 어떻게 부르고 있니? "나의 아버지"라고 부르지 않고 "우리 아버지"라고 부르고 있어. 왜 예수님은 기도를 시작하기 전에 "우리 아버지"를 고백하게 하셨을까? 이것은 기도가 자기 필요만을 구하는 것이 아님을 알려주신 거야.

아빠가 예로 들었던 것을 생각해 보자. 세 명의 자녀가 배고픈 상태로 있는데, 그중에서 한 명에게만 먹을 것을 주는 부모가 있을까? 절대 없겠지. 하나님도 마찬가지야. 하나님의 자녀들이 이런저런 어려움을 겪고 있는데, 그중 몇 사람에게만 관심을 가지고 그들만 도와주려고 하시지는 않을 거야. 그러므로 네가 하나님께 기도할 때에도 개인적인 필요만 기도해선 안 돼. 우리 모두를 위해서

---

1) 형제가 없다면 있다고 가정하고 설명해주세요.

기도해야 해. 한 번 따라해 볼까.

"예수님은 나 혼자만이 아니라 우리 모두를 위해 기도하라 하셨습니다."

우리 집이 그렇게 부유한 편은 아니지만, 지구 전체로 보면 엄청나게 풍요로운 집이라고 할 수 있어. 이 세상엔 밥을 먹지 못해 병에 걸리거나 죽기까지 하는 어린이들이 정말 많아. 또 편하게 쉴 수 있는 집이 없는 어린이들과 깨끗한 물 한 잔 마실 수 없는 어린이들도 많이 있어.

만약 네가 이렇게 어려움을 겪는 친구들에 대해 한마디도 하지 않고 오직 자신만을 위해서 기도한다면, 하나님이 너의 기도를 좋아하실까? 절대로 좋아하지 않으실 거야. 그래서 너는 언제나 다른 사람을 위해서도 기도해야 해.

예수님이 바로 간구를 시작하지 않고 "우리 아버지여" 하고 부르신 것은 바로 이 사실을 기억하며 기도하라고 가르쳐 주신 거야.

제100문: 주기도문의 머리말이 우리에게 가르치는 것은 무엇입니까?
　　답: 주기도문의 머리말은 "하늘에 계신 우리 아버지여"인데, 이는 자녀가 아버지에게 나아가는 것처럼 우리를 도울 수 있고 또 기꺼이 도우려 하시는 하나님께 거룩한 경외와 확신을 가지고 나아갈 것과, 우리가 다른 사람들과 함께 다른 사람들을 위하여 기도해야 한다는 것을 가르칩니다.

하늘에 계신 우리 아버지. 저희들이 이기적인 기도를 하지 않도록 도와주세요. 저희 자녀들이 곁에 있는 형제자매를 위해 기도할 뿐만 아니라, 힘들고 어려운 이웃들을 위해서도 자기 일처럼 힘써 기도하는 삶을 살게 해주세요.

왜 하나님의 이름을 위해 기도해야 할까?

- 찬송가 368장을 다 함께 불러 보자.
- 에스겔 20장 9절을 한목소리로 암송해 보자.
"그들을 애굽 땅에서 인도하여 내었나니 이는 내 이름을 위함이라. 내 이름을 그 이방인의 눈 앞에서 더럽히지 아니하려고 행하였음이라."

지금은 모든 믿는 사람들이 하나님의 백성이지만, 구약시대에는 누가 하나님의 백성이었니? 이스라엘 민족이야. 그런데 이스라엘 민족이 처음부터 하나님의 백성이었던 것은 아니야. 원래 그들은 애굽의 바로를 왕으로 섬기는 민족이었어. 하지만 하나님께서 그들을 애굽에서 구원하시고 그들에게 가나안 땅을 주심으로, 이스라엘은 바로의 백성이 아니라 하나님의 백성이 되었어. 그런데 오늘의 암송구절을 보면, 하나님께서 그렇게 하신 이유를 무엇이라 말하고 있니? 내 이름을 위해서 그렇게 하셨다고 말하고 있지.

하나님께서 이스라엘 민족을 애굽에서 구원하신 첫 번째 목적은 하나님의 이름 때문이야. 무슨 말이냐면, 원래 애굽 사람들은 여호와 하나님이 어떤 분인지를 몰랐어. 그래서 여호와라는 이름을 들을 때에도 별다른 생각을 하지 않았지. 그건 이스라엘 민족도 마찬가지였어. 그들도 애굽에서 바로의 백성으로 지내면서 여호와라는 이름을 잊고 살았어.

하지만 하나님께서 큰 능력으로 애굽을 벌하시고 심지어 홍해 바다를 가르기까지 했을 때, 애굽 사람들 그리고 이스라엘 민족은 여호와라는 이름을 가진 하나님이 얼마나 대단한 분인지를 비로소 알게 되었어. 즉, 하나님께서는 여호와라는 자기 이름이 얼마나 대단한지를 나타내기 위해 이스라엘을 애굽에서 구원하신 거야. 이처럼 우리 하나님은 자기 이름이 영광받기를 원하셔. 좀 더 쉬운 말로 표현하자면, 자기 이름이 중요하게 여김 받기를 원하시지. 한 번 따라해 볼까.

"하나님은 여호와라는 자기 이름이 중요하게 여겨지기를 원하십니다."

주기도문에 나오는 여섯 가지 기도제목 가운데 첫 번째 기도제목이 바로 이거야. 예수님은 하나님의 이름이 중요하게 여겨지기를 기도하라 하셨어. 그런데 하나님의 이름은 결국 하나님을 뜻하는 것이기 때문에, 하나님의 이름이 중요하게 여겨진다는 것은 곧 하나님이 중요하게 여겨진다는 뜻이야. 그러므로 주기도문의 첫 번째 기도제목은 우리가 하나님을 중요하게 여기며 살아가게 해달라는 거야.

네가 하루하루를 살면서 하나님과 상관없이 사는 것이 아니라 하나님의 이름을 생각하며 살 수 있기를, 무엇보다 하나님을 중요하게 여기며 살아갈 수 있기를 기도하는거야. 다시 말해 주기도문의 첫 번째 기도제목은 우리 삶의 목적에 대한 거야. 우리 삶의 목적이 내 이름을 드러내고 자랑하는 것이 아니라, 하나님의 이름을 드러내고 자랑하는 삶이 되게 해달라는 거지.

제101문: 첫 번째 간구에서 우리는 무엇을 위해 기도합니까?
　답: 첫 번째 간구는 "이름이 거룩히 여김을 받으시오며"인데, 이는 하나님이 자기를 알리는 모든 것에서, 우리와 다른 사람들이 그분을 영화롭게 하도록 해 주실 것과, 모든 것이 하나님께 영광이 되도록 섭리해 주실 것을 기도하는 것입니다.

거룩하신 하나님. 많은 사람들이 하나님의 거룩하신 이름을 잊고 살아갑니다. 저희 자녀들이 하나님의 거룩하신 이름을 기억하게 하시고, 그 크신 이름을 온 세상에 전파하는 삶을 살게 해주세요.

왜 하나님의 나라를 위해 기도해야 할까?

• 찬송가 369장을 다 함께 불러 보자.
• 시편 68편 1절을 한목소리로 암송해 보자.
"하나님이 일어나시니 원수들은 흩어지며 주를 미워하는 자들은 주 앞에서 도망하리이다."

구약시대엔 이스라엘 민족이 하나님의 백성이었지. 하지만 그들은 처음에 애굽에 살고 있었어. 만약 이스라엘 민족이 계속해서 애굽에 살면서 애굽의 바로가 시키는 대로 행했다면, 다시 말해서 여전히 바로의 다스림을 받았다면, 이스라엘 민족은 누구의 백성이라 할 수 있었을까? 하나님의 백성이 아니라, 바로의 백성이었을 거야.

하나님은 이스라엘 민족을 자기 백성으로 삼기 위해 그들을 애굽에서 구원하셨어. 그래서 이스라엘은 다른 누구의 다스림이 아니라 오직 하나님의 다스림을 받아야만 해. 좀 더 쉬운 말로, 하나님이 시키는 대로만 살아야 해. 그래야만 이스라엘은 하나님의 백성이 되고, 또 그들의 삶을 통해 하나님의 나라가 확장될 수 있었어.

그건 우리 역시 마찬가지야. 우리가 구원받은 사람인 것은 확실하지만, 때때로 우리는 구원받은 사람처럼 행동하지 않아. 하나님의 말씀대로 살면서 하나님의 다스림을 받는 것이 아니라, 내 생각대로 살면서 하나님의 다스림을 거부할 때가 너무나 많아. 그때 우리는 하나님의 백성답게 행동하지 않는 것이고, 동시에 하나님의 나라를 축소시킨 거야.

이건 하나님께서 매우 싫어하는 일이고, 사탄이 매우 기뻐하는 일이야. 하나님의 나라를 축소시키는 것은 사탄의 나라를 확장하는 것과 같기 때문이야. 하나님은 우리가 오직 하나님의 말씀대로만 살기를 원하셔. 하나님의 다스림을 받으며 살기를 원하시지. 우리가 이렇게 하나님의 다스림을 받을 때, 하나님의 나라가 커서 가고 사탄의 나라는 축소된단다. 한 번 따라해 볼까.

"우리가 하나님의 다스림을 받을 때, 하나님의 나라가 커져 갑니다."

바로 이것이 예수님께서 가르쳐 주신 주기도문의 두 번째 기도야. 우리가 하나님의 백성인 것을 알고, 하나님의 말씀대로 살아서 하나님의 다스림을 받기를 기도하라는 거야. 우리가 이렇게 기도할 때 하나님의 말씀에 순종할 수 있고, 그때야 비로소 하나님의 나라가 확장되며 사탄의 나라가 흩어질 거야.

제102문: 두 번째 간구에서 우리는 무엇을 위해 기도합니까?
답: 두 번째 간구는 "나라가 임하시오며"인데, 이는 사탄의 나라가 멸망하고 은혜의 나라가 확장되며, 우리와 다른 사람들이 은혜의 나라에 들어와서 그 안에 머무르며, 또한 영광의 나라가 속히 임하기를 기도하는 것입니다.

왕이신 하나님. 죄와 사망의 종이었던 저희를 구원하셔서, 친히 저희의 왕이 되시고 저희를 다스려 주셔서 감사합니다. 저희 자녀들이 하나님만을 왕으로 높이며, 하나님의 말씀만을 따라 살아가게 해주세요. 그리하여 하나님의 나라를 확장해 가는 하나님의 군사가 되게 해주세요.

왜 우리의 뜻이 아니라 하나님의 뜻을 기도해야 할까?

- 찬송가 370장을 다 함께 불러 보자.
- 시편 103편 20~21절을 한목소리로 암송해 보자.

"능력이 있어 여호와의 말씀을 행하며 그의 말씀의 소리를 듣는 여호와의 천사들이여 여호와를 송축하라. 그에게 수종들며 그의 뜻을 행하는 모든 천군이여 여호와를 송축하라."

기도문은 몇 개의 간구로 되어 있다고 했니? 모두 여섯 개의 간구로 되어 있어. 그런데 이 간구들을 크게 두 부분으로 나눌 수 있어. 앞의 세 가지는 하나님의 영광을 구하는 간구이고, 뒤의 세 가지는 우리의 필요를 구하는 간구야.

앞에 있는 세 가지 간구는 하나님과 관련하여 이렇게 요약할 수 있어. 첫 번째 간구는 '하나님의 이름', 두 번째 간구는 '하나님의 나라', 그리고 오늘 공부할 세 번째 간구는 '하나님의 뜻'을 구하는 거야. 한 번 따라해 볼까.

> "주기도문의 첫 부분은
> '하나님의 이름' '하나님의 나라' '하나님의 뜻'에 대한 간구입니다."

예수님께서 가르쳐 주신 주기도문의 세 번째 간구는 "뜻이 하늘에서 이루어진 것 같이 땅에서도 이루어지이다"인데, 여기서 '뜻'은 '하나님의 뜻'을 의미해. 그렇다면 하나님의 뜻이 하늘에서 이루어졌다는 건 어떤 의미일까?

하늘에는 하나님과 함께 누가 있지? 천사들이 있어. 오늘의 암송구절을 보면 그 천사들이 하늘에서 하나님의 말씀을 듣고 하나님의 뜻을 행한다고 말하고 있어. 바로 이것이 주기도문의 세 번째 간구가 의미하는 거야.

하늘에서 천사들이 하나님의 뜻을 온전히 실천하는 것처럼, 우리도 우리 생각이 아니라 하나님의 뜻을 따라 살아가기를 기도해야 해. 마치 하늘의 천사들처럼 우리도 하나님께 완전히 복종하며 살 수 있기를 기도하라는 거지.

많은 사람들이 하나님께 자기 뜻을 주장하며 자기 뜻대로 되게 해달라고 기도해. 자기 뜻대로 되지 않으면 하나님께 불평불만을 늘어놓지. 하지만 예수님은 세 번째 간구를 통해 그런 모습을 조심해야 한다고 말씀하셔.

기도라는 건 우리 생각과 뜻을 이루는 도구가 아니야. 우리는 기도를 통해 하나님의 뜻을 알아가고, 하나님의 뜻대로 살 수 있어. 너는 더 많은 장난감[1]을 가지길 원하지? 하지만 갖고 싶은 모든 장난감을 가지는 것이 하나님의 뜻일까? 그렇지 않겠지? 그럼 어떻게 기도해야 할까? "하나님 더 많은 장난감을 주세요"라고 기도할 것이 아니라 "하나님, 지금 가지고 있는 장난감에 만족하는 것이 하나님의 뜻이라면, 그렇게 할 수 있도록 도와주세요"라고 기도해야 해.

제103문: 세 번째 간구에서 우리는 무엇을 위해 기도합니까?
답: 세 번째 간구는 "뜻이 하늘에서 이루어진 것같이 땅에서도 이루어지이다"인데, 이는 하나님의 은혜로 말미암아 우리가 그분의 뜻을 알고 순종하고 복종하기를 하늘에서 천사들이 하듯이 하게 해달라고 기도하는 것입니다.

온 우주 만물을 다스리시는 하나님. 저희에게 하나님의 뜻을 알려주셔서 감사합니다. 하늘의 천사들이 하나님의 뜻에만 복종하는 것처럼, 저희 자녀들도 하나님의 뜻에 온전히 복종하며 살아가게 해주세요.

---

1) 또는 아이가 갖고 싶어 하는 것

왜 일용할 양식을 구해야 할까?

- 찬송가 380장을 다 함께 불러 보자.
- 디모데전서 6장 7-8절을 한목소리로 암송해 보자.

"우리가 세상에 아무것도 가지고 온 것이 없으매 또한 아무것도 가지고 가지 못하리니 우리가 먹을 것과 입을 것이 있은즉 족한 줄로 알 것이니라."

주 기도문은 크게 두 부분으로 되어 있어. 하나는 하나님의 영광을 구하는 것이고, 또 하나는 우리의 필요를 구하는 거야. 중요한 것은 우리의 필요를 구하는 기도보다, 하나님의 영광을 구하는 기도가 먼저 나온다는 거야. 이건 하나님의 영광을 위한 기도가 우리의 필요를 구하는 기도보다 더 중요하다는 의미야. 많은 사람들이 기도할 때 자기에게 필요한 것만을 얘기해. 자기를 위해서 가장 먼저 기도하고, 그다음 자기 가족을 위해서 기도하고, 그러고는 대부분 기도를 마치지. 하지만 놀랍게도 예수님이 가르쳐 주신 기도에는 자기만을 위한 기도가 없어. 가장 먼저 구해야 하는 것이 하나님의 영광이고, 그다음으로 우리 모두를 위해 기도해야 해. 한 번 따라해 볼까.

"가장 먼저 기도할 것은 하나님의 영광이며, 그다음은 우리 모두의 필요입니다."

이 사실을 염두에 두고, 우리의 필요를 구하는 간구 가운데 첫 번째인 "오늘 우리에게 일용할 양식을 주시옵고"를 배워 보자. 이 간구에는 특이한 내용이 하나 있어. 바로 "일용할 양식"이야. 여기서 일용할 양식이란, 하루 먹을 양식을 뜻해. 대부분의 사람들은 가능한 한 많이 가지기를 원해.

그래서 기도할 때에도 "평생 부족함이 없게 해주십시오"라든지, "아무 어려움이 없게 해주십시오"라고 기도해. 그런데 예수님이 가르쳐 주신 기도는 그와 정반대야. 평생 먹고 남을 양식을 간구하는 것이 아니라, 하루 먹을 양식을 기도하라고 하시거든.

그렇다면 왜 하나님께서는 하루 먹을 양식을 구하라고 하셨을까? 만약 평생 먹고 남을 양식이 이미 우리에게 있다면, 양식을 위해서 또 다시 기도할 필요가 없을 거야. 하지만 하루 먹을 양식밖에 없다면, 오늘뿐만 아니라 내일과 모레 그리고 매일매일 하나님께 양식을 달라고 기도해야 할 거야. 바로 이것이 예수님께서 하루 먹을 양식을 위해 기도하라고 하신 이유야.

어떤 사람들은 우리에게 아무 부족함이 없는 것이 하나님의 뜻이라고 얘기하지만, 그건 성경적이지 않아. 오히려 주기도문에 나타난 하나님의 뜻은 우리가 부족하게 살아가는 거야. 그 결과 매일매일 하나님께 부족함을 채워 달라고 기도하는 것. 그것이 우리를 향한 하나님의 뜻이야.

만약 기도하는 시간이 우리 욕심을 채우는 시간이라면, 우리는 기도할 때 갖고 싶은 것을 넉넉하게 달라고 기도해도 될 거야. 하지만 기도하는 시간은 하나님을 만나는 시간이야. 하나님은 우리를 매일매일 자주 만나기를 원하셔. 바로 여기에 오늘 하루 먹을 양식을 간구하라 하신 예수님의 뜻이 담겨 있어. 이러한 하나님의 마음을 기억하고 매일매일 하나님 앞에 필요한 것을 간구하는 네가 되길 바란다.

제104문: 네 번째 간구에서 우리는 무엇을 위해 기도합니까?

답: 네 번째 간구는 "오늘 우리에게 일용할 양식을 주시옵고"인데, 이는 하나님께서 값없이 주시는 선물로서 이 세상의 좋은 것들 중에서 합당한 양을 우리가 받고, 또 그것들과 함께 우리가 하나님의 복을 즐거워할 것을 기도하는 것입니다.

하나님 아버지. 저희에게 꼭 필요한 것들을 채워 주시니 감사합니다. 저희 자녀들이 돈이나 사람을 의지하지 않게 하시고, 매일매일 일용할 양식을 채워 주시는 하나님만을 의지하며 살아가게 해주세요.

죄를 지은 후에도 기도해야 할까?

• 찬송가 382장을 다 함께 불러 보자.
• 창세기 3장 8절을 한목소리로 암송해 보자.
"그들이 그 날 바람이 불 때 동산에 거니시는 여호와 하나님의 소리를 듣고 아담과 그의 아내가 여호와 하나님의 낯을 피하여 동산 나무 사이에 숨은지라."

선악과 사건 이야기 기억하니? 하나님이 따 먹지 말라고 하신 선악과 열매를 아담과 하와가 따먹은 일말이야. 아담과 하와는 하나님이 먹으라고 하신 생명나무 열매는 먹지 않고, 도리어 하나님이 먹지 말라고 하신 선악과 열매를 먹음으로써 모든 사람을 죄와 저주 아래에 있게 만들었어.

그런데 혹시 아담과 하와가 선악과 열매를 따 먹은 다음에 어떤 일이 있었는지 아니? 놀랍게도 하나님께서 아담과 하와를 찾아오셨어. 아담과 하와가 선악과 열매를 따 먹는 죄를 지었지만, 하나님은 아담과 하와를 버리지 않으시고 다시 용서하기 위해 찾아오신 거야. 그런데 이때 아담과 하와는 이상한 행동을 해. 용서하기 위해 찾아오신 하나님을 피해서 숨어 버린 거야.

왜 아담과 하와는 죄를 지은 후 하나님 떠나 숨으려고 했을까? 그건 아담과 하와가 타락했기 때문이야. 죄를 지어 타락한 사람은 하나님을 두려워하고 하나님에게서 멀리 도망가려는 나쁜 본성을 가지고 있어. 한 번 따라해 볼까.

"우리에게는 죄를 지었을 때
하나님에게서 도망가려 하는 나쁜 본성이 있습니다."

하지만 주기도문의 다섯 번째 간구는, 우리의 본성과 정반대되는 것을 말하고 있어. 다섯 번째 간구는 이러한 내용이야. "우리가 우리에게 죄 지은 자를 사하여 준 것같이 우리 죄를 사하여 주시옵고."

우리는 죄를 지었을 때 하나님에게서 도망가고 싶어 해. 하지만 예수님은 죄를 지었을지라도 결코 하나님에게서 도망가선 안 된다고 말씀하셔. 반대로 우리 죄를 용서해 달라고 열심히 기도하라고 가르쳐 주셨어.

너는 매일 매 순간 죄를 짓지? 그건 아빠도 마찬가지야. 그때마다 우리에게는 하나님을 향한 부끄러운 마음이 생겨. 또 계속해서 죄를 짓는 나 자신이 미워지기도 해. 하지만 그렇다고 해서 결코 하나님을 떠나거나 하나님에게서 숨으려 해선 안 돼. 하나님이 원하시는 건 우리가 도망가거나 숨는 게 아니라, "제가 이런 죄를 지었습니다" 하고 정직하게 하나님께 자백하는 거야. 우리는 이 놀라운 은혜를 다섯 번째 간구 속에서 발견할 수 있어.

제105문: 다섯 번째 간구에서 우리는 무엇을 위해 기도합니까?
   답: 다섯 번째 간구는 "우리가 우리에게 죄 지은 자를 사하여 준 것같이 우리 죄를 사하여 주시옵고"인데, 이는 하나님께서 그리스도 때문에 우리의 모든 죄를 값없이 용서하여 주실 것을 기도하는 것입니다. 우리가 이렇게 담대히 기도할 수 있는 것은 우리가 그분의 은혜로 말미암아 다른 사람들을 진심으로 용서할 수 있게 되었기 때문입니다.

사랑이 많으신 하나님 아버지. 저희 죄를 용서하여 주시니 감사합니다. 저희 자녀들이 이러한 하나님의 사랑을 기억하고, 죄를 지었을 때 하나님께로부터 도망가는 것이 아니라 오히려 회개를 통해 더욱 하나님 가까이 가게 해주세요.

우리가 다른 사람을 용서할 수 있을까?

- 찬송가 273장을 다 함께 불러 보자.
- 마태복음 18장 33절을 한목소리로 암송해 보자.
"내가 너를 불쌍히 여김과 같이 너도 네 동료를 불쌍히 여김이 마땅하지 아니하냐 하고."

예전에 네가 아끼는 변신 자동차를 동생이 망가뜨렸을 때 기분이 어땠니?[1] 너무너무 기분이 나빴지? 그래서 너는 한참을 울었잖아. 그런데 우리가 살아가다 보면 그런 일이 셀 수 없이 많아. 지금 너는 가끔씩 동생에게 상처를 받지만, 네가 나이가 들면 주위에 있는 수많은 사람들에게 매일 매 순간 상처를 받게 될 거야. 사람은 타락하여 부패한 존재란 거 알지? 그래서 사람들은 알게 모르게 곁에 있는 사람에게 상처를 줄 수밖에 없어.

누군가 너에게 상처를 주면 어떻게 해야 할까? 그때 너는 그 사람들을 용서해야 해. 그 사람들을 미워해선 안 돼. 마치 아무 일도 없었던 것처럼 그 사람을 이해하고, 사랑해 주어야 해.

하지만 그건 너무나 어렵고 힘든 일이야. 누군가를 용서하는 건 아마 세상에서 가장 힘든 일일 거야. 그렇지만 구원받은 사람은 다른 사람을 용서할 수 있어. 왜냐하면 우리에겐 기도가 있으니까. 우리의 힘으로는 다른 사람을 용서할 수 없지만, 기도를 통해 하나님께 은혜를 받으면 다른 사람을 용서할 수 있어. 한 번 따라해 볼까.

---

1) 다른 사람의 잘못으로 인해 아이가 몹시 슬퍼했던 경우를 예로 들어주세요.

"기도할 때 다른 사람을 용서할 수 있는 힘을 얻습니다."

다섯 번째 간구는 "우리가 우리에게 죄 지은 자를 사하여 준 것같이 우리 죄를 사하여 주시옵고"인데, 이건 우리가 다른 사람을 용서해야만 하나님이 우리를 용서해 준다는 의미가 아니야. 2천 년 전에 예수님이 십자가에 못 박히실 때 이미 하나님은 우리 죄를 모두 용서해 주셨어.

다섯 번째 간구는, 하나님이 우리를 불쌍히 여기시고 용서해 주신 것처럼, 우리도 다른 사람을 불쌍히 여기고 용서하는 삶을 살겠다는 각오를 다짐하는 기도라고 할 수 있어. 다시 말해서, 우리가 다른 사람을 용서할 수 있는 것은 이미 하나님이 우리를 용서해 주셨기 때문이야. 우리는 이 은혜를 생각하고 기도함으로써 하나님이 우리에게 하신 것과 같은 용서를 다른 사람에게 베풀 수 있어.

제105문: 다섯 번째 간구에서 우리는 무엇을 위해 기도합니까?

답: 다섯 번째 간구는 "우리가 우리에게 죄 지은 자를 사하여 준 것같이 우리 죄를 사하여 주시옵고"인데, 이는 하나님께서 그리스도 때문에 우리의 모든 죄를 값없이 용서하여 주실 것을 기도하는 것입니다. 우리가 이렇게 담대히 기도할 수 있는 것은 우리가 그분의 은혜로 말미암아 다른 사람들을 진심으로 용서할 수 있게 되었기 때문입니다.

사랑의 하나님. 저희 죄를 용서하여 주신 것 감사합니다. 저희 자녀들이 이 은혜를 기억하며 늘 다른 사람을 용서하는 삶을 살게 해주세요. 스스로 원수 갚으려 하지 않게 하시고, 원수 갚는 것을 하나님께 맡기게 해주세요.

어떤 사람이 죄와 싸워 이길 수 있을까?

• 찬송가 278장을 다 함께 불러 보자.
• 마태복음 26장 41절을 한목소리로 암송해 보자.
"시험에 들지 않게 깨어 기도하라. 마음에는 원이로되 육신이 약하도다 하시고."

아담과 하와가 누구 때문에 선악과 열매를 따 먹게 되었는지 기억나니? 사탄 때문이야. 원래 천사 중 하나였던 사탄은 하나님께 죄를 지은 여러 천사들과 함께 하늘에서 쫓겨났어. 그래서 지금은 예전에 아담과 하와에게 그랬던 것처럼, 하나님의 자녀들이 하나님을 믿지 않고 십계명도 지키지 않도록 시험하고 있어.

원래 아담과 하와는 가장 완전한 인간이었어. 가장 지혜롭고, 가장 똑똑하고, 가장 착한 사람이었지. 그럼에도 사탄은 그들이 죄를 짓도록 시험했어. 그렇다면 사탄이 너를 시험하는 것은 어려운 일일까? 정말 쉬운 일일 거야. 가장 완전한 아담과 하와를 시험하여 죄를 짓게 했다면, 너나 아빠 같은 사람을 시험하여 죄를 짓게 하는 것은 정말 식은 죽 먹기일 거야.

그렇다고 너무 슬퍼해선 안 돼. 우리에겐 하나님의 선물이 있잖아. 오늘의 암송구절을 보면, 시험에 들지 않도록 무엇을 하라고 말하고 있니? 기도하라고 말하고 있어. 기도할 때 하나님은 우리에게 힘을 주셔. 그 힘으로 우리는 넉넉하게 사탄과 싸울 수 있어. 한 번 따라해 볼까.

"기도를 통해 사탄의 시험을 이기는 힘을 얻습니다."

여섯 번째 간구는 "우리를 시험에 들게 하지 마시옵고 다만 악에서 구하시옵소서"인데, 여기서 우리를 시험에 들게 하는 자는 앞서 살펴본 사탄이야. 그런데 특이한 내용이 하나 있어. 여섯 번째 간구를 잘 보면 "나를 시험에 들게 하지 마시옵고"라고 기도하는 것이 아니라 "우리를 시험에 들게 하지 마시옵고"라고 기도하고 있어. 하나님의 뜻은 너 혼자 죄와 싸우는 것이 아니야. 너뿐만 아니라 우리 가족 모두, 우리 교회 성도들 모두가 죄와 싸우며 사는 것이지. 그래서 너는 기도할 때 너뿐만 아니라 동생들[1]을 위해서도 기도해야 하고, 친구들을 위해서도 기도해야 해. 만약 동생들이 죄를 지으면 그건 동시에 누구의 책임이라고 할 수 있겠니? 너의 책임이라고도 할 수 있어. 하나님께서 너에게 다른 사람을 위해 기도하라 하셨음에도 네가 열심히 기도하지 않아서 그렇게 되었다고 볼 수도 있기 때문이지.

앞으로 기도로 하루를 시작하고 기도로 하루를 마무리함으로써, 너로 하여금 죄를 짓도록 시험하는 사탄의 공격을 파워레인저 방패처럼 잘 막아 내길 바란다. 그리고 다른 사람을 위해 기도하는 것도 잊지 말고.

제106문: 여섯 번째 간구에서 우리는 무엇을 위해 기도합니까?
　　답: 여섯 번째 간구는 "우리를 시험에 들게 하지 마시옵고 다만 악에서 구하시옵소서"인데, 이는 우리가 죄를 짓지 않도록 지켜주시고, 우리가 시험 당할 때 도와주시고 건져 주시기를 기도하는 것입니다.

우리를 지키시는 하나님. 사탄의 시험과 맞서 싸울 수 있도록, 기도할 수 있는 은혜를 주시니 감사합니다. 저희 자녀들이 사탄의 유혹에 미혹되지 않게 하시고, 기도로서 능히 싸워 이기는 삶을 살게 해주세요.

---

1) 형제가 없으면 그냥 넘어가 주세요

하나님이 정말 우리의 기도를 들어주실 수 있을까?

• 찬송가 337장을 다 함께 불러 보자.
• 요한계시록 22장 20절을 한목소리로 암송해 보자.

"이것들을 증언하신 이가 이르시되 내가 진실로 속히 오리라 하시거늘 아멘 주 예수여 오시옵소서."

주기도문의 구조를 기억하니? 주기도문은 머리말, 여섯 개의 간구, 결론, 이렇게 여덟 부분으로 되어 있어. 마지막 결론은 이런 내용이야. "나라와 권세와 영광이 아버지께 영원히 있사옵나이다. 아멘."

왜 예수님은 여섯 개의 간구를 한 다음에, 이런 내용으로 기도를 마치라고 하셨을까? 그건 우리의 기도를 들어주실 수 있는 능력이 하나님께 있음을 보여주기 위해서야. 예를 들어 네가 아빠에게 하늘에 빛나는 해를 하나 더 만들어 달라고 부탁한다면 아빠가 그 부탁을 들어줄 수 있겠니? 도저히 불가능하지. 하지만 하나님은 하실 수 있어. 하나님은 말씀만으로 온 세상을 만든 분이니까. 물론 그런 쓸데없는 기도를 들어주시진 않겠지만 말이야.

이처럼 우리가 여섯 개의 간구를 한 다음에 결론으로 주기도문을 마침으로써, 하나님께서 우리의 기도를 반드시 들어주실 것이라는 확신을 가지도록 하셨어. 확신이란 반드시 그렇게 될 줄 믿는 마음을 말해. 한 번 따라해 볼까.

"주기도문의 결론은
우리의 간구를 들어주실 능력이 하나님께 있음을 보여줍니다."

결론에서 '나라'가 하나님께 있다는 것은, 하나님께서 세상 모든 나라를 다스린다는 뜻이야. 온 우주 만물이 하나님의 뜻대로 움직이고 있다는 거지.

'권세'는 힘을 뜻해. 권세가 하나님께 있다는 것은 하나님이 하고자 하는 일을 그 누구도 방해할 수 없다는 뜻이야.

'하나님의 영광'은 어떤 뜻이라고 했지? 하나님이 가장 중요하게 여김 받는다는 뜻이야. 그래서 '영광'이 하나님께 있다는 것은, 우리의 삶으로 높여서서 하나님이 가장 중요한 분으로 높여지기 원한다는 의미란다.

이처럼 주기도문의 결론은, 우리가 주기도문의 내용을 따라 하나님께 기도할 때 하나님이 반드시 그 기도를 들어주신다는 것을 보여줘. 그리고 그러한 확신을 담아 '아멘'으로 기도를 마무리하는 거지. '아멘'이란 "반드시 그리 될 줄 믿습니다"라는 뜻으로서, 결론의 내용을 요약하는 단어야.

지금까지 우리는 웨스트민스터 소요리문답의 내용을 따라 성경의 핵심을 공부했어. 오늘이 벌써 그 마지막 시간이야. 그동안 정말 수고 많았어. 함께해준 OO이가 너무 기특하고 고마워. 하지만 우리의 가정예배는 천국에 가는 날까지 끝나지 않을 거란 거 알지? 그럼 오늘은 더욱 큰 소리로 소요리문답을 암송해볼까?

제107문: 주기도문의 결론이 우리에게 가르치는 것은 무엇입니까?
　　답: 주기도문의 결론은 "나라와 권세와 영광이 아버지께 영원히 있사옵나이다. 아멘"인데, 이는 우리가 기도할 때 오직 하나님으로부터만 용기를 얻을 것과, 우리의 기도에서 나라와 권세와 영광을 하나님에게 돌리면서 하나님만을 찬양하여야 한다는 것입니다. 그리고 우리의 기도에 응답하실 것을 확신한다는 표시로서 우리는 "아멘"이라고 말합니다.

하나님 아버지. 저희를 구원하여 주시고, 자녀삼아 주시고, 거룩하게 살게 하시고, 기도하게 하시니 감사합니다. 저희 자녀들이 구원받은 성도답게 바른 믿음을 지키며 살아가게 하시고, 십계명을 지키게 하시고, 주기도문으로 기도하게 해주세요. 그리하여 하나님께 영광 돌리는 삶을 살아가게 해주세요.